U0071342

民國時期

中國共產黨政治謎案19件

散 木

目次

1

「晨報館該不該燒」

在從「五四」成長起來的中國現代知識分子爭取言論，出版，新聞等自由的鬥爭中，作為一項原則的提出，胡適留給人們一句話：「容忍比自由更重要」。然而，它長久以來並未被人們聽進去，人們對它顯得十分陌生，人們耳熟能詳的是另一個偉人的另一句話：「一個都不寬恕」。一九二五年十一月在北京發生的「晨報館」被焚毀一案，就是這樣的一個說明和實例。

一

回溯一個花甲之前，國民革命發動以後，北京形勢迅速變化，馮玉祥「北京政變」使得北京中央政府空心化，段祺瑞臨時執政府在紛亂的政局曖昧中產生，伊始就缺乏中央權力的威懾，此前早已釀成的軍閥混戰和走馬燈翻轉的中央政府使得權力中樞逐漸喪失了其全部權力的合法性。馮玉祥政變後電邀孫中山北上，奉系勢力則與直系軍閥互成水火大打出手，佔有軍事優勢的奉系軍閥還覬覦並企圖染指中央政府，這樣，當時國共合作的兩黨遂議決發動倒奉運動和「首都革命」，直接在北京建立平民的革命政府，一九二五年十月二十日，中共黨，團中央制定《對反奉戰爭的宣言》，公開提出此次運動和「革命」的目標——「從釋放愛國運動中的政治犯，啟封愛國機關，解除奉系及安福系的武裝，廢除治安警察條例和出版法以及罷工刑律，保障人民集會結社言論出版罷工之自由權，一直到召集真正代表人民的國民會議，建立革命統一的民主政府，宣布關稅自主，宣布廢除一切不平等條約」。這個時候，也正是魯迅投身「女師大風潮」，與段氏執政府背景的章士釗（一九二五年四月以司法總長兼任教育總長，擬「整頓學風」；至七月，復刊《甲寅》週刊反對新文化運動）和楊蔭榆（校長）等公開決裂之際。八月，「女師大風潮」步入高潮，章士釗派員武力解散女師大，激起魯迅等師生的強烈反對，章士釗竟呈請北洋政府罷免魯迅在教育部的職務，魯迅同仁的許壽裳，齊宗頤聯名聲援魯迅，表示「自章士釗一日不去，即一日不到部，以明素志而彰公道」，北大評議會也以章「思想陳腐，行為卑鄙」，反對他當教育總長，遂議決北大與教育部脫離關係實行獨立。這真是一個多事之秋。

章士釗的反動（八月二十六日公布《整頓學風令》），在北京學界的知識分子中間引出兩種態度有所不同的反響。魯迅等與之以敵相視，胡適、陳源、王世杰等（所謂「現代評論派」和「東吉祥派」，魯迅呼之為「正人君子」者流）則主張在秩序和公理下解決問題，而大學就不應該捲入政潮和學潮，胡適以歌德、費希特、易卜生的事蹟和言論為例，亟請學生不受「國家的紛擾，外間的刺激」而一心向學。

一九二五年十月，繼此前上海點燃的「五卅」運動之後，北京的關稅會議再次點燃了國民革命的熱勢，以之為發端，中共北方區委（由趙世炎、陳喬年、陳為人等五人組成「行動委員會」）和國民黨北京執行部發動驅段運動，準備直接建立臨時的國民政府（徐謙任主席）並召開國民會議，這就是所謂「首都革命」。不過，事發前已經有陰影在：倒戈以後的馮玉祥「國民軍」此時首鼠兩端，馮致電段祺瑞，表示「擁護鈞座，始終不渝」，而領導者的國共兩家更互相猜疑，各有所圖。十一月二十八日，「中國的巴黎公社運動」—國共兩黨領導革命群眾第一次嘗試奪取政權的運動開始，學生敢死隊、工人保衛隊等分散街頭張貼佈告和傳單，繼數萬人集合於故宮神武門前，大會主席朱家驊宣布開始實行革命運動—推翻段氏執政府並建立國民政府，無條件收回關稅主權，要求集會結社言論出版的絕對自由，等等。會後朱家驊和于樹德領隊遊行，群眾呼喊著「驅逐段祺瑞」、「打死朱深和章士釗」（並要求「拿辦」警察總監朱深、司法兼教育總長章士釗、財政總長李思浩、執政府秘書長梁鴻志等）等口號，包圍執政府，佔領警察局和郵電局，進發段宅等。翌日，五萬民眾群集天安門舉行國民革命示威運動大會，整個北京已在革命狀態中，段執政府已經名存實亡，大會議決懲辦賣國賊，會後示威遊行，群眾遂搗毀章士釗住宅（這是第二次了，章士釗事後寫有《寒家再毀記》），焚燒了宣武門前的晨報館。也是是日，魯迅也參加進女師大師生的示威隊伍中，歡呼復校的勝利（此前章士釗下令解散女師大，改辦「國立女子大學」，遭到魯迅等師生的一致「杯葛」）。

當魯迅參加國民黨北京機關報《國民新報》編輯的同時，這家報紙的對壘——《晨報》報館被焚燒了。這不免讓人想起法國資產階級思想和文化啟蒙運動的大師伏爾泰的一句名言：「你說的話我一個字都不贊成，但我誓死捍衛和維護你說話的權力」。雖說政治革命有它的「遊戲規則」，書生十足的拘謹於「公理」也不免迂腐和傻冒，像與軍閥和「現代評論派」相左的「語絲派」周作人和林語堂，此時就動了「費厄潑賴」的心思。也是魯迅事後亟論的（見《華蓋集》中的〈「公理」的把戲〉等）：什麼是「公理」？誰的「公理」？有沒有統一而不是雙重標準的道德（「二重道德」）？我們不得不佩服魯迅的眼光如炬，不久，不就有一齣人間慘劇的「三一八」嗎？而前此魯迅早已見慣了「就因為先烈的好心，對於鬼蜮的慈悲，使它們繁殖起來，而此後的明白青年，為反抗黑暗計，也就要花費更多更多的氣力和生命」。（《論「費厄潑賴」應該緩行》）不過，人類的歷史就這樣怨怨相報下去？我們是不是也可以聽聽其他人的看法和觀點呢。

二

晨報館被焚後，湯爾和寫信對胡適說：「京中狀況獰惡可怖，白晝縱火燒報館，此是何等景象？章行嚴縱犯彌天大罪，亦不應放火燒之」。陳源則發表《「首都革命」與言論自由》，表示對

「首都革命」的極度失望，尤其是它「最大成果」的焚毀晨報館，他表示痛心，因為「我一向覺得，在中國北方的日報裡，只有《晨報》還像一個報」，即它編輯隊伍整齊，辦報「每天用一番心思，費一番功夫的」，而其主張也是「始終一致的」，「這在中國的報紙裡，也是一件稀有的奇寶。中國的報紙都好像風中的楊柳，東來便往東倒，西來便往西倒。它們好像倚門賣笑的娼婦，誰有錢就賣給誰」，《晨報》儘管帶有「研究系」色彩，「對於國民黨是常常砭斥的」，「可是這不過是信仰的不同，並不成什麼罪狀。除此以外，《晨報》始終反對軍閥，批評政府，雖然態度穩健，卻是稀有的獨立奮鬥的報紙」。可是，這樣一張報紙，「卻讓爭言論出版自由的民眾燒毀了」。他們惋惜之餘，隱隱地還為社會不容忍的風氣所憂，《晨報》被焚，「滬上報紙熟視無睹，未聞一伸公論」，士人「無不從風而靡，人心如此，可畏哉」（湯爾和致胡適信）。《晨副》的編輯徐志摩大概是平生第一次見這個場面，好在說是「焚燒」，並沒有「焚毀」——「燒晨報的火神爺心腸還是不夠辣，該毀的沒有毀，機器、稿子全給留了，不該毀的倒給毀了：館員們的衣服、聽差們的被褥、廚子的家當、會客室裡新製的一套沙發、壁上掛的畫片，全沒了」，於是「明兒照例出報，自家鉛字亂了，就拿到別家印去」，徐編輯還刊登啟事告慰眾寫家：「報館遭難，副刊稿件幸無恙，用否容分別函覆。本刊復活，至盼投稿，共維生命」。可是仔細清點，沈從文和江紹原幾位的來稿可就不見了不是。徐志摩越發來氣，面對「大眾民主」他發話了：「火燒得了木頭蓋的屋子，可燒不了我心頭無形的信仰，我生平經驗雖則不深，可是人事膚淺的變異輕易也駭不了我，嚇不倒我，我就自恨天生力量不夠，理智不夠銳，感情不夠烈，筆力不夠強，但相當內心的平衡，我希冀，總還可以保持。」說了一番倔強的話，徐詩人再次宣告他辦《晨副》的宗旨：「本副刊以後選稿的標準還是原先的標準；思想的獨立與忠實，不迎合照舊不迎合，不諛附照舊不諛附，不合時宜照舊不合時宜。」（《災後小言》）人們看熟了《人間四月天》中詩人的纏綿悱惻，詩人天性中另一面的「固執」——「頑固」，大概還不知道吧。也是燒了報館不久，來了一個反撥，北洋的糾糾武夫查封報館，通緝報人，徐詩人心中的滋味可就是打碎了五味瓶似的，你聽他的話裡就不免有些幸災樂禍的意思了：「最近的消息，是邵飄萍大主筆歸天，方才有人說（蔣）夢麟也躲了。我知道大學幾位大領袖早就合夥了在東交民巷裏住家—暫不進行他們『打倒帝國主義』的工作。何苦來，這發寒熱似的做人。」（一九二六年四月二十六日致胡適信）正是你方唱罷我登場，真正地道的中國自由主義，多乎哉，不多也。

對晨報館的被燒，中國自由主義「教主」的胡適，他的反應當然也是劇烈的。他當即致信陳獨秀責問，陳卻反問說：「你以為《晨報》不該燒嗎？」胡適吃這一問，一個星期腦海裡便盤旋著這個質問，他覺著他和陳獨秀是做了十年的朋友，期間還做過不少的事，最難忘的當然是發動「五四」新文化運動了，和而不同，終究是「見解主張上常有不同的地方」，這不奇怪，而讓胡適「忍不住」的，是對晨報館該不該燒這一分歧上，即「最大的不同莫過於這一點了」。胡適說：「幾十個暴動分子圍燒一個報館，這並不奇怪。但你是一個政黨的負責領袖，對於此事不以為非，而以為『該』，這是使我很詫怪的態度」。為什麼呢？胡適舉了幾個例子：一九一九年陳獨秀在北京散發傳單被捕，署名營救的人中，甚至有「五四」派敵對的桐城派古文家馬通伯和姚叔節兩位（還有劉師培），那時，白話文的主張者胡適感動了：「我心中感覺一種高興，我覺得這個黑暗社會裡還有一線光明：在那反對白話文學最激烈的空氣裡，居然有幾個古文老輩肯出名保你，這個社會還勉強夠得上一個『人的社會』，還有一點人味兒」。胡適是漸進論者，他欣賞出於理性雙方的博弈和容忍，欣賞人世的調和，改良和清明，他讚賞別人這樣做，他自己也願意做個調人，比如對周氏兄弟和陳源，他熱情地鼓勵雙方：「親愛的朋友們，讓我們從今以後，都向上走，都朝前走，不要回頭睬那傷不了人的小石頭，更不要回頭自相踐踏」，他真心地惋惜他們雙方在口水大戰中「不免都夾雜著一點對於雙方動機上的猜疑」，更由此「發生了不少筆鋒上的感情」以及「層層猜疑」和「層層誤解」。胡適說：「我是一個愛自由的人」，自由主義的他「最怕是一個猜疑，冷酷，不容忍的社會」。（一九二六年五月二十四日致周氏兄弟和陳源信）他多次勸人說「一個民國的要素在於容忍對方的言論自由」，（一九二四年十一月二十八日致李書華，李宗侗信）可惜，那個時代的中國社會正是他所怕的社會，這個社會裡自由主義貧瘠的土壤上開不出昌明的花朵。當然，胡適也太一廂情願了，他沒有看出歷史的火車頭——革命（政治，思想等等），在它龐大的「宏大敘事」中肯定是要夾雜著一池漣漪的水花的，如魯迅所言：他的雜文，「雖大抵和個人鬥爭，但實為公仇，決非私怨」。所以，胡適的一腔好心，枉然了。但胡適還是執著於其理念的，他又問陳獨秀：「你我不是曾同發表一個『爭自由』的宣言嗎？那天北京的群眾不是宣言『人民有集會結社言論出版的自由』嗎？」

《爭自由的宣言》是一九二〇年八月一日刊於《晨報》的，署名者是胡適，李大釗（胡適誤憶為陳獨秀了），蔣夢麟、陶孟和、高一涵、王徵和張祖訓七人，這個文件是中國現代思想史上一篇重要的文獻（還有一篇是周作人、錢玄同、沈兼士、沈士遠、馬裕藻五人的《主張信教自由者的宣言》。繼一九二〇年的《爭自由的宣言》後，一九二二年三月，由周作人領銜對當時反帝的革命話語下的「非基督教非宗教同盟運動」提出置疑，他們「認為人們的信仰，應當有絕對的自由，不受任何人的干涉，除去法律的制裁以外，信教自由，載在約法，知識階級的人應首先遵守，至少也不應首先破壞」。和後來燒了晨報館寫信質問陳獨秀的胡適一樣，當時周作人也致信陳獨秀，要討個「信教自由」的說法，也是同胡適一樣出於敏感的覺察，或者竟是兩人一前一後的惺惺相惜吧，他們覺得這些距離不遠的事件共同反映了一個苗頭：「我相信這不能不說是對於個人思想自由的壓迫的起頭了」，而且他們還注意到那形式——「思想自由的壓迫不必一定要用政府的力，人民用了多數的力來干涉少數的異己者也即是壓迫」。（這一切後來都不幸言中），它闡述了「五四」知識分子表達意見，自由議政的一個理念：自由主義（消極自由和積極自由）。

「五四」同人經驗和感受到了不自由的痛苦，他們發現正是政治的長期不上路導致了自由的淪喪：「自辛亥革命直到現在，已經有九個年頭，這九年在假共和政治之下，經驗了種種不自由的痛苦，便是政局變遷，這黨把那黨趕掉，然全國不自由的痛苦仍同從前一樣」，所以他們認同「政治如果不由人民發動，不會有真共和實現」，而「如果想使政治由人民發動，不得不先有養成國人自由思想自由評判的真精神的空氣」，但要讓這種空氣釀成，他們又認識到：「有幾種基本的最小限度的自由，是人民和社會生存的命脈」，那就是──言論，出版，集會結社，書信秘密的自由──幾種最基本的人權。就是在焚毀晨報館當天的群眾口號中，也有讓它「絕對自由」的吶喊，言猶在耳，怎麼一邊喊著，一邊就把人家的報館燒了呢？

三

「該不該燒」？胡適答：「《晨報》近年的主張，無論在你我眼睛裡為是為非，決沒有『該』被自命爭自由的民眾燒毀的罪狀；因為爭自由的唯一原理是：『異乎我者未必即非，而同乎我者未必即是；今日眾人之所是未必即是，而眾人之所非未必真非』。爭自由的唯一理由，換句話說，就是期望大家能容忍異己的意見與信仰。凡不承認異己者的自由的人，就不配爭自由，就不配談自由」。可以聽的出：胡適說著說著要上火了。他大概清楚地記得：早在「五四」批判舊思想和舊文學時，自己和學生常燕生等就已經看不下去陳獨秀「必以吾輩所主張者為絕對之是」的偏執，也記得早在《新青年》遷回上海之後，「爭自由」的統一戰線就分裂了，「你們（陳獨秀以及在《宣言》上簽字的李大釗—據說事後李受到黨內的批評。筆者注）主張一階級專制的人已不信仰自由這個字了」，胡適傷感地說。我想，他在寫這信時一定眼角掛著眼花。胡適卻不死心，人總要說理呵，雖然「我也知道我今天向你討論自由，也許為你所笑。但我要你知道，這一點在我要算一個根本的信仰」。請注意這是胡適的「一個根本的信仰」。循此，「我們兩個老朋友，政治主張上儘管不同，事業上儘管不同，所以仍不失其為老朋友者，正因為你我腦子背後多少總還同有一點容忍異己的態度。至少我可以說，我的根本信仰是承認別人有嘗試的自由。如果連這一點最低限度的相同點都掃除了，我們不但不能做朋友，簡直要做仇敵了。你說是嗎？」

陳獨秀說「是」，恐怕是多少年後他大徹大悟之時了。那也是他承認胡適「著述之才遠優於從政」之時，他自己是過來人，有更豐富和更痛苦的況味；那也是他評價另一位老友的魯迅「並不是神，也不是狗，而是個人，有文學天才的人」之時，他一定是聽聞魯迅在上海是如何「橫站」（面對國民黨的「叭兒」又要防範左翼的「工頭」周揚之輩）了，所以他由衷地欽佩：「這位老文學家終於還保持著一點獨立思想的精神，不肯輕於隨聲附和」；回憶到蔡元培，陳獨秀更是老淚婆娑：「這樣容納異己的雅量，尊重學術思想自由的卓見，在習於專制好同惡異的東方人中實所罕有。」

陳獨秀說「是」，是他終於得出六點認識之時：非大眾政權不能實現大眾民主，則政權流為史達林式的極少數人的統治是事勢必然；大眾民主取代資產階級民主是進步的，以德俄的獨裁取代英法美的民主是退步的；資產階級和無產階級的民主內容大致相同，只是實施範圍有廣狹之分；民主的內容當然包含議會制度；民主是每一時代革命的旗幟，而獨裁制產生了史達林（決非後者產生前者），所以若不以制度上尋出缺點，得到教訓，只是閉起眼睛反對史達林，將永遠沒有覺悟；循此，也就可以解答為什麼十月革命後無產階級或大眾民主流為空洞的能指和抵禦資產階級民主的書面語了。

陳獨秀說「是」，是他驚聽回視革命的異化，他說：如果讓馬，列復生，如果他們首肯後來蘇聯史達林種種所行，那我就要說一聲—你們的學說，我不贊成，我寧要民主不要專政。可是，這一切已經積重難返了，革命以其強大的慣性呼嘯著前奔，挾裹著粉碎著它認為礙眼的一切。當年胡適算得很準：「我怕的是這種不容忍的風氣造成之後，這個社會要變成一個更殘忍更慘酷的社會，我們愛自由爭自由的人怕沒有立足容身之地了」；「等到沒有人敢說這種話時，你們懊悔就太遲了」。是誠如其言，可慨也夫！

這樣的例子多了去也，也是胡適的一首歪詩吧，說的是晚清反對變法的湖南學人葉德輝老先生，當年這位湘潭葉先生與王先謙等一批頑固者極力攻擊康，梁，反對新學，那時有本叢書在舊派人手中廣為流傳—蘇輿編輯葉德輝等人攻擊變法，護翼綱常名教的《翼教叢編》。歲月流轉，後來北伐革命，湖南首倡農民運動，葉老先生再起而反對，這一回可是沒有西太后了，顛覆了傳統禮數的農民漢子將葉老先生遊街，示眾，最後砍頭問斬，再後來湖南學人楊樹達惺惺鄉賢，囑胡適題寫葉老先生的遺札，胡適寫了一首「不是詩」的詩——

殺我者誰？共產黨。
我若當權還一樣。
當年誓要殺康梁，
看來同是糊塗帳。

你們殺我我大笑：
我認你們作同調。
三十年來是與非，
一樣殺人來「翼教」。

這就是「太陽底下沒有新鮮事物」的惡性循環往復。

四

《晨報》前身為一九一六年梁啟超等「進步黨」（後即「研究系」）的機關報《晨鐘報》，李大釗曾任總編輯，一九一八年九月以刊登段祺瑞政府向日本大借款的消息被查封；同年年底改組為《晨報》，總編蒲殿俊，翌年二月實行改革，李大釗再度參加編務，在第七版上增加宣傳和介紹「新修養、新知識、新思想」的《自由論壇》和《譯叢》欄目，後更有《勞動節紀念》、《馬克思研究》等專號和專欄；至一九二一年十月，《晨報副刊》（「晨報附刊」就是魯迅的創意）單獨發行，是為「五四」新文化運動著名的「四大副刊」之一（先後由孫伏園、徐志摩、瞿世英等編輯。另外三家是北京的《京報副刊》和上海的《時事新報・學燈》，《民國日報・覺悟》），發行數目漸達萬份，這在二〇年代的中國堪稱是驚人的了。魯迅和它也有非常密切的關係，孫伏園編報，宗旨其實是常常聽從老師魯迅的意見的，據我大略統計，魯迅在《晨報》發表的文章也多達六十餘篇，最著名的當屬《阿Q正傳》。

晨報館被燒，魯迅沒有做文章反響，其實這本身就是一個說明。此後，北師大一個學生胡曾三寫信給他，說：「晨報館被焚後更反動了，但只要燒掉其面具，架子，衣服等就可以了，它以前假裝正大公平種種醜態不是一生氣已不裝了嗎？蘇日秘約各自經營南，北滿，這種謠言它以前還不肯造吧？」這個胡曾三，大概就是參加燒報館的青年。只有過了許多年以後，塵埃落定，他大概也才能明白那些「秘約」未必是「謠言」，且不說人們已熟知的中國抗戰最艱難時的《日蘇互不侵犯協定》，早在中國人興奮於新生的蘇聯兩次對華宣言放棄沙俄在華一切特權稍後，眼巴巴的中國人並沒有看到它履行承諾，當年企求與蘇聯聯盟的孫中山欣喜於「柳暗花明又一村」時也曾不愉快地致信列寧，請求「不要採取任何不明智的行動，諸如佔領北滿」，（《聯共（布）、共產國際與中國國民革命運動》）甚至當被十月革命所鼓舞，熱情於民族解放運動的中國人強烈地要求廢除不平等條約，蘇俄特使越飛受到感動，建議蘇俄領導人本對華宣言的精神，在外蒙和中東路問題上向中方做出讓步，結果卻遭到蘇聯革命軍事委員會主席、紅軍總政委托洛茨基的嚴厲指責。越飛、馬林，這兩位早年到中國執行共產國際和蘇俄對華方針和策略的外交家，他們在中國的所見所聞使他們真正同情於中國人民的利益和感受，他們體會到：「我們在自己的政策中不僅要批判帝國主義者，揭露他們的欺騙行徑，而且絲毫不可做出任何不當的事，以免使人產生我們實行偽裝的帝國主義政策的印象。」（黃修榮：《孫越會談始末》）蘇聯的垮臺，這未必不是原因之一吧。國家利益大於一切（包括「國際主義」），這是後來我們才明白過來的。

晨報館被焚，畢竟沒有毀掉，所以不久《晨報》繼續出版，迨北伐告成，全國一統，《晨報》結束。（後來還有閻錫山的《新晨報》、張學良的《北平晨報》等，那已經不再是獨立的媒體和公共知識分子的平臺了）此前，張作霖、張宗昌等一批赳赳武夫進京，「撲滅四種報章」——《京報》（殺社長邵飄萍）、《世界日報》（捕社長成舍我）、《國民新報》和《國民晚報》，「『逼死』兩種副刊」——《京報副刊》和《國民新報副刊》，又殺報人林白水，通緝李大釗、朱家驊、魯迅等。

燒《晨報》的也被燒（被通緝和被「撲滅」和被「逼死」），這又讓人不免想起二次大戰後德國神父馬丁的一段感慨（「起初——，我不說話；後來——，我不說話；最後——，再也沒有人站起來為我說話了」），也讓人想起「文革」後的「新剃頭歌」。人們有理由懷疑：按照我們曾經信仰的進化論，為什麼人類在表達自由這個領域竟如此曲折和反覆？就像茨威格那本《異端的權利》一書的扉頁上卡斯特利奧的話：「後代將會疑惑，何以經歷了如此輝煌的黎明，我們卻被迫退回到昔米萊人的黑暗之中。」

2

「閩變」中的林惠元案

從謝覺哉一則日記說起

《謝覺哉日記》一九四七年七月二十二日記有：「一九三三年十二月，魯迅與姚克信：『聞此地青年又頗有往閩者。其實他們的辦法與北伐前之粵不異，將來變臉時，當又是殺掉青年用其血以洗自己的手而已。惜我不能公開作文加以阻止』。青年被騙，何止北伐前之粵，歷史上這類事正多！不過不是不應該去，而是應去改變其本質，並奪取其領導。福建曾派代表至中央蘇區簽訂協定，當時領導者估計其不可靠。對的。福建亦只要求互不侵犯，對於互助則迄未議定，但這時我們積極去幫助，幫助正因為其不可靠。那時蔣三個師由閩北進攻，我在閩北有與之相當的兵力，如果幫福建打，人民政府不會坍，我軍對人民政府的發言權增大，他不能不跟我們走。然而我們這樣做，福建失敗後，我軍遂亦不能穩守中央蘇區。」

一九三三年十一月發生的「福建事變」，是刺激於「九一八」後國民黨政府對日妥協，對內黑暗統治而由十九路軍將領，若干兩廣軍政人物，第三黨，神州國光社部分成員等所發起。此時在中共黨內正是王明左傾路線佔據統治，在「福建事變」發生及失敗的整個過程中，一九三三年十二月五日的《中共中央為福建事變告全國民眾書》及一九三四年一月二十六日的《中央為福建事變第二次宣言》均提出了「打倒賣國辱國的國民黨南京政府與一切國民黨政府」、「揭破一切欺騙民眾的陰謀與武斷宣傳」、「打倒一切欺騙民眾出賣民眾的反革命改良主義」的口號，事實上也沒有採取行動有利支持福建政府。後來，對統一戰線工作中的這種「為叢驅雀」、「為淵驅漁」的左傾錯誤，「遵義會議」後的中共是做了深刻反省和定性分析的，這見之於一九四五年四月中共中央六屆七次會議通過的《關於若干歷史問題的決議》等。（「遵義會議」限於當時條件和認識水平，雖批評了博古等「根本不瞭解在政治上軍事上同時利用十九路軍事變是粉碎五次圍剿的重要關鍵之一，仍然認為福建政府不過是反革命內部的一個派別，這個派別企圖用更多的欺騙宣傳甚至社會主義之類的名詞來維持整個地主資產階級的統治」）（《中央關於反對敵人五次「圍剿」的總結決議》）

福建事變期間，中共這種左傾方針和對「閩變」的態度，也就影響到宋慶齡，魯迅等的視聽，使之亦做出了指責福建政府的判斷，如宋慶齡在事變不久即發表聲明，稱：「國民黨政客軍閥間之所有爭吵只能增重對全國民眾的壓迫與痛苦。南京與福建之間或彼等與國內其他軍閥之間並無重要的政治差異，無論用何種漂亮言詞以吸引大眾支持，唯一的問題就是爭權奪利。」她還表示：「余與任何軍閥政客集團，不論現在抑或將來，絕不會發生任何關係。余之立場，始終不變—即不可改變地，不妥協地反對所有這些集團。革命群眾的利益同國民黨和南京，福建及各地軍閥的利益是截然相反的。因此，我不可能有其他的選擇。」（《宋慶齡年譜》第九一頁，轉引自愛潑斯坦《宋慶齡—二十世紀的偉大女性》，人民出版社一九九二年版，第三二一頁）對此，陳漱渝先生曾有詳細的考證，他以為之所以如此，是宋慶齡他們受了《中國論壇》上刊登的中共負責人談話的影響。（見《民國掌故》所收《宋慶齡和魯迅為什麼譴責「福建事變」》，原刊《團結報》一九八八年七月五日）魯迅當時也在致姚克的信中揣度福建政府將效其曾親睹的李濟深廣州「清共」一樣是「吃人」場景之一幕——「變臉」，然後「殺掉青年用其血以洗自己的手」。他之所以做出這種判斷，就是這一「語境」中偏聽偏信但又不失其深刻之處的一種見解。

複雜的「福建政府」

如同謝老十餘年後的回顧，福建政府誠多有可議之處，「不可靠」——「在福建聚集了一切中國的反革命的改良主義的集團與派別，從國民黨內部的反對派，生產黨、第三黨、社會民主黨、AB團到托洛茨基主義者，從李濟深，蔡廷鍇，蔣光鼐，陳友仁，黃祺翔到胡秋原，嚴靈峰，他們講了好些反帝反蔣的漂亮的空話，他們發布了糊塗與矛盾的政綱，他們空口允許『計口授田』『民主權利』『保護勞動』等等空談，並膽敢冒充人民與革命！」（《中共中央為福建事變第二次宣言》）但今天我們知道：「AB團」等等，頗多虛妄附會，不過李濟深乃至魯迅筆戰過的「自由人」胡秋原以及「托派」的嚴靈峰等（時皆陳銘樞「神州國光社」成員），或許人們對其持有歷史經驗下的真謬難辨的看法，這如魯迅，或有對其「在指揮刀的保護之下，掛著『左翼』的招牌」的洞見，（魯迅：《論「第三種人」》）也有嚴峻政治鬥爭環境下頗易帶出的防範心態和黨同伐異的錮習，即便多年後的謝老對福建政府「不可靠」的揣度也以為是「對的」，更何況早已窺破「造化的把戲」的所謂「世故老人」的魯迅呢。

對福建政府的看法，中共博古臨時中央視為「一切想在革命與反革命中間找尋第三條出路的分子必然要遭受到慘酷的失敗，而變為反革命進攻革命的輔助工具」（《宣言》），是為大謬；謝老，魯迅以為「不可靠」而又將「變臉」，也逾出了歷史真實場景失去事實憑依，魯迅致姚克另一信（一九三三年十二月五日）謂「閩變而粵似變非變，恐背後各有強國在，其實即以土酋為傀儡之瓜分」，相類毛澤東闡述《中國的紅色政權為什麼能夠存在》之最重要的國情條件之一——「帝國主義和國內買辦豪紳階級支持著的各派新舊軍閥，從民國元年以來，相互間進行著繼續不斷的戰爭，這是半殖民地中國的特徵之一」，但「普遍原則」施之於具體事件如「閩變」，這個公式未必妥貼。福建政府是反日反蔣（英美派）的，另一「強國」——蘇俄及其共產國際（遠東局），它對「土酋」如蔡，蔣等先是嚴拒其談判要求（駐滬軍事總顧問弗雷德施令），繼而竟要求中央紅軍組成東方軍乘隙進攻十九路軍，迨馮玉祥同盟軍失敗，蔣發動「五剿」，才同意與其達成停戰協議，但公開場合仍視之如敵，又落井下石，試圖以暗殺、嘩變等辦法將之解體。中共左傾的背景即在蘇俄及其共產國際的向背。

魯迅對福建政府的「霧裡看花」

那麼，為什麼又說魯迅是在特定語境下偏聽偏信而又不失其深刻呢？魯迅的文章，常能達知人論世之旨。這得於其罕見的洞察力，所謂察見淵魚，「對中國內情看得太清楚了」。這又不是僅僅天才的猜測和預見，而是經驗的積累，他說過：「經驗的使得的結果無論好壞，都要很大的犧牲（《經驗》），經驗是血換來的，於是在「閩變」那年的元旦，胡愈之在《東方雜誌》開闢應徵「新年的夢」的專號，魯迅一篇《聽說夢》就大煞風景，與眾多應徵者怵目驚心於現實而騁想夢境大不類，他說：「很少有人夢見建設這樣社會以前的階級鬥爭、白色恐怖、轟炸、虐殺、鼻子裡灌辣椒水、電刑……，倘不夢見這些，好社會是不會來的，無論怎樣寫得光明，終究是一個夢。」這具體到對「閩變」，他從廣州的「清共」不免就聯繫到十九路軍槍殺抗日愛國文化人林惠元的事件上了。

林惠元是林語堂的侄兒，曾在上海從事進步文學活動，不僅與魯迅多有交往（參與有魯迅在場的飲宴等社交、請魯迅閱稿並介紹白薇等的文稿），且與楊騷、白薇同寓魯迅住所不遠的施高塔路上，向《語絲》等投稿，並譯有《英國文學史》等。《魯迅日記》記林（筆名「若狂」）有七次會面，魯迅曾於一九二九年四月十三日覆其一信。在一九二八年七月至一九三〇年三月之間他與魯迅交往期間，魯迅如對待其他在他身邊的文學青年一樣，對之取「人梯」的扶助態度，結果也同許多高長虹似的青年一樣，兩個人的關係冷淡了下來，有幾次林造訪魯迅，魯迅竟不「不見」之（其中一次林攜白薇來卻吃了閉門羹），後來許廣平回憶：原因是楊騷「曾為了愛人（即白薇。筆者注）的病需要物質援助而又不要給愛人知道」向魯迅借錢，「先生滿足了這希望，且恪守了約言」，「忽然，有一天他的另一位至友（即林惠元。筆者注）來向先生借款，且舉前事為例。其時先生正因迫壓，預備出走避難，困於經濟，苦無以應。這位『詩人的至友』不免怨言。」（《欣慰的紀念》）大概是被魯迅知道了，魯迅遂不想看見他了。（楊騷也因此不理魯迅了，即許廣平所記「詩人從此也絕跡不來了，後來幾經碰面，也不招呼，這可見絕交的決絕了」）但後來林惠元遇害，魯迅並沒有因這點不快不去為其呼籲。

一九三三年林惠元任福建龍溪抗日會常委、民眾教育館館長時，在抵制日貨運動中，嚴辦了採購仇貨之臺商簡孟嘗，即將之遊街示眾、沒收了其醫院的財產，簡反向十九路軍誣告彼「通共」，遂遭由上海調往福建參加「剿共」的十九路軍總指揮兼軍長蔡廷鍇諭令特務團團長李金波將之誆至營房逮捕，又不加審訊，五月十九日捕後僅二小時即將之以木枚箝口槍殺，並宣布其「罪狀」為曾入「共黨」且多次暗運械彈接濟「共黨」，這是大損十九路軍抗日榮名的悲慘事件。事後宋慶齡、蔡元培等中國民權保障同盟分電陳銘樞、蔣光鼐、蔡廷鍇，以林氏的冤死，要求予以昭雪，蔡元培電文中還特意指出此案「於貴軍抗日榮名不免有玷，可否徹查伸雪，藉昭公正而勸來者，黨國幸甚」；六月二日，部分民權保障同盟會員和全國及上海新聞界文化界二十餘人在上海華安大廈集會，蔡元培、郁達夫等會後發表《呼冤宣言》，以林案「閩南轟動，傳為疑案」，要求闡明真相，乃「惠元在滬之日同人皆知其賦性爽直，或者開罪土豪，遭人構陷」，其遭奸商反噬，十九路軍特務團團長李氏竟保護奸商、反將林冤殺，且過程兇險（不經審訊，又押赴刑場時以木枚鉗口不令其喊冤），彼同人聞之實感心寒：「際茲國家多難之秋，熱心抗日者之結果乃如此，豈但死者家屬之不幸，實亦吾國之不幸」。魯迅是民權保障同盟會員，他當知此事，所以這個《呼冤宣言》上也有他列名。除民權保障同盟的蔡元培、魯迅、楊杏佛、郁達夫等之外，簽名的還有柳亞子、傅斯年、夏丏尊、葉聖陶、朱少屏、潘光旦、孫福熙、全增嘏、李青崖、邵洵美、楊騷、白薇、章衣萍、吳曙天、李小峰、趙景深等。六月二日，林氏親屬也舉行了新聞招待會說明經由，林語堂以親屬和民權保障同盟會員的雙重身份發言，但不久民權保障同盟的總幹事楊杏佛先生亦遭國民黨暗殺，林卻沒有參加在萬國殯儀館為楊舉行的追悼入殮活動，宋慶齡、蔡元培、魯迅、沈鈞儒、李四光等前往弔唁，時魯迅不屑林語堂的膽怯，並在是夜的覆信中回拒其邀寫打油詩，以為「無此心情」，此後魯迅與林氏的關係逐漸疏遠。

林案以及先前無數青年的流血，都使魯迅聯想到「吃人」這個遙自《狂人日記》即不絕如縷於其筆下的場景，他是太稔熟「食人民族」這個「造化的把戲」了，而獲此「世故」，是「一定要經過許多苦楚的經驗，見過許多可憐的犧牲」的，（《推背圖》）他是深深慟心於犧牲者的青年們。

「閩變」前後，可說是魯迅一生中最驚心動魄而局勢險峻的歲月，國民黨白色恐怖與「文化圍剿」黑暗如磐。一九三三年一月，魯迅參加中國民權保障同盟，作為上海分會執委之一，為青年的流血，中張、奔走，他痛心「中國失掉了很好的青年」，而「在這三十年中，卻使我目睹許多青年的血，層層淤積起來，將我埋得不能呼吸」。（《為了忘卻的紀念》）「好的青年，自然有的，我親見他們遇害，親見他們受苦，如果沒有這些人，我真可以『息息肩』了。」（一九三三年八月一日致胡今虛信）所以，當他聽說許多青年奔往「閩變」後的福建（此前還有張家口的馮玉祥抗日同盟軍），魯迅出於「經驗」之談，竟是遺憾「不能公開作文加以阻止」了，甚至對「當福建獨立之初，雖有說是釋放犯人，而一到外面，和他們自己意見不同的人們倒反而失蹤了的謠言」既疑且信。（《關於中國的兩三件事》）魯迅疑心「變臉」者的以血「洗手」，既有此前林惠元案的並非空穴來風，又有對「閩變」參加者不能卸去的懷疑、防範心理，而此前他正慨歎了楊邨人等的「轉向」，繼從紀德到「第三種人」看出「在這混雜的一群中，有的能和革命前進，共鳴；有的也能乘機將革命中傷，軟化，曲解」，（《又論「第三種人」》）警戒不要「看錯了人」，（《〈殺錯了人〉異議》）留意張獻忠失敗後的「虐殺」，（《晨涼漫記》）……皆構成了魯迅致姚克信的心理氛圍和特定場景。此外，事變中「中華共和國」的《人民政綱》等等對一向疾首「預約黃金世界」且獨擅「於天上看見深淵」的魯迅而言，他確是如其所自剖：「太易於猜疑、憤怒」了。

也是魯迅所曾言：革命有血，有污穢，但有嬰孩。「閩變」中，十九路軍祕密組織「改造社」防範藍衣社等派人滲透和策動叛變，曾逮捕嫌疑者百餘人，祕密留處決其中數十人。「改造社」書記徐名鴻是魯迅北京相識之人，（北高師教書時期。徐是福建政府龍漳省代省長、十九路軍祕書長、軍委會總政治部副主任）後在失敗潛逃中被捕，被陳濟棠槍殺，徐慷慨就義，死前遺書國人及家人，又請蔡廷鍇書其墓碑：「社會主義者徐名鴻之墓」。中國失掉了又一個「很好的青年」。

3

「流言」和「謠言」，又是怎樣擴變為一個更大的「流言」和「謠言」的

——魯迅〈答托洛斯基派的信〉的再回顧

魯迅竟被誣為「托派」

魯迅從廣州抵達上海後，他身處於上海灘濃郁氣息殖民地的都市，隨之國民黨的「文化圍剿」、租界內外商業小報的無聊炒作以及無聊文人的無事生非，便形同四面八方射來的毒箭，一箭一箭地射向了魯迅，而圍繞「魯迅」的市場價值，等等，就在他四周，時不時地掀起陣陣烏煙瘴氣的流言和謠言，以至於晚年魯迅幾乎無時不與流言及謠言相糾纏。後來魯迅的摯友許壽裳分析魯迅的死因，以為他「心境的寂寞」、「精力的剝削」、「經濟的壓迫」是致命的創傷，而這中間，其

敵手所施加的五花八門的構陷術，便起了極大的作用。如許壽裳說：「魯迅畢生為反帝反封建而奮鬥，淡泊自甘，痛惡權勢，受禁錮而不悔，受圍攻而不屈，受誣衊不知若干次。翻譯幾本科學的文藝理論，就誣他得了蘇聯的盧布；出版一本《南腔北調集》，就誣他得了日本萬金，意在賣國，稱為漢奸；愛羅先珂從中國到德國（？），說了些中國的黑暗，北洋軍閥的黑暗，就說這些宣傳受之於他，因為他的女人是日本人，所以給日本人出力；給一個毫不相干的女士作了一篇《淑姿的信・序》，就說她是他的小姨；『一二八』戰事驟起，寓所突陷火線中，得日本人內山完造設法，才避居於其英租界支店的樓上幾天，就說他託庇於日本間諜。」等等。

對此，有人雖說「魯迅對這些誣衊，能夠憤而安之，『細嚼黃蓮而不皺眉』。」這畢竟是跡近皮相的觀察，因為依照魯迅的性格，他是不會對那些終日聒噪在耳邊的流言、謠言無動於衷的。也許他大概是太熟悉、也太看重了對手的面目和伎倆了，他曾說：他是「常看造謠專門雜誌之一人，但看的並不是謠言，而是謠言作家的手段，看他們有怎樣出奇的幻想，怎樣別致的描寫，怎樣險惡的構陷，怎樣躲閃的原形。」（《准風月談・歸厚》）顯然，他很在意那些流言蜚語以及它們所起的險惡作用的。在他的晚年，那些流言等竟造成了他的心理焦慮，並且還時時侵蝕著他的內心。他幾乎是悲慟地深陷於寂寞和孤獨，因為除了正面的敵手，他還必須「橫站」著來面對來自自己陣營射來的流言毒箭，所以，他儘管可以不屑於那些他早已熟悉的流言伎倆，卻「唯獨在病勢沉重之際，對於抗日的統一戰線的態度，因為有人誣陷他，則不能不扶病明白答覆。」（許壽裳：《亡友魯迅印象記》）於是，這「誣陷」聲中，就有罪大惡極的所謂「托派」說。（關於所謂「托派」的定義和結論，可以參看最新版本的《毛澤東選集》和《鄧小平文選》的注釋）這其中，既有國民黨文化特務們辨的《社會新聞》挑撥離間、蠱惑人心的謠言：「我敢負責的報告讀者，魯迅翁的政治關係，確是共產黨左派反對派的一員」，而「魯迅翁的政治理想很容易接近托派」，且其「加入托派的動機，主要的卻是被火一般的領袖欲所驅使著的。」（《魯迅與托派》）也有來自自己陣營有人恨其不聽指揮、在宗派紛爭的聒噪中的怨氣，便附和了這流言，如「兩個口號」爭論正酣之時，「『國防文學』派放出流言，說『民族革命戰爭的大眾文學』是托派的口號。」（胡風：〈魯迅先生〉）而「魯迅對周揚等人最憤慨的，是周揚等人因魯迅不贊成『國防文學』的口號並拒絕在『文藝家協會』發起人中簽名就攻擊魯迅為『破壞統一戰線』，為『托派』等等。」（馮雪峰：〈有關一九三六年周揚等人的行動以及魯迅提出「民族革命戰爭的大眾文學」的口號的經過〉）

由於魯迅和中共上層的瞿秋白、馮雪峰曾交往密切，加之他在學習馬克思主義和中共政治讀物後的認識，他大概不會不知道「托派」的政治含義和嚴重性，所以，果真當中國的「托派」（陳仲山）給他寫信來時，他立刻條件反射般的被激怒了，當時那封信他甚至連許廣平都不給她看；他還囑咐他所信任的馮雪峰去對付他們，並用公開信的方式表示自己與「托派」的水火不容，當然更是毫無瓜葛；這同時幾乎也是在回答和反擊周揚等人的誣陷的，因為由他「口述」和馮雪峰「筆錄」的一紙檄文〈答托洛斯基派的信〉，在表達魯迅對「托派」的嚴正立場的同時，也是在「解消」來

自自己陣營所加的「托派」「這一栽誣的」。（胡風：〈魯迅先生〉）

「托派」的政治含義

關於「托派」，尤其是中國「托派」在抗戰之前的表現和作用，新版《毛澤東選集》的注釋是這樣寫的：「在一九二七年中國革命遭受失敗之後，中國也出現了少數的托洛茨基分子，他們與陳獨秀等相結合，認為中國資產階級對於帝國主義和封建勢力已經取得了勝利，中國資產階級民主革命已經完結，中國無產階級只有待到將來再去舉行社會主義革命，在當時就只能進行所謂以『國民會議』為中心口號的合法運動，而取消革命運動。」（《毛澤東選集》第一卷第一六八頁，人民出版社一九九一年六月第二版）

這個說明，是在一九四五年四月中共六屆七次全會通過的《關於若干歷史問題的決議》的基礎上略有縮簡而擬出的，原先《決議》中是這樣寫的：「以陳獨秀為代表的一小部分第一次大革命時期的投降主義者，這時對於革命前途悲觀失望，逐漸變成了取消主義者。他們採取了反動的托洛茨基主義立場，認為一九二七年革命後中國資產階級對於帝國主義和封建勢力已經取得了勝利，它對於人民的統治已趨穩定，中國社會已經是所謂資本主義佔優勢並將得到和平發展的社會；因此他們武斷地說中國資產階級民主革命已經完結，中國無產階級只有待到將來再去舉行『社會主義革命』，在當時就只有進行所謂以『國民會議』為中心口號的合法運動，而取消革命運動；因此他們反對黨所進行的各種革命鬥爭，並污衊當時的紅軍運動為所謂『流寇運動』。他們不但不肯接受黨的意見，放棄這種機會主義的取消主義的反黨觀點，而且還同反動的托洛茨基分子相結合，成立了反黨的小組織，因而不得不被驅逐出黨，接著並墮落為反革命。」

至於《毛澤東選集》的舊版（一九六六年七月），在注釋「托洛茨基集團」時卻是這樣寫的：「在一九二七年中國革命遭受失敗之後，中國也出現了少數的托洛茨基分子，他們與陳獨秀等叛徒相結合，於一九二九年形成了一個反革命的小組織，散佈國民黨已經完成了資產階級民主革命等類的反革命宣傳，完全是帝國主義和國民黨的反對人民的卑污工具。」（《毛澤東選集》第一卷第一五二頁）

對照以上新版的注釋，原來去掉了諸如「叛徒」、「反革命」、「卑污工具」等與歷史事實不符、以及僅僅是出於情感判斷性的詞句。另外，在中央文獻出版社出版的《周恩來傳》中，對大革命後「托派」的表現和作用也給予了新的評說：「在這個時期內，由於政治環境的極端險惡，由於大革命失敗後黨所遭受的暫時挫折，黨內一部分不堅定分子從對革命前途悲觀失望進而走上右傾取消主義的道路。他們宣揚：中國革命失敗了，『資產階級得了勝利，在政治上對各階級取得了優越地位，取得了帝國主義的讓步與幫助』，認為中國資產階級民主革命已經完結，中國無產階級應該待到將來再去進行『社會主義革命』，在現階段只能進行以『國民會議』為中心口號的合法運動。

他們反對中國共產黨領導進行的各種革命鬥爭，把紅軍運動污衊為所謂『流寇運動』。如果照他們的這些主張去做，中國革命就會被全部葬送。」

上述中國「托派」中的成員，「許多人原是中國共產黨早期的領導人或重要幹部，如陳獨秀、彭述之、鄭超麟、尹寬、汪澤楷、馬玉夫、蔡振德等，這時仍保留著共產黨員的身分，有的還擔負著地方上的領導職務，在黨內有一定的影響。更嚴重的是，他們在黨內組織祕密的小派別，散播祕密刊物和小冊子，製造思想混亂和糾紛，並同國際上的托洛茨基反對派連結在一起，進行分裂黨的活動」，以至到了「一九二九年下半年，這種活動已發展到十分嚴重的地步，對處於祕密狀態下的黨的生存和發展構成了直接的威脅」。此外，現在還有一些學者認為：所謂中國「托派」的問題，應當視之為革命陣營內部在採取何種革命方式問題上的分歧，應該屬於認識上的是非問題，不應抬高到革命與反革命的對立上。然而，當時中共對「托派」卻是視之為心腹大患的，因為它直接起了分裂黨組織的惡劣作用，於是理所當然地，中共中央在共產國際的領導下，與之開展了堅決的鬥爭，尤其是中共「六大」之後。見諸於文件，這有《關於中共中央政治局工作報告的決議》（一九二九年六月）、《關於中國黨內反對派問題的第四十四號通告》（八月十三日）、《中共中央政治局關於反對黨內機會主義與托洛茨基主義反對派的決議》（十月十五日）、《中共中央政治局關於開除陳獨秀黨籍並批准江蘇省委開除彭述之、汪澤楷、馬玉夫、蔡振德四人決議案》（十一月十五日），等等。當時中共主要領導人之一周恩來還分析了「托派」的形成原因和其主要成員的

來源：即反對派「主要是找對黨不滿和被黨開除的分子。凡理論上一知半解而又不懂實情的人，是易於走到反對派那邊去的。有些同志總是以懷疑態度來討論理論問題的，也很容易受到他們的影響。」（《周恩來傳》）他還曾作過一個《托洛茨基反對派在中國發生的原因及其前途》的報告，認為「反對派在中國發生之主要原因，是中國大革命失敗與新的革命浪潮之復興，存留在黨內落後的小資產階級『同路者』形成了反對派發展的基礎」，而黨內生活的不健全又使得其「有隙可乘」。中共六屆二中全會在決議中也指出：「托洛茨基反對派的活動近已侵入中國黨內，它在目前中國黨內理論水平低微與黨的歷史糾紛尚未有殘餘的條件下，很有可能與黨內一般落後的、消極的、離開工作、不滿意指導機關的黨員相結合，以助長黨內小組織傾向與派別觀念的暫時發展，而形成中國的反對派」，等等。因此，中共在其通過的決議中明確要求各級黨部一旦發現有「托派」小組織，必須馬上解散，如有堅持其觀點而不服從黨的策略和決議的，則應開除其出黨。

陳獨秀等就是因為不接受警告，也拒絕中央指派給他們的工作，（一九二九年七月十二日，向忠發和周恩來赴陳獨秀處交換意見，並勸阻其不要參加反對派的活動。後陳獨秀致信中央，批評中央在「中東路事件」上的立場，中央則在覆函中認為雙方的分歧已非「部分的策略」，而是「很嚴重的原則的問題」。對此，陳獨秀又回信認為中共「六大」後中央的路線是「機會主義——盲動主義和命令主義」，他還提出了具體的十二條意見和建議。應該說：陳獨秀當時的主張有一些是應該給予認真考慮的，其中一些也是正確的，比如在「中東路事件」中用「反對國民黨政府的賣國、誤國政策」的口號代替「保衛蘇聯、擁護蘇聯」的口號等）於是便受到了相應的組織制裁。

當時，中共黨內生活的準則是不允許存在有「祕密組織」和「祕密出版物」的，更不允許反對中央路線的「托派」在黨內的存在——「這是破壞中國黨的統一之最危險的企圖，是布爾什維克黨所絕不允許的。故中國黨除了思想上與反對派作堅決鬥爭外，並要從組織上遵照共產國際的決議與無產階級的最高原則，堅決地消滅反對派在黨的任何行動，以鞏固黨的一致」，則只能「將其活動的領袖毫無留戀地開除出去」。（《中共中央第四四號通告》）同時，也鑒於時局的緊張，又不能與之開展公開的爭論，（陳獨秀則認為這是共產國際和中共中央「用專橫態度來掩護錯誤」，是「在政治上組織上官僚化之一證」）應該說：此後「由於托陳取消派在中國並沒有多少實際的社會基礎，在被中共揭露並清除出黨後，他們的影響便迅速縮小，越來越不成氣候了。」（《周恩來傳》）但是，對於「托派」的鬥爭卻隨著蘇共內部鬥爭的白熱化以及中共黨內相繼出現了左傾路線的「立三路線」和「王明路線」而愈加激烈和嚴酷了，甚至，黨內鬥爭中也摻入了互相以「托派」攻訐來加重對方罪名的態勢，（如李立三斥責反對「立三路線」的何孟雄，就用了「取消派暗探」的罪名）以至「托派」成為中共黨內政治鬥爭中「政治痲瘋病」的代名詞。由此，大革命失敗後一個長期的時間之內，不獨是陳獨秀等，一大批「因各種傾向而被中共開除出黨，或為表示不贊成毛澤東的路線而自願退黨的中國共產黨人被打成了托派。其中許多人在蘇聯學習過。許多從事創作、從事科學研究的知識分子代表人物、社會政治活動家、大眾媒體的工作人員，等等，也被打成了托

派。」（列多夫斯基：《史達林與中國》）

如此說來，當時凡是有留學蘇聯的背景，或在黨內對中央路線和政策等有不同的看法，抑或從事理論研究又對「主流話語」有不同見解的人，他們就難免有「托派」之嫌了，比如後者，特別是在大革命失敗後以上海為中心的「中國社會性質」的大討論中，凡是提出了中國不是「半殖民地半封建社會」的人們，就有可能被認為是「托派」。許多先前曾熱心宣傳過馬克思主義的學者，如陳豹隱、施存統、劉侃元等，也都被視為「托派」的人物。（與曾留學過蘇聯的中共黨內的「托派」不同，他們大多留學過日本，曾專攻馬克思主義政治學和經濟學等，並曾在中國馬克思主義傳播史上留有重要的痕跡和影響，比如陳豹隱翻譯有《資本論》等）

魯迅〈答托洛斯基派的信〉和中國「托派」最後一位人物鄭超麟的回憶

一九三六年七月的《文學叢報》月刊第四期和《現實文學》月刊第一期，刊登了魯迅「口授」、「OV」即馮雪峰「筆寫」的〈答托洛斯基派的信〉。其中，他皮裡陽秋地說：「在大眾面前，倘若有人造一個攻擊你們的謠，說日本人出錢叫你們辦報，你們能夠洗刷得很清楚嗎？」於是，大概魯迅不曾想到：也是因為這一罪名，在他身後居然構陷了不知多少中國的知識分子。甚至就在當時，針對左翼文藝的一些論敵而採取的攻擊武器，也竟是俾之以「托派」的帽子戲法，如對

「自由人」的胡秋原、對「第三種人」的杜衡（後又稱之為「漢奸」），即所謂的「雙照樓理論家」等等）。他大概也不曾會想到，在他依據輾轉聽來的「資訊不對稱」的資訊、又授權他人寫文章，含而不露地宣告中國的「托派」們是受了日本人的津貼，（「我看了你們印出的很整齊的刊物，就不禁為你們捏一把汗，在大眾面前，倘若有人造一個攻擊你們的謠，說日本人出錢叫你們辦報，你們能夠洗刷得很清楚嗎？」）繼之，又用「此地無銀三百兩」的手法，說：「我不相信你們會下作到拿日本人錢來出報攻擊毛澤東先生們的一致抗日論。」（見〈且介亭雜文末編──答托洛斯基派的信〉）豈料，以後這就成了鐵定的定讞，並且又變成王明、康生他們效忠於史達林並栽贓於陳獨秀他們的口實了。（詳見唐天然：〈對於史達林清除異己的曲意配合──王明向第三國際呈報〈答托洛斯基派的信〉〉、王觀泉：〈誣陷陳獨秀為漢奸問題的深究〉、張永泉：〈關於魯迅與〈答托洛斯基派的信〉的關係的疑問〉等）不過，對當時魯迅對「托派」的態度，當年在陝北的中共領導人相應給予了極大的歡迎。據《最後的自白──江青接受外國記者採訪實錄》即所謂《紅都女皇》一書中江青的回憶：魯迅的公開信發表後，「在讀完魯迅的〈我的公開信〉一文後，毛澤東曾與周恩來一同討論並作出高度評價。」此後毛澤東於一九三七年十月十九日在陝北公學紀念魯迅逝世週年大會講演《論魯迅》，還熱情地稱道：魯迅「在一九三六年就大膽地指出托派匪徒的危險傾向，現在的事實完全證明了他的見解是那樣的準確，那樣的清楚」。這裡的所謂「準確」和「清楚」，在講演原稿中還有具體的說明，即「托派成為漢奸組織而直接拿日本特務機關的津貼，已經是很明顯的事情了」。這一段話，在後來收入《毛澤東文集》第二卷（一九九三年十二月人民出版社第一版）時，被刪除了。

卻說大陸最後一位「托派」鄭超麟晚年有一篇〈讀胡風〈魯迅先生〉長文有感〉的文章（收入東方出版社出版的《鄭超麟回憶錄》下卷），其中描述了他對魯迅〈答托洛斯基派的信〉一文跨越幾個時代的不同感受。那就是：在該文剛剛發表時，他說：「魯迅這封信貶低了他在我心目中以前的地位。我想，中國文人對於更強大的敵人用的是一種論調，對於更弱小的敵人用的又是另一種論調，由此不必過於苛求魯迅。」此後，即「解放後，魯迅這封〈答托洛斯基派的信〉被編入高中語文教科書了，因此全國凡受過高中教育的人都把『托派漢奸』深刻在心靈中。」無疑，這又是魯迅當年意料不及的了。及至鄭超麟晚年看到胡風〈魯迅先生〉這篇回憶文章，他才對魯迅刮目相看，因為：那並不是魯迅的本意。那麼，他讀到的胡風的回憶，是怎麼樣的呢？

胡風回憶說：「口號問題發生後，『國防文學派』集全力進攻。馮雪峰有些著慌了，想把攻勢壓一壓。當時魯迅在重病中，無力起坐，也無力說話，連和他商量一下都不可能。恰好愚蠢的托派相信謠言，竟以為這是可乘之機，就給魯迅寫了一封『拉攏』的信。魯迅看了很生氣，馮雪峰拿去看了後就擬了這封回信。『國防文學派』放出流言，說『民族革命戰爭的大眾文學』是托派的口號，馮雪峰擬的回信就是為了解消這一栽誣的。他約我一道拿著擬稿去看魯迅，把擬稿念給他聽了。魯迅閉著眼睛聽了，沒有說什麼，只簡單點了點頭，表示了同意。馮雪峰回去後，覺得對口號問題本身也得提出點理論根據來。於是又擬了〈論現在我們的文學運動〉，又約了我一道去念給魯迅聽了。魯迅顯得比昨晚更衰弱一些，更沒有力氣說什麼，只是點了點頭，表示了同意，但略略現出了一點不耐煩的神色。」鄭超麟這才恍然大悟，他還興奮地以為：「由此可見，這一封信和這一篇文章，說的是同一個問題，是分不開的。這信和文章，據胡風這時所說的，不僅不是魯迅的口述、雪峰筆錄；也不是魯迅起意寫的，而是雪峰自己要寫，寫好再用魯迅名義發表的。」他還注意到胡風接下來的回憶：「一道出來後，雪峰馬上對我說：魯迅還是不行，不如高爾基；高爾基那些政論，都是黨派給他的祕書寫的，他只是簽一個名……。」於是，鄭超麟更加恍然：「魯迅此時需要同托派劃清界限。他正在被人戴上『托派』帽子，而他並非托派，他有必要同托派劃清界限。為了表示自己也反對托派，是否非『以辱罵當戰鬥』不可呢？是否非採用『日圓說』為武器不可呢？」因為那是馮雪峰的意思麼。接著，他引用胡風的話：「魯迅在思想問題上是非常嚴正的，要他對沒有經過深思熟慮（這時候絕不可能深思熟慮）的思想觀點擔負責任，那一定要引起他精神上的不安。」他認為：「由此可見，在馮雪峰代擬的〈答托洛斯基派的信〉中，用辱罵代替戰鬥，用『日圓說』代替『盧布說』，這兩方面，魯迅本人實在不能負責。」同時，他又注意到胡風又一段的回憶，即「馮雪峰代擬了那封信和那篇文章之後，魯迅的病情漸漸好轉了，能夠說話，也能夠同別人商量問題。在這個時候，胡風就問他：『雪峰模仿周先生的語氣倒很像？』魯迅淡淡地笑了笑，說：『我看一點也不像。』原來，魯迅所謂『語氣』是包含文字形式和思想內容說的。」至此，鄭超麟恢復了對魯迅的好感。他說：「讀了胡風這篇〈魯迅先生〉長文，頓使魯迅在我心目中的形象高大起來，回到了我在國民黨監獄中看到這封有名的信以前的地位。」

至於馮雪峰把魯迅與蘇聯的高爾基相比，鄭超麟也有了一個不同於當時胡風「有點意外」的感受，他說：「我則認為馮雪峰這些話不是貶低魯迅，而是在我心目中提高了魯迅的地位，知道了我們中國的高爾基畢竟高出於俄國的高爾基。我的殘餘的愛國主義將會引以自豪的。」

由來已久的「盧布」案

魯迅上述一信，還有「這決不是因為從前你們中曾有人跟著別人罵過我拿盧布，現在就來這一手以報復。不是的，我還不至於這樣下流，因為我不相信你們會下作到拿日本人錢來出報攻擊毛澤東先生們的一致抗日論。你們決不會的」等話。

「盧布」，是說魯迅注重翻譯蘇聯作品和他左翼的立場，那麼，他應該是拿了人家的「盧布」了的。其實，揭發論敵的軟肋，一向就是政治鬥爭中的殺手鐧，當年魯迅與「現代評論派」筆戰，彼此就以「拿了人家的嘴軟」為相互攻伐的利器，陳源駁斥所謂「流言」，其中就有「據說我一個人每月可以領到三千元」一說，（《現代評論》第三卷第六五期的〈閒話〉）這是出自魯迅一派的《語絲》、《猛進》的宣傳。當時川島等人撰文，說《現代評論》接受了段祺瑞、章士釗的津貼，因而「吃著人的嘴軟，拿著人的手軟，對於段祺瑞、章士釗的一切胡作非為絕不敢說半個不字」。（《猛進》第三一期）陳源對此大為光火，斥之為「流言」，但對「現代評論社」是否接受過津貼，卻沒有做出過令人信服的解釋。（後來「現代評論派」的唐有壬說這是「起源於俄國莫斯科」的謠言）後來魯迅南下，看到原先的那些「正人君子」也紛紛南下投靠新主，不由聯想到彼輩曾經信誓旦旦的「公理」，他禁不住發問：「『公理』幾塊錢一斤」？還帶出當年那個被陳源們視之為的「流言」，他說：「《現代評論》的一千元津貼事件，我一向沒有插過嘴，而『主將』也將我拉在裡面，亂罵一通，——大約以為我是『首領』之故罷。橫豎說也被罵，不說也被罵，我就回敬一杯，問問你們所自稱為『現代派』者，今年可曾幡然變計，另外運動，收受了新的戰勝者的津貼沒有？」（《而已集‧「公理」之所在》）這也許是意氣吧。不過，那也是對手的故伎，我來你去，可能都去真相甚遠，但也並不是都沒有影子的事。此前，魯迅在引述陳源那篇〈閒話〉的文章——〈無花的薔薇之二〉中，信手拈來發自南京的通信（《國民公報》），有教會人士反駁質問，口不擇言，竟說「發問者，乃蘇俄盧布買收來者」，魯迅看破彼儕的伎倆，即無非是借「蘇俄的神通真是廣大」，反對派通是「受著盧布的驅使無疑了」。後來「三一八」慘案發生，魯迅鄙夷陳源「聰明人的談吐也日見其聰明了」，即所謂受難者係「自蹈死地」之外，還受了進步教職員的慫恿，而「『那些直接或間接用蘇俄的金錢的人』是情有可原的，因為『他們自己可以挨餓，老婆子女卻不能不吃飯呵！』」（《新的薔薇》）

揭發對手拿錢，對手也「請君入甕」，說你拿了「盧布」。魯迅從唐有壬的駁辨，警惕到對手的用心，（「現代系的唐有壬曾說《語絲》的言論，是受了莫斯科的命令）」見《我的態度氣量和年紀》）因為那是勾陷和誣衊的妙法，特別是當政治環境發生了變化之後，所以，魯迅在國民黨實行「清共」和建立了南京政府之後，在回答提問時，便有針對性地說：「段祺瑞執政之際，雖頗有人造了謠言，但我敢說：我們所做的那些東西，決不沾別國的半個盧布，閩人的一文津貼，或者書鋪的一點稿費。」（《三閑集・通信》）再後來，在上海左翼文學受到圍攻時，「而這時左翼作家拿著蘇聯的盧布之說，在所謂『大報』和小報上，一面又紛紛的宣傳起來，新月社的批評家也從旁很賣了些力氣」，魯迅驚聽回視，想起了往事，又說：「盧布之謠，我是聽慣了的。」——「大約六七年前，《語絲》在北京說了幾句涉及陳源教授和別的『正人君子』們的話的時候，上海的《晶報》上就發表過『現代評論社主角』唐有壬先生的信札，就是我們的言動，都由於莫斯科的命令，這又正是祖傳的老譜，宋末有所謂『通虜』。清初又有所謂『通海』，向來就用了這類的口實，害過許多人們的。所以含血噴人，已成了中國士君子的常經，實在不單是他們的識見，只能夠見到世上一切都靠金錢的勢力。」（《二心集・序言》）

稔熟於中國歷史、尤其是迫害史的魯迅，自然心裡明白對手伎倆的陰險，即在他們「陰面的戰法的五花八門」裡面，「老譜裡面的一著」，也就是構陷術的「盧布」說。（《三閑集・序言》）魯迅對它格外注意和警惕，也就並非是庸人自擾了。如魯迅定居上海以後，所謂「大報」的宣傳就有《民國日報》說左翼作家「受了赤色帝國主義的收買，受了蘇俄盧布的津貼」（一九三〇年五月十四日）、「創造社諸人，因為盧布及虛榮之關係為共產黨所收買」（五月七日）等等，小報上又喜歡捕捉這些小道消息，如《金鋼鑽報》，在一篇標名〈魯迅加盟左聯的動機〉的文章中像模像樣地說：「共產黨最初以每月八十萬盧布在滬充文藝宣傳費，造成所謂普羅文藝」（一九三一年二月六日），於是，「盧布」說不脛而走。魯迅在對曹靖華和荊有麟提到這些謠言時，揭發造謠者的企圖：「他們的唯一的長處，是在暗示有力者，說某某的作品是收受盧布所致」（一九三〇年九月二十日致曹靖華信）；「我自寓滬以來，久為一班無聊文人造謠之資料，……忽而收蘇俄盧布，忽而往莫斯科，忽而被捕，而我自己卻全不知道有這麼一回事。其實這只是有些人希望我如此的幻想，據他們的小說作法，去年收了一年盧布，則今年當然應該被捕了，接著是槍斃。於是他們的文學便無敵了。」（一九三一年二月五日致荊有麟信）魯迅還憤憤地說：「我先前總以為文學者是用手和腦的，現在才知道有一些人，是用鼻子的了。」這還不只是國民黨的「叭兒」們，所謂悠悠眾口，三人市虎，「新月派」的梁實秋也在〈「資本家的走狗」〉一文中反唇相譏，說：「至於如何可以做走狗，如何可以到資本家的帳房去領金鎊，如何可以到××黨去領盧布，這一套本領，我可怎麼能知道呢」的句子，（又在〈答魯迅先生〉中用了「在電線桿上寫『武裝保護蘇聯』，到報館門前敲碎一兩塊價值五六百元大塊玻璃，我是不幹的」云云）魯迅馬上敏感到對手的陰險，說：「那故意暗藏的兩個×，是令人立刻可以悟出的『共產』的這兩字，指示著凡主張『文學有階級性』，得罪了梁先生的人，都是在做『擁護蘇聯』或『去領盧布』的勾當，和段祺瑞的衛兵槍殺學生，《晨報》卻道學生為了幾個盧布送命，自由大同盟上有我的名字，《革命日報》的通信上便說為『金光燦爛的盧布所買收』，都是同一手段。」（《「喪家的」「資本家的乏走狗」》）

魯迅所以會用了近乎是苛毒的語言去抨擊梁實秋，一個原因就是以為他率先「造出謠言，說在中國主張無產階級文學的人，是得了蘇俄的盧布」，而有了他「始作俑者」，於是「這方法也並非毫無效力，許多上海的新聞記者就時時捏造新聞，有時還登出盧布的數目。」（《二心集・黑暗中國的文藝界的現狀》）不過，勿庸諱言，一個政黨的活動是需要經費的，開辦輿論的報刊也是需要經費的，當年魯迅注意開闢輿論園地，除了自己出錢辦刊辦書店，就是利用可能的機會在別人的報紙上開闢副刊，對此，他說過：「報紙沒有一家沒有背景，我們可以不問，因為我們自己絕辦不了報紙，只能利用它的版面，發表我們的意見和思想」，但這不是沒有原則，而是「不受到限制、干涉，就可以辦下去；沒有自由，再放棄這塊園地。」（李霽野：《回憶魯迅先生》）魯迅自己在《國民新報副刊》和指示他的學生們在《晨副》、《京副》、《民報副刊》等辦報，都是依據這一宗旨的。然而，謠言到了魯迅頭上的「盧布」，卻是特指他和共產黨的關係的，尤其他到了上海以後。其實呢，中共接受共產國際或莫斯科的經費是一回事，（從魏經斯基來華開始，一直就有著這樣的經費供應，如陳獨秀在中共「三大」講話說：「黨的經費，幾乎完全是從共產國際領來的。」到了三〇年代時，僅黨費一項，彼每年就要援助中共六十萬元左右。參見楊奎松：《毛澤東與莫斯科的恩恩怨怨》）魯迅有沒有接受「盧布」則是另外一回事，其實，倒是魯迅「接受」了國民黨政府的大學院每月三百元的「特約著作員」的乾薪（一九二七年十二月至一九三一年十二月的四年），但魯迅並沒有寫過一句歌頌國民黨的字！

顯然，魯迅對「盧布」的流言是極其敏感和憤怒的，以至於後來他會肝火太旺而帶出一些過頭的話和一些並不準確的猜測，如魯迅「北平五講」的間隙，說到了「海派」的葉靈鳳，認為「有人罵左翼的文學是由什麼收買的，事實已經證明這是敵人的造謠。不過被收買的文學家卻是有的，可惜並不是左翼的文學家；也不是什麼用盧布收買的，而是用紀念幣或是銀行的鈔票收買的。例如葉靈鳳便是其中之一，假如有盧布可拿，他或者不致屈服在銀元或鈔票的魔力之下了。」（張永年：《魯迅訪問記》）

謠言的「發生學」原理和中國「托派」是「漢奸」的定讞

如果說「現代評論派」的唐有壬是「《語絲》的言論，是受了莫斯科的命令」即「盧布」說的始作俑者，可惜死無對證。

唐有壬（一八九三－一九三五），字壽田，湖南瀏陽人，他是晚清「勤王軍」首領唐才常的兒子。唐有壬出身名門，又是民國要人，先前留學於日本慶應大學理財科，歸國後歷任關稅會議專員、湖北省銀行行長和金庫長、中國銀行總管理處調查部主任等，後進入國民黨政府，曾任國民黨交通部次長、外交部常務次長、整理內外債委員會委員、國民黨中央政治會議祕書長、國民黨第五屆中央執行委員、立法委員等。唐有壬在「華北事變」前後屬於國民黨內部的親日派，這一派別的主要成員有汪精衛、何應欽、黃郛、張群、楊永泰等（大多係「汪系」和「新政學系」），當時主張對日強硬的外長羅文榦、次長劉崇傑相繼被迫辭職，親日派的汪精衛（行政院長）兼任外長、「汪系」的唐有壬出任次長，於是，此之前後，繼一九三二年國民黨與日本簽訂屈辱的《淞滬停戰協定》、一九三三年簽訂喪權辱國的《塘沽協定》之後，一九三五年國民黨又與日本簽訂《何梅協定》和《秦土協定》等，與此同時，馮玉祥等的察綏抗日同盟軍失敗，日方加緊製造華北「自治」的事實，以上事態就構成了所謂的「華北事變」。後來，汪精衛因輿論責難而被迫離職去「養病」（由孔祥熙暫代行政院院長），再後，國民黨中央政治會議通過對汪精衛內閣「不信任」的提案，汪被迫辭職，與其同進退的則是實業部長陳公博、鐵道部長顧孟餘、教育部長王世杰、僑務委員會陳樹人、行政院祕書長褚民誼、政務次長彭學沛以及外交次長唐有壬等（後皆復職）。不久，國民黨內部圍繞對日交涉展開激烈的派別爭鬥，一九三五年十一月一日，在國民黨四屆六中全會的開幕式上，汪精衛遇刺受重傷（刺客為原國民黨十九路軍排長孫鳳鳴和以「晨光通訊社」記者為掩護的華克之）；十二月二十四日，唐有壬在其寓所門口遭到「中華青年抗日除奸團」刺客劉鎮南、裘積玉的暗殺（兩人不久在法租界被捕，後被判處死刑）。此後，一九三六年十月，「除奸團」又刺殺了楊永泰。

唐有壬一死，所謂「《語絲》的言論，是受了莫斯科的命令」當然無從說起，反之，魯迅因激於對手的「盧布」說和更被誣為「托派」，加上其他的刺激，終於以〈答托洛斯基派的信〉的方式，含蓄地指責「托派」：「日本人出錢叫你們辦報」，結果又被他人翻變為「托派成為漢奸組織而直接拿日本特務機關的津貼」的口實。（中間經過在國外的巴黎《救國時報》等的「放大」，於是成為由不得不信的定讞。見唐天然、王觀泉、張永泉等的文章）至此，本來的所謂「流言」或「謠言」，就又擴變為一個更大的「流言」或「謠言」了。

本來，在「社會心理學」中，有「流言」和「謠言」的區別，前者是指沒有任何確切的證據而被人們廣為傳播的一種特定的資訊，後者則是指由謠言的製造者故意或刻意捏造、散佈的虛假消息，這兩者的不同是依據各自的動機不同而定的，不過，它們都建立在「資訊不對稱」的基礎之上。具體說來，「流言」發生和傳播的條件是缺乏可靠的資訊，以及又是在不安和憂慮的情況下，如社會處於危機的狀態時（如戰爭），由於人們極易產生恐怖和緊張，則更容易加速「流言」的傳播，而且由於團體成員內部有著共同的利益，其成員更容易對此產生共同的關注，在這個過程之中，「流言」的內容會發生明顯的扭曲和歪曲，所謂「一傳十，十傳百」，至於真相則越來越模糊。至於「謠言」，更是誇誕，有位法國學者勒莫，他根據社會人群中「流言」和「謠言」的發生學原理，寫了一本《黑寡婦——謠言的示意與傳播》的社會學名著（商務印書館一九九九年翻譯出版），用之以考察晚近的中國歷史，比如西方侵入中國以後，基於國人的陌生和恐懼，中國近代就成為一個「流言」和「謠言」叢生的時代，如魯迅所曾描述的：「因為多年受著侵略，就和這『洋氣』為仇；更進一步，則故意和這『洋氣』反一調：他們活動，我偏靜坐；他們講科學，我偏扶乩；他們穿短衣，我偏著長衫；他們重衛生，我偏吃蒼蠅；他們健康，我偏生病——這才是中國固有的文化，這才是愛國，這才不是奴隸性。」於是，早在明末開始，就出現了諸如《破邪集》等的反洋教的言論，其中，繪聲繪色地傳言「紅毛番」烹食中國小兒、迷拐小兒取其精髓製造丸藥、取童精為滋補，以及外國人開辦的育嬰堂將兒童眼珠醃製於地下的罈中等，這都是一些荒誕不經的「流言」，（參見《反洋教書文揭帖選》、《元明清三代禁毀小說戲曲史料》、《教務教案文件》、《義和團》、《義和團在山西地區史料》、《清史資料》、《近代史資料》等）充斥著封建倫理觀念和迷信色彩，其反映的則是一種扭曲的、愚昧的、原始的、非理性的、狂熱的政治自衛和文化捍守的大眾心態。至於這種「流言」或「謠言」何以會在社會中得以流傳，解釋者有「流言與社會動盪相關聯」、「流言和社會動盪相互影響」、「流言與人們的切身利益相關聯」以及「流言與人們的愚昧無知相關聯」等等的追問和分析，（參見孫江：《十字架與龍》、蘇萍：《謠言與近代教案》等）而一旦這種「流言」或「謠言」成為社會輿論，即在動盪社會的刺激之下，一些團體或個人的主觀反應相互作用，又經過大眾無形的壓力和匯聚，最後就趨於變形為一種公眾性的社會心理現象，它恰好應對了基於共同的文化傳統和文化心理積澱的大眾心理感受和心理準備、心理預期，最終雙方一拍即合，得到迅速的擴散和傳播。

「教案」中的「流言」和「謠言」，抗日戰爭中間關於「托派」是「漢奸」的「流言」，其「發生學」的原理，其實都是大致相同的。

重估〈答托洛斯基派的信〉及其它

今天看起來，魯迅之所以會對「托派」作出失誤的判斷和估計，也是有原因的。馮雪峰《回憶魯迅》一書中，在說到「一九三六年」時，用了「在病中和在新的政治形勢下的他的情緒」的標題，顯然，那是生理上和社會政治背景上的原因。前者，身體上的疾病使魯迅不無病態的心理和情緒的反應，即馮雪峰在回憶時所述及的「情緒上的不平衡」，即疾病讓他過於焦慮、過激、抑鬱，而疾病也容易讓人產生悲觀、絕對和黑暗的心理，（在這在他的名篇〈死〉中可以得到淋漓盡致的反映）雖然魯迅一向不屑於生死的牽拘，「但是，我覺得，無論怎樣，病卻總在威脅他。只有從這而來的一個陰影，總在向他窺視，乘他不備而侵襲他的心情。」後者，則更是主要和明顯的原因了。

馮雪峰是一九三六年四月由延安抵達上海的，當時他的使命是通過魯迅、茅盾等與中共地下黨和群眾團體接頭，傳達中共的新策略。但是，和彼時的魯迅的思想相一致，馮雪峰也對出乎意料地到來、且興高采烈和「咸與維新」式的「統一戰線」有所置疑的，否則他不會在後來甚至因與執行王明的新路線（後定性為「右傾機會主義」）的中共長江局的博古爭論竟一氣之下脫離組織、返回家鄉寫書，大概，他和魯迅一樣，他們都本能地疑惑：「也要聯合國民黨，那些先前投敵的分子，是最歡迎的了」、「我不是別的，就只怕共產黨又上當」，但是，他們又深信經過長征的共產黨是不會再有錯的，何況，在魯迅的晚年，他已經確實是一個「黨外的布爾什維克」了，如馮雪峰的回憶，「照我看來，他當時的要求，就是要向已經站穩的、已經為它而堅決地不惜任何犧牲地戰鬥的那階級的思想，即無產階級思想，馬克思列寧主義思想，更深入一步。同時，很明顯，他的這種要向無產階級思想更深入一步的要求和努力的具體表現，就是要求跟已經靠近的中國共產黨更靠近一步」，「也就是說，他比過去更注意和要求明白我黨的實際的政治鬥爭情況和具體的策略任務等」，這中間，當然也會有對所謂「托派」的明確態度。

在這一方面，似乎馮雪峰的態度非常明確，他甚至在後來主持《魯迅全集》的出版時，竟刪去了所有魯迅對托洛茨基話語的引用。（魯迅文章中認同托洛茨基文藝觀之處，詳見姚錫佩：《魯迅藏書中的托洛茨基著作及其影響》。但是姚文卻沒有解釋魯迅所以不齒於「托派」「甘心接受馬克思主義的敵人們的接濟來反蘇反共」是否正確）這也就是說：魯迅從馮雪峰那裡瞭解到中共的路線和策略，對「統一戰線」或許還有疑惑，而後來的事實又證明，這卻是目光深邃——「魯迅先生常常說他自己不大懂政治，這是因為他不是從事政治鬥爭的實際工作的緣故；（但）在最根本的意義上和最緊要的關頭，他當然是有政治的遠大眼光和銳敏而深刻的認識能力的人」；至於對「托派」，他是完全「保持一致」的，也即馮雪峰所認為的：「他最初曾經在極短暫時間不是了民族統一戰線政策，也只是不明了，並未因不明了而有過思想上或行動上的錯誤表現。其次，他懷疑過和國民黨再一次合作的政策，也只是他個人在心裡懷疑，並沒有因此造成了在政治認識上的錯誤。」所以如此，是「他這時候進而留心我黨的實際鬥爭策略等問題，就正是他要更親近政治、更靠緊我黨和更深入馬克思列寧主義思想的一種表示」，於是，口授了致「托派」的公開信，並認可了執筆人馮雪峰從延安（也即蘇聯）抄襲來的抨擊對方的口實。

馮雪峰還回憶說：這時魯迅「曾提到列寧和史達林的某些激烈和尖銳的批判的論文和演說」，這中間有沒有史達林抨擊「托派」的那些「激烈和尖銳」的文章和演說呢？北京魯迅博物館有魯迅讀過的中共機關刊物《布林塞維克》，上面就載有史達林《論反對派》的廣告等，說「左派反對派是革命中最狡猾的一個騙子，是反動統治的最乖巧的一隻走狗」等等，（陳漱渝：《魯迅與黨刊》）可見魯迅對此類「革命話語」多少也不會陌生吧。又據陳漱渝〈關於北方左聯的一份珍貴史料〉一文，當年「北方左聯」候補執行委員、組織部幹事、「北方文化總同盟」黨團書記陳沂曾回憶說：魯迅向他詢問過「『托派』在北平有什麼活動」等問題，可見魯迅並非不知「托派」為何物。於是，取同調而抨擊「托派」，就是「我做一個小兵還是勝任的，用筆」這句魯迅晚年一句情見乎辭的一個合乎情理的解釋了。「小兵」只須「聽將令」，而且戰場上只能有「保持一致」的紀律要求。

那也是當時馮雪峰的一個建議了：馮雪峰以為魯迅文章中多用第一人稱的「我」而罕用集體符號的「我們」，而「我當時以為有時候是用『我們』來得壯旺些，而在必要的時候他還應該明白地公開地宣布他自己的代表性的地位」，於是，如同從前李立三要魯迅做（但當時他馬上表示了反對）的一樣，魯迅欣然接受，他說：「對敵人，就要表示我們的力量；能夠用大炮轟，就用大炮轟！……代表我們、代表真理，就代表我們，代表真理，毫不客氣！……我一向顯得個人作戰，又多使用投槍，也仍然是散兵戰。……今後，也可以試用不同的戰法的。」近而馮雪峰認為魯迅——「他是這樣一步一步前進的，最後他當然非達到把他的思想和現實性與理想性都符合於共產黨的黨性的高度不可。而且，這種黨性的高度，他後期的思想在基本上是都已經達到了的。」（馮雪峰：《回憶魯迅》）至於黨性，也許會有人問：「魯迅先生不是一個黨員，他為什麼黨性如此強、如此憎恨托派？」馮雪峰回答說：「因為托派是最卑污的反革命派，因為這些混蛋在他面前肆無忌憚地攻擊史達林同志和我們黨中央，這是他無論在思想上在感情上都不能容忍的。」（《黨給魯迅以力量》）這裡，魯迅和馮雪峰是交融在一起的了。

揭露和攻擊「托派」，是此後幾乎所有輿論中「保持一致」的聲音，無疑它代表著「政治正確性」。比如郭沫若回憶抗戰往事的《洪波曲》，其中就專門有一節「利用托派」，他說：「背叛革命的托洛茨基派是有國際性的，就像霍亂、鼠疫、斑疹傷寒那樣，無論傳到什麼地方，都是一樣的症候，一樣的危險。這種症候一傳到中國，中國的革命為它受了不少的挫折。最惡毒的是從革命陣營內部來作惡，有時是採取機會主義，投機取巧；有時又呈出英雄姿態，盲目冒進。待被剔出陣營之後，大抵更顯示出一種極左的面貌，來擾亂陣容，淆惑視聽。只要使革命能夠受到挫折，即使是一分一釐也好，不惜卑劣萬端，不擇任何手段。反動派當然會寶貴他們，而儘量加以利用了。這利用有時也是夠慘的，作為狗而利用，到利用價值消失之後便把這『功狗』殺掉。而那些不擇手段的狗們卻也有充分的狗性，一被利用，儘管有遭屠殺的命運，也忠實到底」，如抗戰時，「托派的一貫策略便是破壞抗戰，破壞聯合戰線，他們認為中共主張團結抗戰，爭取與國民黨合作，共赴國難，是『犧牲了階級立場，出賣了工農利益』，或者說，是『向民族主義投降了』。然而，他們自己呢？卻或明或暗地受著反動派豢養而恬不知恥。」郭沫若隨後還舉了幾個例子，如葉青（抗戰時在武漢擔任訓練團教員）、朱其華（即柳寧，在西安主編《抗戰文化》）、劉仁靜、彭桂秋和彭桂森兄弟、葛喬（在《新民報》曾稱道郭沫若、田漢、陽翰笙為「英雄」，據說這是別有用心地讓他們與武漢共存亡）以及陳獨秀（郭沫若說他從南京逃到武漢後，住進了周佛海的公館），他們中有的人的確是「托派」，而葉青等則早已投靠國民黨了；至於陳獨秀，郭沫若說他「雖然沒有什麼顯著的活動，但反動派擁戴著他，曾經為他作過公開的辯論」，那就是武漢保衛戰時鬧得沸沸揚揚的「陳獨秀漢奸案」了，當時為陳獨秀「辯論」的傅沫（涇）波、梁寒操、狄膺、周佛海、林庚白、張西曼等（後來林庚白登報否認，張西曼則「聲明反漢」），都受到了郭沫若的調侃，說那是「反動派利用托派以破壞團結」的「現顯明也沒有的公開證據」；而後來時間老人更是「一位鐵面無情的調侃者」，如周佛海居然下水當了漢奸，陳獨秀呢？「在要死之前還在重慶《大公報》上發表過半篇文章，那惡毒的程度決不是尋常的人所能想像」，即他「根本否認抗戰，甚至堅強的說，德、日、意軸心必勝，英、美必敗，蘇聯更不用說是應該亡國滅種了」。顯然，這是指陳獨秀臨終前遭到各方面非議的一紙《戰後世界大勢之輪廓》，這篇六千餘字的文章因為觸犯禁忌，（續篇《再論世界大勢》被禁止刊登）不久就遭到了新聞機關的查扣，那原因無非是他超脫出黨派和政治勢力之外，以自己的洞察力預測到戰後的局勢，儘管他的判斷未必準確，然而，在「抗戰」的名義下，人們已經失去「言論自由」了，何況那個「終身反對派」的陳獨秀，他只有領教來自國共兩黨和其他方面的一致聲討了。郭沫若近而調侃道：「這種文章，虧了陳獨秀寫得出，更虧了《大公報》登得出。不過只登了半篇，連國民黨的反動分子們都叫喊了起來，《大公報》也不好意思，就只得把下半篇中飽了——但這下半篇被傳抄了出來。」他還發問：「請問，陳獨秀這樣的理論，和汪精衛、蔣介石到底有什麼區別？」那似乎更加證明了：「托派，毫無疑問是最惡毒的細菌，而利用托派的反動派倒可以說老早就在從事細菌戰了。」

上述的一切有一個背景，即魯迅和馮雪峰於一九三六年六月以口述和擬稿的方式發表〈答托洛茨基派的信〉之後，八月，蘇聯最高法院軍事審判庭審理了所謂「托—季反蘇聯合總部」一案；不久的一九三七年一月，又審理了所謂「托洛茨基平行反蘇總部」一案。這兩個案件的審理，把「托派」稱為是德、日情報機關的「偵探」，即是意圖顛覆蘇維埃政權的「匪幫」，於是，蘇共黨內史達林和托洛茨基之間的矛盾急速地上升為敵我矛盾，史達林還在一九三七年三月的蘇共中央全會上宣布：「托洛茨基主義已不是工人階級中一個政治派別了」，它「現在已變成外國偵探機關所雇傭的匪徒、偵探、破壞者、危害者和殺人犯的卑污的無原則的匪幫了」。隨即，共產國際通過決議（《關於與法西斯主義的奸細——托洛茨基分子作鬥爭的決議》），指令下屬各支部「開展有系統的鬥爭以反對法西斯走狗——托洛茨基主義」，並「根據事實的材料來說明托洛茨基分子——這些階級敵人的走狗——所進行的偵探勾當與奸細活動」。而在當時所披露的所謂「根據事實的材料」中，赫赫有托洛茨基指示出讓日本庫頁島的煤油、允許日本開金礦、「絕對不去阻礙日本去侵略中國」等，於是，連帶的，與托洛茨基有聯繫的中國的「托派」，就無法也不能洗清其「漢奸」的罪名了。

當然，把「托派」和「漢奸」相聯繫並不是空穴來風。當時，托洛茨基等雖然表示中國的抗日戰爭是「正義」的，但是卻不支持以蔣介石國民黨為首的抗戰，中國的「托派」提出「兩個口號」——即把「打倒日本帝國主義」和「打倒國民黨」相並列，當然，也反對中共的抗日民族統一戰線的策略路線，這使得日本侵略者有機可乘，如在日本軍方侵略山西的綱領中，就有「收買投機黨派」一項，所謂「華方之黨派支流極多，如失意之共黨中之托派。宜援助彼等之成功，可使在各地便利於帝國之各種活動，因此輩思想之華人專能麻痹一般知識分子，以破壞南京之統一，彼等之工作技術亦甚高明，尤可隨時從彼等以學習工作推動工作」云云。但這並不能說明「托派」就是「漢奸」，在整個抗日戰爭中，「托派」的言論從整體來說是「擁護抗戰，又批評其領導」，而「擁護抗戰」是其主要方面。至於「批評」，是要求國民黨開放民主、開放黨禁、召開普選的國民大會等等，其實這也是中共「全面抗戰」的主張，不同的只是「托派」的主張過於僵化和「烏托邦」，如它要求以工農政府取代國民黨政府來領導抗戰等等，這在事實上是做不到的。

應該說，中國的「托派」是昧於國情、奉外國人（托洛茨基等）的理論為聖旨的一個小黨派，後來它日益蛻變為一個脫離現實、遠離群眾的關門主義的極左小集團，那麼，既然它的理論悖謬、政治影響也極其有限，其人數也愈來愈少（後淪落至不足五十餘人），何況其內部又充滿著矛盾和內訌而不時分裂，甚至陳獨秀也脫離了它，這不僅暴露了中國的「托派」幼稚、執拗的一面，也說明他們必無什麼政治實力可言，但是，「托派」的言論（這時他們幾乎沒有什麼行動的本錢了），卻被無限誇大了，甚至又被人為地樹立為一個「箭垛」，或許，這是現實政治的一種「需要」，不過，硬說他們是「漢奸」，那是沒有任何根據的了。總之，客觀地評價「托派」在抗日戰爭中的所作所為，這可以參照《鄧小平文選（一九三八－一九六五）》中的一條注釋：「抗日戰爭時期，托派在宣傳上也是主張抗日的，但是攻擊中國共產黨的抗日民族統一戰線政策，把托派與漢奸相提並論，是由於當時在共產國際內部流行著托派與帝國主義國家間諜組織有關、中國托派與日本帝國主義間諜組織有關的錯誤論斷所造成的。」以上兩個「有關」，前者，一九八八年八月四日塔斯社公布了蘇共中央政治局為「托派」平反的文件，已證實是「捏造」而予以「撤銷」；至於後者，則是從前者附會而來的，也應該被視為「捏造」而「撤銷」了。

4 關於反對和肅清中國「托派」的一個歷史回顧

中國「托派」問題的由來

大革命失敗後，圍繞中國革命為什麼遭受挫折和失敗的追詢，黨內發生了思想和組織上的糾紛，特別是問題涉及到了直接領導中國革命的史達林和共產國際、蘇共中央時，這種糾紛由於摻雜了蘇共內部的糾紛，問題愈加變得複雜和尖銳，明顯地，關於中國革命的失敗不久就成為蘇共內部圍繞「世界革命性質」等問題爭論和鬥爭的焦點，即「中國革命在一九二七年遇到的危機與俄國內部和共產國際內部所發生的危機正好發生巧合，後者表現為托洛茨基主義和史達林主義爭奪世界革命力量的理論控制權和實際控制權的鬥爭。」（斯諾：《西行漫記》）當時，對大革命的失敗負有直接責任的史達林等共產國際、蘇共領導人諱疾忌醫，拒不承擔相應的責任，（後來毛澤東在陝北對斯諾說：大革命的失敗，應負責的，而「羅易是個蠢貨，鮑羅廷是個冒失鬼，陳獨秀是個不自覺的叛徒。」至於直接領導陳獨秀和共產國際及蘇共在華代表的則當然是史達林等領導人。不過，在後來蘇聯的「肅反」運動中，許多曾參與過中國革命的共產國際和蘇聯代表卻被從肉體上消滅了，這如曾參加中共一大的尼科爾斯基、馬林等，所以如此，是他們有「托派」嫌疑之故）而在繼蔣介石、馮玉祥、汪精衛等曾被他們看好的軍閥和政客相繼叛變革命後，他們卻強調「共產國際的領導是完全正確的」，失敗的原因反而是「中共不善於利用這一時期的一切可能」、「中共中央在這一時期犯了一系列的極大錯誤。」（史達林：〈時事問題簡評〉，刊一九二七年《真理報》）「在這裡，史達林沒有作一點自我批評。」（《楊尚昆回憶錄》）這就當然引起一部分對之不滿的中共領導人的思想波動，又促使他們去接近與史達林等對中國革命的路線和策略持不同觀點的托洛茨基等。（當然，歷史證明這並不表示「托派」關於中國革命的全部意見和觀點就正確，這比如他們反對聯合資產階級的國共合作政策，欲以此保持自己的獨立性；南京政府成立後標誌著在中國佔優勢的是資本主義而非封建主義，則中國革命已被推遲到不可確定的未來，在此期間武裝鬥爭並無獲得勝利的真實機會，只有從事議會鬥爭以待將來；等等。它們或者表現為左傾、或者又表現為「取消主義」的右傾，可以說當毛澤東提出的「中國革命鬥爭的勝利要靠中國同志瞭解中國情況」這一命題徹底解決之前，所有不瞭解「中國情況」的外國人在他們頭腦中形成的關於中國革命的意見和觀點都不可能是穩操勝券的「法寶」，蘇共內部的「反對派」托洛茨基、季諾維也夫、加米涅夫們和史達林關於中國革命的意見相左，然而，正如斯諾在《西行漫記》中所說：「有充分理由相信，要是把反對派的反對意見作為在中國及早採取激進政策的基礎，後來發生的悲劇可能會更加嚴重。」）最終，由於陳獨秀等接受蘇共內部托洛茨基（曾任蘇聯革命軍事委員會主席、紅軍總政委等，一九二七年十一月被清除出黨）等的觀點，要求蘇共（史達林等）承擔中國大革命失敗的責任，並反對新的中央開展武裝暴動等方針而被開除出黨，形成所謂「中國的托派」——「托陳取消派」、「中國布爾什維克列寧主義反對派」等。

莫斯科的中國「托派」

基於中國共產黨是第三國際的一個支部，它對共產國際和蘇共內部的分歧和矛盾在組織上是以共產國際和蘇共的決議為準繩的，當然也就是以其最高領導的史達林、布哈林等的意見和指示為指針，早在一九二五年年初中共召開「四大」時，繼共產國際「五大」之後，中共「四大」通過「對於托洛茨基同志態度之議決案」，即「看著歐美反動潮流，對於世界無產階級非常危險」，而托氏「最近言論上的態度」卻是「反對俄共之布爾什維克的中央委員會及國際的領袖，實際上可以受世界共產主義運動之仇敵所利用」，大會宣布「對於俄共領袖所解釋之托洛茨基主義亦為投機主義之一派」表示「完全同意」，「並且希望托洛茨基同志改正自己的錯誤而完全承受列寧主義，以後不再繼續其一九一七年以前與布爾什維克主義相異之理論的宣傳，對於列寧主義為修正之嘗試」等，而此後相當時間內，在中國共產黨中也沒有發現有所謂「托派」。

「托派」，如果說這是指在蘇共黨內出現的以托洛茨基為代表的機會主義派別的話，那麼，中國「托派」的組織，其來源則是在大革命時蘇聯為支持中國革命而在蘇聯開辦的中山大學（以及東方大學）中的部分學員。自列寧逝世後，蘇共內部發生了史達林（與布哈林等取得了暫時的同盟）和托洛茨基之間的激烈爭奪，尤其是中國的國民革命運動失敗後，托洛茨基、季諾言維也夫等聯名上書聯共（布）中央，指責其指導中國革命推行的錯誤路線。一九二七年十月和十一月，托洛茨基、季諾維也夫等被開除出蘇共中央委員會乃至被開除出黨，而中大校長拉狄克也是一位「托派」成員，所以很快蘇共內部的糾紛帶進了中山大學，這在一九二七年蘇聯十月革命節遊行時發展到白熱化程度，即中山大學遊行隊伍於是日（十一月七日）行進到紅場主席臺時，部分同情托洛茨基的學員公然打出擁護和支持托洛茨基的橫幅，並呼喊口號，目睹這一場面的史達林深為震驚，不久即開除托洛茨基出黨、宣布「托派」為反蘇維埃集團，同時下令中山大學徹底清查「托派」。雖說清查出陸淵、梁乾喬、區芳、文諤、陳琦、馮強、周天僇、杜畏之等托派分子，並將之遣送回國、送進工廠勞改等等，但很快這種清查出現了擴大化的問題，「由於托派的活動倡狂，使一些人產生錯覺，似乎到處都有反對派、反動分子，從而使校內鬥爭擴大化，一些別有用心的人也從中取利，達到爭權奪利的目的。」（西門宗華：《憶莫斯科中山大學的政治風雲》）即這一切正好被也在中山大學學習的王明等教條主義宗派所利用，他們會同新任校長米夫以及「格勃烏」（也即「契卡」），把一切反對他們的中國學員當做「托派」無情打擊和迫害，尤其是在一九二九年的「十天大會」（當時中山大學支部局進行改選，組織委員王雲程提出的主席團候選人名單遭到大會的反對，於是圍繞王明等操縱和控制的支部局執行的路線是否正確開展了激烈的爭論，大會常務主席的余篤三和唐有章、李劍如、吳福海、柳溥慶等反對王明一派的教條主義和宗派主義）後，開始對反對派實施殘酷打擊，在支部局宗派小集團（有所謂「二十八個半」之說）的精心策劃下，一個名叫趙言清（俄文名字是馬馬也夫）的河南學生「交待」了「中大」「托派」的情況，隨後在交出一張有兩百多人的「托派」的名單後便上吊「自殺」了，在這封遺書中，「揭發校內存在著一個龐大的祕密托派組織，在這次鬥爭中操縱廣大黨團員群眾向黨支部局進攻，反對黨的領導。他本人就是該組織的頭兒，深感對不起黨，所以負疚『自殺』云云。」（張崇文：《莫斯科中山大學與「十天大會」》）隨後「格勃烏」根據這一名單大肆搜捕並嚴加審訊，「有不少人怕被捕，紛紛自動交代，沒有交代的人有不少被『格柏烏』所捕，下落不明。」（陳修良：《莫斯科中山大學裡的鬥爭》）這些失蹤者名義上「說這些人是被派送回國或去共產國際談話去了，實際上是把他們逮捕了」（張崇文），這有張仲德等，而根本不是「托派」的唐有章、李一凡、趙一凡、張崇德、沈良等也未能倖免，鋃鐺入獄，後張崇德、王孚美等瘐死在異鄉，李一凡、唐有章等直到五〇年代末才被釋放回國。當時王明、王雲程等還借機誣衊存在有所謂「第二條路線」和「江浙同鄉會」等，這涉及俞秀松、董亦湘、周達文、蔣經國、左權、孫治方等。其實當時中山大學真正的「托派」組織一共只有二十五人（分成七個小組，以范金標為首），而「假托派案」所牽涉的人則多達上百人，他們有的遭到逮捕（其中一些人被殺害），有的發配去勞改（其中大多數人不知下落），有的則被驅逐回國。

「中大」這次「清黨」一直延續到一九三〇年，「歷時幾個月的清黨，一大批根本不是托派的學生遭到逮捕、流放、處分，身心受到嚴重摧殘，據說有一二百人。」（江澤民：〈回憶在莫斯科中山大學時期〉）俞秀松也被誣陷與「托派」有聯繫，被解除在列寧學院的工作，下放到遠東邊疆區，繼又被內務部逮捕，再後俞、董、周等都被王明等假手於蘇聯的「肅反」而被殺害。據茅盾後來給俞秀松遺孀安志潔（盛世才的妹妹）的信中所回憶，當時甚至盛世才的兄弟也遭到投機的盛世才的殺害：「盛世才的方法是卑鄙惡劣的，他捏造說你的四嫂與汽車（你四哥的專用汽車）司機（一個白俄）有姦情，是那個白俄司機殺了你四哥（即盛世騏），因此在盛世才暗殺你四哥後立即派人把你的四嫂也逮捕了，後來當然也被殺害了。」（一九七九年十一月二十七日信）當時在蘇聯同情俞秀松的李國暄等也從此失蹤了。後來蘇聯方面對被「托派」罪名殺害的俞秀松、董亦湘等都給予了平反昭雪，俄羅斯軍事檢察院在一九九六年八月對俞秀松正式作出平反結論，其中提到一九三九年二月二十一日蘇聯最高法院軍事庭判決其死刑的根據是俞「承認作為托派骨幹」、先後在中山大學「進行反革命活動，旨在損害共產國際在領導中國共產黨的革命活動方面採取的措施，並使中國共產黨脫離聯共（布）」以及被日本偵察機關「雇傭參加間諜工作」等，經過調查證實：俞當時根本不曾承認過那些指控，「在預先偵訊期間拒絕證詞，說什麼這些證詞是假的，他從來不是托派，未在中國共產黨內從事托派活動，也沒有參加過反革命組織，做過間諜」；此前的一九五九年，蘇聯軍事檢察院通知董亦湘的蘇聯妻子和弟弟：董沒有罪行，應恢復名譽。

先後在蘇聯以「托派」罪名被殺害的中國人已無法確知其具體人數，比如在今天的莫斯科頓河火葬場的墳地上，就有這樣的墓碑：「這裡埋葬著無辜蒙難者及受政治迫害而槍決的犧牲者們的遺骨一九三〇－一九四二永垂不朽！」在蘇聯其他地方也埋葬著許多這些「犧牲者們」，他們中有曾為中共的成立作出重要貢獻的楊明齋（於一九三八年五月在肅反中以「托派恐怖分子、日本間諜」的罪名被殺害）等。曾在蘇聯學習的蔣經國也受到波及，而他此前確曾受過「托派」影響，即「他經常在演講臺上露面，常常帶著一堆書，從中引證來支持托洛茨基的立場」，但終因他是蔣介石的兒子，「並沒有因為他公開擁護托洛茨基而受到懲罰」，（盛嶽：《莫斯科中山大學和中國革命》）而實際上終被下放勞改。在蘇聯學習的左權則一直帶著「托派嫌疑」的帽子長久不被重用，為此他抑鬱不安，屢次提請中央為之平反，甚至在他擔任八路軍副參謀長一職在抗擊日軍的戰鬥中犧牲之前，他還提出過這樣的願望，他是一九四二年五月犧牲在山西的，楊尚昆回憶說：「那時，整風沒有結束，他是抱著遺憾離開我們的！」（《楊尚昆回憶錄》）所謂「江浙同鄉會」等在王明等看來都是「準托派」的組織，也就是說：「王明自恃有米夫的信任和搞教條宗派活動的人的支持，在校總支委員會中又做組織工作，於是對於不滿意他的人，便給戴上托派、反革命、特務等帽子。」（見吳亮平回憶及《俞秀松紀念文集》等）在隨後的清黨運動中借助蘇共的「肅托」，不僅肆意打擊以瞿秋白為首的中共駐共產國際代表團，更宣布其應負部分責任的李劍如、余篤生等已「走到實際上與托派聯盟的道路」。（後李、余等回國後在蘇區被左傾領導所殺害）王若飛、吳亮平等許多人也被認為有「托派嫌疑」。（作為中共中央祕書的王若飛曾同情受控於共產國際和蘇共的陳獨秀總書記）他們如果不服，則當有不測，如瞿秋白的弟弟瞿景白因不滿中山大學清黨運動中的宗派打擊，憤然將其聯共預備黨員的證書交還，翌日，他就從此失蹤了。在中山大學的清黨運動中，一半有餘的學員被打成「托派」或「托派嫌疑」，凡是這些「托派」或「準托派」分子，一律開除黨、團籍；（如陸定一妻子的唐義貞、沈澤民侄女的沈蓮春、楊尚昆妻子的李伯釗等）有的甚至被下放勞改，（如瞿秋白妻子的楊之華。再如馬員生，被流放至北極的煤礦勞改，只是後來因為史達林去世才釋放回國，那已是二十多年之後的一九五五年了，據說他當初赴蘇聯學習是新婚後的第三天，當他回來時他的妻子已經變成老嫗，彼此不相識了）這以後又成為他（她）們一生中政治風雲中的「前科」而時遭不測，如李伯釗，楊尚昆回憶說：她背著「托派嫌疑」的政治包袱返回後，「直到一九三六年紅軍長征結束，她才被吸收入黨。每當說起這段經歷，她總是很難受。」（《楊尚昆回憶錄》）

中國的「托派」

真正的所謂「托陳取消派」，即大革命失敗後由部分留蘇學生（他們大多在一九二八年秋和一九二九年被先後遣送回國）和中共黨內一些「反對派」在中共內部產生的一個政治派別，最先是所謂「中國布爾什維克列寧主義反對派」，它是由史唐、區芳、陳亦謀、梁乾喬、陸一淵等在上海成立的，設立有「全國總幹事會」（史唐任總幹事）和《我們的話》的機關刊物（因而稱為「我們的話派」），此外在北平、香港等地也建有不同名目的小團體，後他們被全部清除出中共黨組織。其時在陳獨秀周圍也有一批人被稱為「陳獨秀派」，他們大多是大革命時期的一些中央和地方的領導幹部（如彭述之與陳碧蘭夫婦、鄭超麟、尹寬、何資深、汪澤楷、馬玉夫、蔡振德、羅世藩等），在中共「六大」後相繼又失去領導職務，又都同情於陳獨秀的遭際，而陳獨秀則因拒絕承認錯誤和拒絕赴蘇聯學習以及參加「六大」，後來相繼受彭述之、劉仁靜、吳季儼（陳的外甥，莫斯科東方大學學生）的影響，接受了托洛茨基的觀點，於是他們開始組成小組織（即「無產者派」，因其刊物名得稱），並與其他「托派」團體接觸，到一九三〇年前後這些人一共發起有四個「托派」組織（以及劉仁靜、王文元等的「十月社」；趙濟、王平一等的「戰鬥社」），至一九三一年五月時才有了統一的組織，即所謂「中國共產黨左派反對派」（陳獨秀為總書記），其全部成員不過二、三百人，但不久又遭到國民黨的破壞，其領導人大多被捕。抗日戰爭爆發時，「托派」領導人相繼被釋放，但此時其人員寥寥，活動範圍也極其有限，在社會上已經沒有什麼影響，當時中共也未將其與「漢奸」相聯繫，但在王明、康生等從蘇聯回來後，照搬來蘇聯的「肅托」的一套如法炮製，中國「托派」的力量和影響被人為誇大，並將之與世界法西斯主義國家的間諜和漢奸相聯繫，於是這才有了沸沸揚揚的「托匪」案。

在留蘇回國的一些「托派」成員中，有一些人後來叛變革命投靠了國民黨，他們或者充當特務，或者寄人籬下充當食客，如國民黨「西北王」胡宗南就豢養了曾是「托派」的梁乾喬、周天僇）、葉青、柳寧（即朱其華）、丁逢白（一九三九年時在西安創辦並主編《抗戰與文化》，專事反共）等。國民黨特務組織也吸納了一批留學蘇聯背景的「托派」成員，如「軍統」前身的「中華復興社」成立後，就由康澤從南京留俄招待所挑選了一批叛徒和「托派」如梁乾喬、王新衡、俞季虞（「復興社」訓練處副處長，曾是蔣經國的助手）、陸夢衣（後軍統特務，又淪為漢奸）、傅勝藍（「復興社」訓練處代處長，軍統特務頭子，後淪為漢奸）、薛農山（曾任《時事新報》總經理）、白瑜（復旦大學教授，「復興社」宣傳處長）、王友直（曾任西安市長，後被特赦）等，在由蔣介石接見後加入「復興社」，後來他們都是其骨幹成員。康澤奉命籌辦「復興社」的機關報（《中國日報》），也延攬了有「托派」色彩的梁乾喬（黃埔一期學生，後任「復興社」組織處長、陝西耀縣專員等）、王新衡（後國民黨立法委員）、王友直、張師（畢業於蘇聯炮兵學校，「復興社」特務分社書記，曾任上海警察局副局長）會同國民黨文化特務王平陵、張容公等參加，此外還設有「提拔書店」等。「復興社」的主要成員除了國民黨黃埔系軍人之外，就是以青年學生、各級公務員、文化人士和「托派」為對象的。此外，國民黨「軍統」成立的「特種問題研究室」（此前為張國燾任主任的「特種問題研究所」），也有留學蘇聯的「托派」龔玉泉等，此人在蘇共清黨時被捕，後逃至新疆，在伊犁專員公署任翻譯，後被盛世才逮捕，出獄後投向國民黨，在「研究室」任組員。

對這些人中的所謂「托派」，似就不再應視之為所謂中國的「托派」了，因為他們已經墮落為國民黨的鷹犬，與其時仍然存在的「托派」組織也沒有關係了。也有一些因在根據地受到「托派」懷疑和鬥爭，逃到國統區的，他們的政治面貌則表現曖昧甚至反動，如從蘇北逃到上海的黃力，辦有《中堅》的刊物，刊登有反共的文章。此外，在國民黨監獄中，始終也有被關押的「托派」，如「軍統」貴州息烽集中營，在押犯人中除中共、進步人士外，還有「其他黨派，包括民社黨、青年黨、第三黨、托派等在內占百分之二」，（原息烽監獄負責人周養浩：《軍統息烽集中營內幕》）其中「托派」有文先甫等。

抗日戰爭爆發之前中共對「托派」開展的鬥爭

「托派」在大革命失敗後關於中國革命許多問題上所持的觀點是錯誤的，這是勿庸置疑的，比如中共六屆二中全會的政治問題報告批判「托派」的錯誤觀點，就指出其「以為中國像西歐各國一樣，大城市的經濟力量可以統治全國，所以大城市暴動成功以後可以影響小城市及鄉村」，（《周恩來傳》）是與黨內的教條主義一樣把馬克思主義的革命理論給予教條化的理解，這甚至也使一些局外者在認識上產生了錯覺，認為「托派」和中共左傾勢力是相同的，如馬敘倫說：國共破裂後，「那時共產黨大都屬於托洛茨基派，主張的是世界革命，用的手段是暴動，受帝國主義資本主義壓迫慣了的次殖民地底民眾感覺不到什麼主義和自己切身的利害有關，而為苟安所麻醉的心理（或者因為尚未到水深火熱的程度）又使他們厭惡著過激的動作，所以看他們真如『洪水猛獸』，就都投靠到國民黨懷抱裡來。」（《國民的責任應該說話》）由於都是極左的共同傾向，兩者在許多問題上有著相似的地方，其結果就有了後來毛澤東所譏諷的「為淵驅漁，為叢驅雀」的效果，而且它們共同的錯誤是出於根本對國情和中國革命的具體情況無知，卻又都表現出對毛澤東為首的中國共產黨人努力把馬克思主義理論和中國革命具體實際相結合的實踐給予蔑視和抨擊，所以，對「托派」開展批判和鬥爭是應該的，但不應給予擴大化和無限上綱上線。

中共幾次左傾錯誤路線對「托派」的鬥爭

從一九三〇年開始，在共產國際一系列指示下，中共與「托陳取消派」的鬥爭被擺在一個很高的位置上來看待，即「對於共產黨本身隊伍內極小的『左』右傾向——就算是沒有形式的傾向也好，都應當進行毫不調和的無情鬥爭；如果不是這樣，那末，就不能夠完全戰勝陳獨秀派和托洛茨基派，就不能夠完全克服對他們的調和態度。」（《共產國際執委政治祕書處關於中國問題的決議案》，一九三〇年六月）於是，「立三路線」指認「陳獨秀、彭述之、劉仁靜、梁幹慈（喬）……等純粹的取消派」「已經是自覺的階級叛徒，列寧主義的叛徒。」（李立三：〈新的革命高潮前面的諸問題〉，五月十五日）並將取消派與改組派並列，即它們在政綱、行動上「都沒有絲毫原則上的差別」。（《新的革命高潮與一省或幾省的首先勝利》，六月十一日）比如都曾提出「國民會議的口號」，「反對蘇維埃」，也與胡適、鄧演達等一樣，「都是資產階級的走狗」。（《中共三中全會關於政治狀況和黨的總任務議決案》）

繼「立三路線」之後上臺的王明等，更斥責「立三路線」的「錯誤觀點在實質上是重複了托洛茨基的理論」（後來王明斥之為「半托洛茨基主義」），而「黨的情形這樣一般的惡化和削弱，就一方面使托洛茨基陳獨秀派的行動，別方面使黨內右傾分子的行動，都得以乘機活躍起來」，（《中共四中全會決議案》）於是，「王明路線」同「立三路線」一樣，都將「托洛茨基陳獨秀取消派」與「改組派、社會民主黨、第三黨、胡適民權派」相同看視，斥之為「資產階級改良派別」。（《兩條路線底鬥爭》）而當「王明路線」被貫徹到各個根據地時，隨之各個根據地都有了「反革命派別」，它包括『江西ＡＢ團、福建社會民主黨、湘鄂西改組派、湘東南戀愛研究社、鄂豫皖改組派、社會民主黨」以及「各地的托陳取消派及羅章龍派」，且「他們都是直接受國民黨南昌總機關指揮的」，其活動則有「暗殺黨和紅軍負責領導人，造謠中傷黨和紅軍的幹部，散佈紅軍失敗的謠言，宣傳帝國主義國民黨的力量大和『恩惠』，經過醫生設法用毒藥毒壞黨和紅軍負責幹部的頭腦，搗亂後方，故意破壞蘇維埃政府和紅軍的威信，鼓動農民『反水』，替白軍當偵探、送消息，陰謀暴動回應白軍……等等。」（《兩條路線》一九三二年莫斯科再版《書後》）

王明等攻擊「托陳派」，其理論來源是史達林。史達林說：「托洛茨基主義實際上早已不是共產主義的派別了，實際上，托洛茨基主義是反革命資產階級反對共產主義、反對蘇維埃政權、反對蘇聯社會主義建設底鬥爭中的先鋒隊」，因為它為後者提供了「思想上的武器」和「策略、組織上的武器」。（同上）到了一九三一年，黨內在反對李立三、羅章龍的運動中更指認「帝國主義者、中國反動力量、國民黨、改組派、托洛斯基陳獨秀派利用了而且正在利用這些機會」，而且「托洛斯基陳獨秀派之所以企圖在工廠中在企業中來破壞我們，來鞏固他們的地位，也就正在幫助帝國主義和國民黨」。（《中央委員會為肅清李立三主義反對右派羅章龍告全體黨員和青年團員書》，一月二十五日）這種鬥爭由於受了共產國際「總危機」的理論在「九一八」前後更加白熱化，認為「托陳派底整個反革命的觀念系統已被事變的過程打得粉碎」。（《共產國際執委主席團關於中共任務的決議案》）當時，中共中央宣傳部部長張聞天著有《是取消派取消中國革命，還是中國革命取消取消派——評「中國左派共產主義反對派政綱」》、《中國經濟之性質問題的研究——評任曙君的〈中國經濟研究〉》等長文。他還在《滿洲事變中各個派別怎樣擁護著國民黨的統治》一文中否認「九一八」後中國出現的政治變化，將「托陳取消派」歸為「反革命的在野派」，將其主張對日宣戰等說成是「為了欺騙民眾」。

以上海為中心的理論爭論和「九一八」後中共加緊對「托派」的鬥爭

一九三一年四月，由國民黨十九路軍陳銘樞等為背景的上海神洲國光社出版了《讀書雜誌》，王禮錫出任主編，由此開始了一度沸沸揚揚的「中國社會史論戰」。圍繞中國社會的性質、農村性質、古史劃分等，「托派」（即所謂陶希聖等的「新生命派」之外的「動力派」）和中共方面的理論家（即「新思潮派」）展開了辯論，而不同觀點的論者之所以能匯聚在《讀書雜誌》上，是因為主編王禮錫「每嘗以蔡元培自況，故作家中自陶希聖等起，中經史達林派，一直到我們托派，他都一視同仁」，而且「在一九三〇年初期，他跟反對派別特接近些，劉仁靜、李季、王獨清、彭述之、杜畏之、彭桂秋、吳季賢等都和他來往甚密」。（王凡西：《雙山回憶錄》）。這幾個「反對派」成員都是著名的中國的「托派」，此外在論戰中著文的還有來嚴靈峰、任曙、王宜昌等，以及以「自由主義的馬克思主義者」自稱的胡秋原，（他曾受第三國際中國代表團之邀赴蘇聯訪問，結果對之深感失望，於是放棄馬克思主義，轉而為「新自由主義」，也即所謂「自由人」）其中嚴靈峰有《中國經濟問題研究》、任曙有《中國經濟研究》等一時頗有影響的著作。

三〇年代之初關於中國社會性質等的辯論，是繼大革命失敗後為了確定中國革命性質而必須首先確定中國社會的性質而展開的一場大辯論，在中共一方，則主張現實中國是「半殖民地半封建社會」，並且毫無疑義地在一元論的「西方中心主義」觀點和思維下作出判斷：中國社會的發展歷史將是亦步亦趨地演進為「五階段」的程序，即從原始社會而奴隸社會、而封建社會、而資本主義社會、而共產主義社會。在「托派」一方，則主張現實中國已經發展為資本主義社會。正如當時茅盾寫作《子夜》時的理論背景，這場辯論有「三個論點：一、中國社會依然是半封建半殖民地的性質。打倒國民黨法西斯政權（它是代表了帝國主義、大地主、官僚買辦資產階級的利益的），是當前革命的任務；工人、農民是革命的主力；革命領導權必須掌握在共產黨手中。這是革命派。二、認為中國已經走上了資本主義道路，反帝、反封建的任務應由中國資產階級來擔任。這是托派。三、認為中國的民族資產階級可以在既反對共產黨所領導的民族、民主革命運動，也反對官僚買辦資產階級的夾縫中取得生存與發展，從而建立歐美式的資產階級政權。這是當時一些自稱為進步的資產階級學者的論點。《子夜》通過吳蓀甫一夥的終於買辦化，強烈地駁斥了後二派的謬論。」（茅盾一九七九年七月十五日致孔令仁信）。然而弔詭的是：當年中國「托派」理論家的鄭學稼，他在抗日戰爭中，卻在國民黨的《中央週刊》撰文，稱讚茅盾，即茅盾在《子夜》中讓代表封建勢力的老太爺一到上海就嗚呼哀哉，這等於是說中國的封建地主階級已經衰亡，已經難以成為中國革命的對象了，這無形中符合了「托派」的理論主張。後來毛澤東在延安的「抗大」發表演講，他總結了這次中國社會性質大討論中「托派」的論點就是「我們推翻資本主義，實行社會主義革命，實行無產階級專政」，毛澤東以為：「他們不懂得中國是半殖民性半封建性社會，於是乎就忽略了反帝反封建的革命性質和任務。」（《認識中國社會性質是重要的中心和一點》，一九三八年三月二十日）可是後來又是毛澤東自己匆匆忙忙結束了建立在半殖民地半封建社會基礎之上的新民主主義革命，很快地把革命推進到了消滅資本主義、實行無產階級專政和社會主義革命階段，所謂民主革命的「必要準備」和社會主義革命的「必然趨勢」的「兩步走」在這裡是銜接又局促的，甚至越到後來越加匆忙地躍進（一意要跨越那個所謂的「卡夫丁峽谷」），於是反而是林彪和林立果的《「五七一」工程紀要》中卻在指責毛澤東是「托派」了。

「九一八」事變後，一九三二年，中共王明左傾路線繼續譴責「一切反革命的在野派別」，並認為「在革命危機迅速成熟的時候，這些派別是最危險的敵人，應該以主要的力量來打擊這些妥協的反革命派別」，它們是「改組派的『國民救國會議』、江蘇耆老的『困難救濟會』、第三黨的『和平政府』、托陳取消派的『召集國民會議實現民眾政權』」等。（《中共關於爭取革命在一省與數省首先勝利的決議》，一月九日）在他們「打倒一切」的口號中，他們把「一切反革命的在野派別」視為最應打擊的對象，即「對於目前像改組派、第三黨、社會民主黨、新生命派、托洛茨基陳獨秀取消派等一切反動的或妥協的派別，必須對他們實行更銳利的鬥爭，以根本斬毀他們在群眾中的影響」。（《中央致上海反帝大同盟黨團的信》，二月十一日）並在「九一八」事變、上海

「一二八」抗戰後所掀起的全國抗日救亡運動的熱潮中攻擊「一切在野的派別，如像社會民主派、社會與教育派、國難救濟會派以及托陳取消派，也正在這一反日戰爭中積極進行欺騙的宣傳」云云。(《中央為上海事變給各地黨部的信》，二月十五日)他們還把「各種反革命派別」——即包括了「胡適派、研究系、孫科派、國家主義派、社會民主黨、第三黨及托陳取消派等」都視為配合國民黨向中國革命「在政治上進攻」的「危險敵人」。(《中宣部關於北方各省委代表聯席會議的討論大綱》，七月三十日)在蘇區，也強調「革命開展中最危險的敵人，一切反革命的在野派別，尤其是托陳取消派」。(《蘇區中央局關於爭取和完成江西及其鄰近省區革命首先勝利的決議》，六月十七日)在當時的一些文學作品中，受以上理論和形勢背景的影響，往往「托派」被描繪成反派人物，如三〇年代左翼文學的代表作、茅盾的《子夜》中也描寫了幾位「托派」(如小說中的「蘇倫」)，認為是有侮共產黨人的形象，茅盾後來是這樣解釋的：「書中的幾個共產黨員的形象，不夠鮮明清晰，這也是重大的缺點。這幾個共產黨員(做工人運動的中級幹部)，其中有教條主義者，也有托洛茨基分子。這是一九三〇年中國上海的一種情況。因為寫得隱晦(當時不得不如此)，今天的中國青年也不會一看就明白，但主要還應當歸咎於我沒有足夠豐富的生活經驗，故而不能把這幾個黨員的形象寫得真實而又生動。」(一九五九年三月二十二日致美國作家馬爾茲信)被青年讀者們「誤讀」的「托派」，他們不知道歷史上還曾經有過這樣的「共產黨員」，茅盾解釋說：《子夜》中「那個說肉麻話而且死纏住瑪金的蘇倫，是一個混進地下黨組織的托派分子」，所謂「托派」，他進一步解釋說：「托派是叛徒，當時在上海的混進地下黨組織的托派分子不但政治上是叛徒，私生活上也大都腐化，亂搞男女關係，甚至用不正當的方法強姦女同志（例如藉口開會，在旅館裡開房間，等女的到來時，就用強迫方法）。」他說：「寫《子夜》時，我深恨這些托派，所以不惜污筆，暴露了他們，——以蘇倫作為代表。因為也怕讀者誤以為這是侮辱地下黨員，所以緊接著就藉瑪金（她才是一個真誠的地下黨員）的嘴巴點明蘇倫是托派。」（一九五九年八月六日致文傑三信）

一九三三年的陳獨秀受審案

一九三三年四月，國民黨江蘇地方法院對上年被捕的陳獨秀連續三次進行公開審訊，時陳獨秀早已被中共所開除，陳獨秀在法庭上抗辯檢察官加以的「危害民國」的罪名：「我只承認反對國民黨和國民政府，卻不承認危害民國。因為政府非國家，反對政府並非危害國家。」這可以看出當時陳獨秀的政治立場，但自願為陳出庭辯護的律師章士釗卻在辯護詞中屈意為陳獨秀洗刷，他說：「陳獨秀適為大團結中之一人，其地位與當今國民黨諸要人雅無二致。清共而後，獨秀雖無自更與國民黨提攜奮鬥，而以已為幹部派擯除之故，地位適與國民黨最前線之敵人為敵，不期而化為緩衝之一團。即以共產黨論，托洛茨基派多一人，即斯丹（大）林派少一人，斯丹林派少一人，即江西紅軍少一人，如斯輾轉相輔為用，謂托洛茨基派與國民黨取犄角之勢以清共也，要無不可。即此以論功罪，其曰托洛茨基派有功於國民黨者也，且不暇給，罪胡為乎來哉？」對章士釗的這種辯護詞，陳獨秀當庭起立聲明：「章律師之辯護，以其個人之觀察與批評，貢獻法院，全係其個人之意見，並未徵求本人同意，且亦無須徵求本人同意。至本人之政治主張，不能以章律師之辯護為根據，應以本人之文件為根據。」（《陳獨秀案開審記》，《國聞週報》第十卷第十七期）這裡，陳獨秀所述及的「本人的文件」，即其自撰的《辯訴狀》，其中他概要說明自己從事革命的歷程，更猛烈抨擊「今之國民黨所仇視者，非帝國主義，乃徹底反對帝國主義、反對軍閥官僚、始終戮力於民族主義革命之共產黨」，則自己何罪之有！他要求法庭「應毫不猶疑的宣告予之無罪，並判令政府賠償予在押期間之經濟上的、健康上的損失」。後亞東圖書館擬出版收集有全部起訴書、辯護狀、辯護詞的《陳案書狀彙錄》，（出版後竟廣為流傳，人們紛紛為陳獨秀威武不屈的精神所感動）陳獨秀囑刪除章士釗辯護詞中關於陳獨秀成為「托派」後「有功於國民黨者」的文字，並囑人轉告章士釗：「我再也不要他替我答辯了。」顯然，陳獨秀是絕不願意有人借自己去攻擊共產黨的。陳獨秀還在法庭上回答法官所問「托派最終目的為何」：「世界革命，在中國需要解放民眾，提高勞動者生活，關於奪取政權乃當然的目的。」這也說明他根本沒有改變自己從前的政治立場，而他解釋自己何以又被中共開除，乃是「因意見不同」，這在一個側面也說明陳獨秀與當時中共的分歧和矛盾只是在對敵鬥爭的策略和戰略上有所不同，即「他與黨的爭論，仍是革命陣營內部在反對帝國主義侵略與推翻國民黨反動統治的路線和方法上的分歧。」（唐寶林：《陳獨秀傳》），至於雙方的根本宗旨，並無不同。

抗日救亡運動中「托派」被認定的角色

一九三四年「福建事變」發生後，王明路線對之採取攻擊的姿態，並攻擊福建政府中的「一切中國的反革命的改良主義的集團與派別」，它包括「從國民黨內部的反對派、生產黨、第三黨、社會民主黨、ＡＢ團到托洛茨基主義者」，如「李濟深、蔡廷鍇、蔣光鼐、陳友仁、黃琪翔到胡秋原、嚴靈峰」，（《中共為福建事變第二次宣言》，一月二十六日）其中後二人長期被認為是「托派」。也是在這一宣言中，提出了「打倒一切欺騙民眾出賣民眾的反革命改良主義」的口號。七月八日，博古在蘇區「馬克思主義研究會」演講中又抨擊了「九一八」後「一切反革命的在野黨」籲求國民黨對日宣戰、取消一黨專政、組織國防政府的綱領和口號，其中也包括了「托陳取消派」。（《為著實現武裝民眾的民族革命戰爭中國共產黨做了什麼和將做些什麼》）此後到了一九三五年，雖然中共《八一宣言》（即《為抗日救國告全體同胞書》）表示「願意立刻與中國一切願意參加抗日救國事業的各黨派、各團體、各名流學者、政治家，以及一切地方軍政機關」合作，但這「一切」中應該說是包括「托派」的，隨著對日戰爭的來臨，出現了一個新的政治名詞，那就是人們開始習慣把敵人稱為三位一體或四位一體的「日寇、漢奸、親日派、托派」。比如西安事變後中共中央發表《告全黨同志書》（一九三七年四月十五日），其中號召「全黨同志對於日寇、漢奸、親日派、托洛茨基派的陰謀活動，必須有最高度的警覺性與嚴密的戒備，對於他們一切挑撥內戰、利用國內矛盾、以達到掠奪目的的陰謀詭計，必須堅決揭發，給以致命的打擊。」

抗日戰爭爆發後圍繞中國「托派」問題中共內部的分歧

抗日戰爭爆發後，這年年末（十一月二十九日）王明、康生等十人從蘇聯返回國內，隨即掀起反「托派」的高潮。正如有人所說：當毛澤東親赴機場並高呼王明等「從崑崙山上下來了馬克思列寧主義」之時，「其實下來的已經是史達林主義了」。（趙儷生：《籬槿堂自敘》）後來那就是著名的整風運動以及搶救運動，各機關中已經有「肅托」的大字報，說要「把埋藏在我們身邊的敵人統統挖出來」等等，於是像趙儷生這樣的人就趕快打道回府。

王明等得史達林「聖旨」，（他行前會見了史達林和季米特洛夫，彼指令其回國後貫徹共產國際指示和蘇聯外交政策，與國民黨搞好統一戰線，讓中共真正服從「國際」的需要，史達林尤其擔心中共和毛澤東的獨立自主政策會使統一戰線發生破裂，這樣將拖不住日本而使蘇聯將陷於兩面作戰的尷尬境地）回來後不久即以「共產國際」代表的身份建議並召開了中共中央政治局會議（即「十二月會議」），以制定符合「國際」需要的方針。會上，王明提出了後來被認為是「右傾」的政治路線，即他反對洛川會議，反對毛澤東的路線，在抗日民族統一戰線中主張放棄領導權，「一切為了抗日，一切經過抗日民族統一戰線，一切服從抗日。」這與先前的洛川會議的精神形成了抵牾，但王明等在對「托派」的立場上絲毫沒有「右傾」的跡象，他在代表中共駐共產國際代表團的工作報告中反而強調打擊托派仍然是一項重要的任務，並一再批評中共中央「過去忽視托派危險」和「對托派實質認識不夠」，強調要「提高革命警覺性和加緊反奸細反托派的工作」。（十二月九日在政治局會議上的報告大綱——《如何繼續全國抗戰和爭取抗戰勝利呢》）他還在《挽救時局的關鍵》中亟言：「必須打破三人稱派五人稱黨，甚至把漢奸敵探（例如日寇特務機關的走狗——托洛茨基匪徒等）也當作黨派看待的錯誤傾向——必須明白認識：團結各黨各派參加抗日民族統一戰線的口號的是最主要的意義和內容，一定是團結真正抗日的各黨各派，漢奸敵探如托匪之流，不僅不在統一戰線對象之列，而且是抗日民族統一戰線應當和必須反對的對象。」

王明為什麼強調中共中央在「托派」問題上犯了錯誤？這當然是他在此時黨內鬥爭中得心應手的一件殺手鐧，他是有所本也有所指的。所「本」，他說：「過去國際曾三次電報，中共沒有回答，國際很不滿意，另有一電限國際一天答覆，國際不滿，今後應特別慎重，一字一句都注重。」共產國際不滿什麼呢？就是中共對「托派」打擊不力，而「托派是軍事偵探的組織，主要是兩面派的辦法，運私貨的辦法，不採取兩面派的辦法會使人認識，我們要特別注意」。

王明的講話，當然是有所指的，而那又是暗藏殺機的，即誰如果與「托派」沾邊或同情之，就有大逆不道之嫌。那麼，其所指為何呢？

一、一九三六年四月二十五日中共發布《為創立全國各黨派的抗日人民陣線宣言》，在篇首的「各黨派」臺銜中「居然」包括了「托洛茨基主義者同盟」。（此外，除國民黨外，甚至還包括了它的「黃埔同學會」、「復興社」、「勵志社」、「中山文化教育館」、「南京留俄同學會」，後者中也一向被認為是麇集了留蘇的許多「托派」分子；另外，還有青年黨、中華民族革命大同盟、大眾生產黨、救國會、抗日同志會、婦女救國會、獨立評論社、自由評論社、大眾生活社、世界知識社等黨派和社團以及基督教青年會、回教、青紅幫、哥老會、理門、學聯、總商會、律師公會等社會團體和組織，甚至太原中外論壇社、西安東望社等地方團體）

二、一九三七年八月二十三日，被國民黨宣布減刑（由有期徒刑八年減為三年）的陳獨秀出獄，輿論對此多表示歡迎，如《大公報》發表短評說：「當國家大危難之際，大家的思想和行動都已統一在一個情緒之下，對日抗戰之外，再無其他問題，我們歡迎這位老鬥士出獄，為他的祖國努力。」中共的《解放》也發表署名為「冰」的《陳獨秀先生到何處去》，文章中表示「希望他在數年的牢獄生活裡，虛心地檢討自己的政治錯誤，重振起老戰士的精神，再參加到革命的行列中來。」而此前上海「一二八」抗戰時陳獨秀等也曾提議與中共「合作抗日」，但未被理睬，此次他出獄後即派羅漢赴南京拜訪「八辦」葉劍英、李克農，以陳獨秀個人名義「舊事重提」，要求中共對此「重新加以考慮」，葉等隨即電告延安。九月十日，毛澤東和張聞天致電西安的林伯渠，讓他轉告正在與中共聯繫的羅漢，向其表達中共對待「托派」分子的原則意見，即：「（甲）我們不拒絕同過去犯過錯誤而現在真心悔悟、願意抗日的人聯合，而且竭誠歡迎他們的轉變；（乙）在陳獨秀等托派分子能夠實現下列三條件時，我們亦願與之聯合抗日。（一）公開放棄並堅決反對托派全部理論與行動，並公開聲明同托派組織脫離關係，承認自己過去加入托派的錯誤。（二）公開表示擁護抗日民族統一戰線政策。（三）在實際行動中表示這種擁護的誠意。（丙）至於其他關係，則在上述三條件實現之後，可以再行考慮。」（《毛澤東年譜》中冊）

此前陳獨秀已出獄，與陳獨秀有密切交往的前中共黨員羅漢在南京會見葉劍英，代表陳獨秀表示願回黨內工作，恢復組織關係，葉劍英則介紹其赴延安接洽，後羅漢行至西安，林伯渠電告延安請求指示，張聞天和毛澤東表示同意。張國燾在《我的回憶》中說：當時「毛澤東同情羅漢這種活動，覺得中國的托派不能與蘇聯的托派相提並論，根據羅漢的表示，就與托洛茨基的死硬態度有所不同。他似也懷念陳先生的舊誼。他曾向我表示可以與陳獨秀先生等形成某種合作關係，以期一致抗戰。毛還說到從前我們搞蘇維埃運動時期，在肅反工作中犯有很多錯誤，現在史達林老在鬧肅反，恐怕錯誤尤多於我們。現在我們是團結一切力量抗日，陳獨秀托派如果表示改悔，何嘗不可一起抗日。」但終因大雨，羅漢未能抵達延安，僅在途中向延安致電，提出了五點建議和要求，其中請求中央勸說已在一九二九年被開除的陳獨秀、彭述之、鄭超麟回黨工作。據羅漢後來回憶：林伯渠和王若飛此時曾向陳獨秀表示：「陳在文化運動史上有不可磨滅之功績，在黨的歷史上亦有比他人不同的地位，倘能放棄某些成見，回到一條戰線上來工作，於民族於社會都是極需要的」，而對中央要求陳獨秀有所表示，王若飛是這樣解釋的，即：「中央看重組織問題亦係黨內自來之原則。第三國際的支部決不容許第四國際的或其有關係的分子攙入，這乃是自然的事實」，因此，「極端希望獨秀等幾位老朋友宣傳以革命家的氣魄站在大時代的前面，過去的一切是是非非，都無需乎再費筆墨唇舌去爭辨。」

關於陳獨秀的「歸隊」和「漢奸」的誣陷

延安的原則意見在蘇聯和王明看來是很犯忌的，但它也沒有得到陳獨秀的回應。（張國燾回憶中說：「張聞天和羅漢多次商談的結果，形成了十九個條件，其主要內容是托派堅持抗日，擁護中共與國民黨合作抗日的現行政策，在言論上和實行上均有明朗的表現；托派中願意恢復中共黨籍者，須公開脫離托派並承認已經參加托派的錯誤；不願恢復中共黨籍者可以與中共在黨外合作，支持中共的抗戰政策，中共中央也不再對抗日的托派人物採取敵視態度。」這可能是他在回憶時有誤）所以如此，可能是陳獨秀一向固執、執拗的性格所致，（但據包惠僧的回憶，當時陳獨秀曾「想發表個聲明」，即其並非為「托派」，「但是他又一想既然不是托派何必發表聲明」，後又打算以與記者談話的方式發表聲明，便通過包找了《中央日報》的總編輯程滄波會面，陳交給他一張「中國有無托派我不知道，我不是托派」的條子，但後來程滄波沒有將之發表，而陳獨秀「不願自己登廣告，他說無求於世」，此事遂罷。見包惠僧：《我所知道的陳獨秀》）當陳獨秀主動有意與延安接觸、延安也表示了誠意但又要其在姿態上有所表示時，他後退了，這位性格倔強、缺乏變通和靈活性的所謂「終身的反對派」竟說：「我不懂得什麼理論，我決計不顧忌偏左偏右，絕對力求偏頗，絕對厭棄中庸之道，絕對不說人云亦云豆腐白菜不痛不癢的話，我願意說極正確的話，也願意說極錯誤的話，不遷就任何人的意見，我已不隸屬任何黨派，不受任何人的命令指使，自作主張自負責任，我絕對不怕孤立。」這樣，由於陳獨秀的態度，延安爭取他的努力也就無法繼續下去，而彼時王明正由蘇聯回到國內且在武漢中共長江局猛烈地攻擊「托派」，（王明、博古、周恩來等於十二月十八日抵武漢，不久組成中共中央長江局）在這種情況下，中共團結陳獨秀等「托派」共同抗日的努力也只好停止。王明後來在《中共五十年》一書中回憶道：「一九三七年底，在我回到延安之後，便得知毛澤東已和陳獨秀的代表羅漢達成協定」，「這一事實說明，毛澤東當時已準備同帝國主義反對派的積極幫兇——托派分子勾結起來」，只是「由於我已回到延安，（陳）『恢復黨籍』的計畫才未實現」。張國燾也在回憶中說：「王明知道了這件事，（即中共中央與陳獨秀代表羅漢接觸。筆者注）不問情由，便聲色俱厲的表示反對。他指出我們和甚麼人都可以合作抗日，只有托派是例外。在國際上我們可以和資產階級的政客軍閥甚至反共劊子手合作，但不能與托洛茨基的信徒們合作。在中國我們可以與蔣介石及其屬下的反共特務等等人合作，但不能與陳獨秀合作。他用字典裡最惡劣的名詞，如『漢奸』、『托匪』、『殺人犯』等攻擊托派，並誣指陳獨秀是每月拿日本三百元津貼的日本間諜」，當有人對之有所置疑時，「王明卻堅持說史達林正在雷厲風行的反托派，而我們卻要聯絡托派，那還了得；如果史達林知道了，後果是不堪設想的。他還說反對托派，不能有仁慈觀念，陳獨秀即使不是日本間諜也應說成是日本間諜。」（《我的回憶》）於是，在王明的影響下，中共中央十二月會議也在《對時局宣言》中稱：「漢奸、敵探、托匪等正在加緊挑撥離間以破壞我國民族力量團結的陰謀，尤其在於我國民族力量的團結還未達到應有的程度」之時。王明還在報告中指責中央「過去忽視托派危險」，「對托派實質認識不夠」，還說可以和任何人合作抗日，就是「托派」除外，甚至「在中國我們可以與蔣介石及其屬下的反共特務等人合作，但不能與陳獨秀合作」，因為他每月得日本人三百元津貼，是為日本人工作的漢奸，而「托派」是「殺人犯」、「漢奸」、「托匪」。此後，康生也在《解放》週刊上發表《剷除日寇偵探民族公敵的托洛茨基匪徒》一文，煞有介事地指責「陳獨秀等在上海、北方建立托匪日探的組織」，結果引起武漢等地關於陳獨秀是否是「漢奸」的一場爭論，陳獨秀憤而發表〈致新華日報之公開信〉，羅漢也發表〈致周恩來等公開信〉，反駁所謂「漢奸」的誣衊和無稽之談，知情者們也為陳呼冤，社會知名人士王星拱等近十人也發表公開信，亟力為陳獨秀洗冤，這對當時中共的聲譽不免有負面影響。因為，說陳獨秀是「漢奸」，這與社會上人們對陳的認識相去甚遠：陳獨秀一向是硬骨頭，出獄後又發表了許多抗日的言論，然而如何會突然去為了「三百元」出賣自己的人格和國格？當時陳獨秀等當事人和輿論一致要求拿出證據出來，造謠者又拿不出來，支支吾吾，只能裝聾作啞。陳獨秀受此刺激，後來就堅決拒絕周恩來等請他赴延安（將之養起來）的建議，（一說周恩來後來還在重慶時與陳獨秀的舊友朱蘊山看望過陳，並表示隨時歡迎陳赴延安養病）他的思想也徹底回歸到民主主義立場上，最後流落異鄉，於貧病交加中死於四川江津，時在一九四二年五月二十七日。

變本加厲對「托派」開展鬥爭

多年後，即在一九五九年八月批判彭德懷的廬山會議上，劉少奇有段插話：「陳獨秀抗戰初期要求到延安來，如來，看到革命勝利，也可能改。」毛澤東接著說：當時陳獨秀未能成行的原因，「那個責任在我，我沒有把他接來。那時我們提了三個條件，當時我們還不穩固，他不能接受。那時（我們）就那麼一點資本，那麼一點根據地，怕他那套一散佈，搞第四國際。」（李銳：《廬山會議實錄》）顯然，當年所以未能使陳獨秀回到革命隊伍中來，在中共方面還有一個顧慮，即因為自己剛剛與國民黨實行第二次合作、地位「還不穩固」，如陳獨秀等「托派」未徹底脫胎換骨而驟然返回，當會在革命隊伍內部產生不好的影響，即恐其繼續散佈「托派」的那一套，又搞所謂「第四國際」。另外，這也與當時蔓延在人們頭腦中的一種政治思維有關係，即何以可與中外的「資產階級的政客軍閥」、「反共劊子手」、「反共特務」合作而不能與「托派」合作抗日呢？為什麼會有這樣一種判然的分別呢？對此王明也有一個說明，即：前者的「反共是理所當然的，但他們不能直接影響共產黨內部。為了某種政治需要，我們可以與這些原非同類的人物，暫時的或較長時間的合作」；後者則不同了，「托派布哈林派以及其他左的或右的反黨派系和傾向，與共產黨更為接近，腐蝕我們的內部，是較社會民主主義者尤為危險的敵人。」他還說：在這一問題上，即「清算這些叛徒，在使共產黨淨化這一點上，史達林發展了列寧主義，也是史達林理論的精華。」（張國燾：《我的回憶》）

以上的勢態，還有一個背景：即中共雖然在遵義會議後開始執行獨立自主的路線，（自己選出了領導，雖然仍以「二十八個半」中的張聞天等為名義上的領導）但困於局勢，仍不得不以極力獲取蘇聯的支持為急務，蘇聯對中共仍然有著舉足輕重的作用，其中就包括獲取彼對毛澤東領導的首肯。所以，當這年十一月王明、康生、王稼祥在莫斯科與史達林和共產國際領導季米特洛夫會談時，史達林強調「要用一切手段加強對托派的鬥爭」，「托派必須追追捕、槍斃、消滅。他們是全世界的奸細、最惡毒的法西斯走狗。」（見《季米特洛夫日記》）於是，帶有使命回來的王明持史達林的命令為尚方寶劍，他拿此與毛澤東暗鬥也是水到渠成的事了，於是在王明厲聲表示：「聯共內部有大量的托派和反黨分子，難道中共內部就太平無事嗎？中共內部必然暗藏著許多托派和其他反黨分子，只是我們兩條戰線的鬥爭，不夠徹底，沒有發現出來罷了。」（張國燾：《我的回憶》）當然，這時毛澤東沒有理由要在這個問題上有什麼堅持，在王明捧著莫斯科的「尚方寶劍」

回到延安時，在錯誤路線又有可能佔據黨的領導時，他毋寧採取以退為攻的策略，何況在統一戰線中去掉一個「托派」也並不是什麼大不了的事，於是，毛澤東暫時承認「自己在抗日統一戰線政策上和反托派鬥爭上，都沒有把穩住這個舵」。（同上）

其實，早在此前，尤其是魯迅的〈答托洛斯基派的信〉於一九三六年七月一日分別在《文學叢報》和《現實文學》發表後，產生了很大的影響，這對於喜愛讀魯迅著作的毛澤東也有深刻的印象。一九三七年五月十五日，毛澤東在回答外國記者採訪時就曾說：「據我們所知，反對國內團結最烈的人，恰是直接在日本指揮之下的漢奸分子，如托洛茨基分子之流等便是明顯的例子。」顯然，這是從魯迅信以及其他渠道傳來的資訊而來的，毛澤東這篇〈抗日民主與北方青年〉就發表在王明、康生噬口誣衊「托派」是奸細的謠諑最多的《救國時報》（八月二十日），這當然也不是偶然的。不久，張聞天也在延安《解放日報》稱「托派」是「最公開、露骨的敵人」（〈關於十年來的中國共產黨〉），並提出「戰勝中國的漢奸、賣國賊、親日派和托派」的口號。

魯迅對「托派」的態度，也是從中共馮雪峰等處受到感染而來的。此前，中共中央宣傳部的《宣傳大綱——國民黨三中全會後我們的任務》（一九三七年四月三日）中引用蘇聯「公審」「托派」拉狄克等時「獲得」的「托派」的文件和信件，指責「托派」受命為日本軍部提供情報，這實際上就是後來誣陷中國的「托派」是日本奸細謠諑的源頭，即中國的「托派」是在執行托洛茨基的指示：「不要阻止日本佔領中國」，為此它「用左的空話」「說（國民黨）三中全會一點轉變也沒有」、「中共投降了」、「要反對一切帝國主義而不要抗日運動」，等等，行動上則還在西安事變中幫助日本挑撥內戰，總之，「托派」就是「漢奸」，「實際是日本的走狗」。也是在西安事變過程前後，中共懷疑張學良、楊虎城周圍有「托派分子」，（其幕僚中確有一些前中共人員，如抵制王明等上臺的「非常委員會」的成員以及一些被捕後的失節者，但他們此時極力主張聯共抗日，甚至西安事變張、楊通電的起草者也是箇中的人物，如黎天才等。詳見香港出版的「無文」所著：《西京兵變與前共產黨人》）並警惕「托派分子」往廣西等地「勾引」。所以，在與張、楊合作中就曾提出「肅清」的要求。（「楊虎城部隊經改編後托派分子尚未肅清，擬再向其嚴重提出，否則必會分裂。」見一九三七年四月五日中共中央《關於同蔣談判經過和我黨對各方面策略方針向共產國際的報告》）

「十二月會議」後，王明、康生等即直接出面發動了「反托」運動，在以上嚴峻的「反托」空氣下，延安等各抗日根據地都籠罩在緊張的「反托」氛圍中，甚至在「生活檢討會」等集體組織活動中，也將整肅「托派」思想列為重要的一環，而且上綱上線，把一些並非「托派」言行的諸如不理解統一戰線、個人主義等也都附會成「托派」加以打擊，這如丁玲筆下所記的西北戰地服務團的一次「生活檢討會」，有人批評王淇：「他的頭腦裡卻跑進了很多危險的思想，連托派的思想都鑽進去了。」等等。（《第一次大會》）「反托」主要是康生從蘇聯回來後依樣畫葫蘆照模照樣進行的，他主持的中央社會部在負責「鋤奸」中也把「反托」當作重點，期間製造了許多冤案，有的人後來說：「有的人入黨很早，審查幹部時說他是托派。可他連一本托派的書都沒看過，甚至連聯共黨的歷史、什麼是托派都不瞭解，怎麼會當了托派了呢！可定了托派，一定就是許多年，很長時間不能改正。」（柳運光：《從當選七大代表說起》，見《憶七大——七大代表親歷記》）也就是在這種極不正常和嚴酷的政治氣氛下，左權將軍在他壯烈犧牲之前的一九四一年十一月寫給中共中央和毛澤東一封申訴書，那是他流著眼淚寫下的。他說：「我在一九三二年曾受過黨的留黨察看一次，那是因為在肅反當中被反革命托派的陷害及調閩工作時遺落托陳取消派文件一件。」這本來就是冤屈的，原本應該受到平反，但他因此就是跳到黃河也說不清了，他蒙受「托派」的指控，「痛感為我黨的生活中最大的恥辱，實不甘心」，「雖是曾一再向黨聲明，亦無法為黨相信，故不能不忍受黨對我的處罰決定，在工作中鬥爭去表白自己。迄今已經十年了，不白之冤乃未洗去，我實無時不處於極端的痛苦過程之中。」於是，他回溯自己的革命經歷，痛感在將近十七年中，「我未離黨一步，一貫受黨的教育與培養，在黨內生活做黨內工作。其中沒有犯過有損於黨的過失，也沒有在任何鬥爭情況下動搖過，也沒有消極，我一切為黨工作，為黨的路線鬥爭，雖由於我之能力低微，無所建樹，在工作中還是有不少的弱點。但自問對黨是真實的，對工作是負責的積極的。」他問心無愧，「總以為真金不怕火煉，黨有工作給我做，在鬥爭中工作中表白這不白之冤，自有水落石出之一日來安慰自己。現在我覺得不應該再忍受下去了，故向黨提出要求，請將我的問題作結論，洗滌這一不白之冤，取消對我留黨察看的處分。我再以坦白的布爾什維克的真誠坦白向黨聲明：我沒有參加過小組織活動，我與反革命托派無論在政治上、組織上均無任何相同之點，無任何組織關係。我並且可以向黨擔保，我是一個好的中國共產黨員，希中央討論答覆。」

左權的「托派」之嫌，是因為他曾經在莫斯科中山大學學習過，後來他自己在回答組織上的審查時說：「那時我才二十歲，年輕幼稚，一方面相信列寧主義與布爾什維克中央是正確的，一方面又對托洛斯基與拉狄克有過某些英雄主義的崇拜。我當時還說過托洛斯基是個政治家、軍事家，拉狄克是中國問題專家。但不久，等到托洛斯基反革命的原形日益暴露時，我那些崇拜觀念也就自然消失了。在整個反托鬥爭中，我是站在黨的方面的，並真誠地向黨聲明，在組織上沒有任何聯繫。」但不久後，他就被牽涉進「江浙同鄉會」一案中，而理由只是因為他與孫治方兩人關係密切。左權和孫治方兩人一同探討中國社會的政治和經濟問題，有時還在孫治方那裡約了俞秀松、董亦湘等小聚，於是就被王明等無限上綱被認定是「托派」嫌疑的小組織，結果，孫治方等受到嚴重警告的處分，左權則受到「行為不檢」的黨內勸告的處分。這樁冤案，後來經蘇共中央派科爾諾娃和中共駐共產國際代表瞿秋白等調查後才給予了完全的否定，但餘音嫋嫋，後來又被回到國內的王明等作為對異己分子實行「殘酷鬥爭、無情打擊」的殺手鐧，左權也就有了把柄在惡人的手上了。一九三二年中央根據地開展「肅反」，閩西新十二軍一團的政委劉夢槐向中共臨時中央檢舉紅十五軍軍長的左權在指揮部隊攻打汀洲時收藏有「托陳取消派」的文件，左權當即被撤職，並從前線調回後方接受審查。當時，臨時中央負責左權問題審查的是蘇區中央局委員兼組織部長任弼時、中央執行委員會國家政治保衛局局長鄧發。左權申辯之後，臨時中央認為有繼續審查的必要，一九三三年又派項英前來負責左權問題專案組，由於有彭德懷、王稼祥等出面主持公道，這才未以「反革命」論處，只是給了一個留黨察看八個月的處分。此後，左權因「托派」的嫌疑不被重用，他一腔豪情鬱鬱不得伸展，直到不久後國民黨發動對蘇區的第四次「圍剿」，前線急需將才，紅軍總政委周恩來果斷起用左權，授以他紅一軍團參謀長一職，左權這才吐了一口長氣，他也不負重任，很快擺脫了委屈的情緒，帶「罪」上前線，全身心投入到戰鬥的指揮中，紅軍長征中他協助軍團長林彪和政委聶榮臻連續突破國民黨四道封鎖線，繼又強渡烏江、四渡赤水、搶渡大渡河、飛奪瀘定橋，屢建奇功，又在抵達陝北不久就打勝了直羅鎮戰役和山城堡戰役，為黨和紅軍立足於陝北奠定了堅實的基礎。抗戰爆發後，左權擔任八路軍副參謀長兼中央革命軍事委員會華北分會委員、八路軍前方總指揮部參謀長、二縱司令員、司令部情報處處長等，但是籠罩在他心上的仍然有那一塊「托派」的心病，他決意上訴去討還自己的清白。當時彭德懷對左權遭受到的委屈很是同情，他把左權的上書轉給中央書記處，並以他個人的名義建議中央撤銷對左權的不公道的處分，他還在電報上寫道：「幾年來，對於左權同志的處分雖在事實上早已撤銷了，但在黨的黨規上從未作出明確的結論，致左權對此事時存苦悶不釋。」可是，或者是因為戰事倥傯，或者是因為「反托」的政治背景，中央書記處和中央一直未給左權以明確的答覆，於是左權的「苦悶」至死都未能釋然，甚至他的犧牲也帶了一點為此絕然而去的悵恨。（詳見筆者：《左權將軍的烈死和他子虛烏有的所謂「托派」嫌疑》）據蘇進將軍回憶：左權犧牲前，毛澤東正著手準備解決左權的懸案，對左權的死，毛澤東深表遺憾。然而，就在左權將軍犧牲後不久，又有了王實味等「托派」的冤案。

在當時開展的「反托」運動中，王明、康生有兩篇影響遠被、甚至被作為運動指南的講演和文章，這一是王明一九三八年一月十七日在武漢抱冰堂的講演，一是康生在一月二十八日和二月八日延安出版的《解放》雜誌上連載的〈剷除日寇偵探民族公敵的托洛茨基匪徒〉，尤其是康生的文章，它實際就是提出「反托」運動中全部誣陷「托派」即「漢奸」的淵藪，也是「托派」三大冤案——陳獨秀案、張慕陶案、王公度案的母本。

「反托」三大案

陳獨秀「漢奸」案

關於陳獨秀等中國「托派」的「漢奸案」，其來龍去脈已如上述，康生在文章中是這樣有模有樣地描述的：「一九三一年九一八事變，日本帝國主義佔領了我們的東三省。同時，上海的日本偵探機關，經過親日派唐有壬的介紹，與陳獨秀、彭述之、羅漢所組織的托匪『中央』進行了共同合作的談判。談判的結果：托洛茨基匪徒『不阻礙日本侵略中國』，而日本給陳獨秀的『托匪中央』

每月三百元的津貼，待有成效後再增加之。這一賣國的談判確定了，日本津貼由陳獨秀托匪中央的組織部長羅漢領取了。於是中國的托匪和托洛茨基匪首在日寇的指導下，在各方面扮演著不同的角色，就大唱其幫助日本侵略中國的雙簧戲。」受之影響，舊版的《毛澤東選集》在注釋「托洛茨基集團」時就用了這樣的詞句：「中國的托洛茨基分子在『九一八』事變後，接受托洛茨基匪賊的『不阻礙日本帝國佔領中國』的指令，與日本特務機關合作，領取日寇的津貼，從事各種有利於日本侵略者的活動」云云。（《毛澤東選集》第一卷，一九六六年七月版第一五二頁）

與康生在延安公開發表的文章相配合，王明等所在的武漢中共中央長江局也發起抨擊陳獨秀為「托派」和「漢奸」的輿論攻勢，一九三八年三月中旬的《新華日報》上連續發表短評，對此前武漢各家報紙發表傅汝霖、段錫朋、高一涵、陶希聖、王星拱、周佛海、梁寒操、張西曼、林庚白等九位知名人士為陳獨秀洗冤的公開信給以回應，傅汝霖等人認為：「中國共產黨內部理論之爭辨，彼此各一是非，黨外人士自無過問之必要，惟近來迭見共產黨出版之《群眾》、《解放》等刊物及《新華日報》竟以全國一致抗日立場誣及陳獨秀先生為漢奸匪徒、曾經接受日本津貼而執行間諜工作。此事殊出乎情理之外，獨秀先生平生事業早為國人所共見，在此次抗戰中之言論行動亦全國所周知，漢奸匪徒之頭銜可加於獨秀先生，則人人亦可任意加諸異己，此風斷不可長，鄙人等現居武漢，與獨秀先生時有往還，見聞親切，對於彼蒙此莫須有之誣衊，為正義，為友誼，均難緘默，特此代為表白，凡獨秀先生海內外之知友及全國公正人士諒有同感也。」（三月十六日《大公報》）

而《新華日報》則堅持認為陳獨秀是否是「漢奸」和「托派」要由陳獨秀是否公開聲明脫離「托派」組織和反對「托派」「漢奸」行為來判斷。博古等三人還在《新華日報》上披露與陳獨秀、羅漢會面的情況，欲「藉明真相而杜招搖」。也就在傅汝霖等九人公開信發表後的次日，其中之一的張西曼致函《新華日報》，對他此前參與簽名一事加以說明：「日前早九時正和幾位朋友談到國內空前的精神團結和國軍在東北前線挫敗倭寇凶鋒的英烈戰績，表示著無限的興奮和感慨，同時又談到蘇聯歷次所公布的反革命案中各犯的變態發狂，不惜出賣國家民族利益於法西斯強盜，正和陳炯明、繆斌諸逆認賊作父、危害民國的醜跡如出一轍。然而正因為蘇聯革命政權有了一貫革命的綱領和紀律，得了全體民眾的擁護和依賴，所以能夠防患於未然，使國賊神奸一一伏法（這節請參看去秋我替上海時事新聞刊行社印行的《蘇聯反革命案》一書的序文）。這時就有另一位朋友來訪，拿出幾封油印信柬，請為陳獨秀先生表白『無漢奸關係』，我那時就慨然提筆簽署，不過還曾要求過將內容酌加修改。我為什麼敢負責為獨秀先生辯護呢？就因為在他出獄後，作過數度的訪問，由他那抵抗倭寇侵略的堅決態度和對我所創辦中蘇文化協會的偉大使命以信中蘇兩友邦聯合肅清東方海盜的熱烈期望中，可以證明他至少是個愛國的學者。在各種革命和救國力量集中三民主義旗幟下奮鬥救亡的現階段中，自然是國家民族的利益高於一切，除證據確鑿的漢奸巨惡應由國家法律和民眾力量痛加制裁外，斷然要力求避免一切無謂磨擦和誤會，方可群策群力應付時代的危機。現在倭寇已囊括我資源富庶的十省，民眾的犧牲痛苦早非人境，分化宰割，大難日殷，我們一般許身國事的志士應該痛定思痛，互相諒解，認清敵友，待罪圖功，萬不能稍存意氣，重蹈以往覆轍，骨肉相殘，殃民禍國。這是我頻年敢誠懇的希望和努力之點。至於當此民族解放戰爭關頭，不許再有黃公度（注：此人想不是指宋人黃公度，也非指清人之黃遵憲，而是時人黃秋岳之誤寫。筆者注）、繆斌一類賣國漢奸的產生，自是全國革命群眾的公意和加緊防範的工作。」（三月十八日《新華日報》）所以有此說明，是因為前一公開信發表後他「受到錯誤的批評」（見張小曼：《我的父親張西曼》）於是，欲有所解釋，而仔細體察其後一公開信，則其仗義執言和受批評後急欲表白的心態洞然可見，顯然，他受到了來自某一方面的壓力。

張慕陶「托派」案

張慕陶案，康生給張慕陶的罪名是：「勾結偵探，向偵探告密，將英勇抗日的共產黨黨員吉鴻昌同志逮捕槍斃」、「受著日本偵探機關的指示，破壞十九路軍的抗日行動」、西安事變中「竭力挑撥內戰，以實際行動回應日寇以華制華的政策，更以挑撥煽動的陰謀、劊子手的手段，將抗日的王以哲先生殺死」（又據其他人回憶說：當時張慕陶以「左」的面目出現，提出「打出潼關去」、「殺掉蔣介石」等破壞中共團結抗日方針的口號和活動）、抗日戰爭爆發後又「領了日寇五萬到十萬元錢」，「派人混入八路軍進行偵探活動，在戰鬥中煽動拖槍逃跑，並企圖暗殺八路軍的最高領袖」等。以上康生的描述，相當程度上是子虛烏有的誣陷之詞，比如關於西安事變時的主張殺蔣，主張者中恐怕還不僅僅只是一個張慕陶，則主張者未必就是破壞者。

「托派」三大案之中，陳獨秀的「漢奸」問題本文已有陳述，關於張慕陶，是西安事變和平解決、全國抗戰局面基本形成後曾經聳動世聽的一樁奇聞，當時王明、康生等發動的「反托」運動的焦點集中在當時閻錫山從太原退出轉移所在的山西臨汾，那也是中共北方局、八路軍總部的所在地，（周恩來等都在此活動）北方局領導劉少奇和楊尚昆曾向張聞天報告（見《中共中央北方局‧抗戰卷》）：「我們及八路（軍）與閻的關係，正是很緊張的時候，因為八路（軍）的招（擴）兵運動，農民鬥爭以及閻之左派在行動的過左行為，曾經引起了許多糾紛，引起了地主及舊派相當大的反感，再加以托派漢奸的挑撥，使我們與閻之關係已經發生某種部分的裂痕。」（二月五日）這裡所說到的「托派漢奸」，即當時閻錫山身邊的一個所謂「總參議」——前中共人員的張慕陶，於是發生了沸沸揚揚的驅逐張慕陶的事件。《周恩來同志在臨汾的一次演講》的作者稱：周恩來於一九三七年十一月十六日在臨汾各界代表大會上講演，此後，在他的「精神鼓舞下，在北方局直接領導下，臨汾地下黨組織隨即發動了一個聲勢很大的驅逐張慕陶的活動。」（見《山西黨史資料通訊》一九八二年第四期）這就是抗日戰爭初期繼陳獨秀「漢奸」事件後又一影響全國的與「托派」破壞抗日進行鬥爭的事件。

先讓我們聽聽當年幾位當事人的回憶。《楊尚昆回憶錄》中稱：「張慕陶原來是中國共產黨內很老的幹部，以後成了托派分子。」這裡所說的「托派分子」，是指張慕陶曾參與中共六屆四中全會後反對王明等上臺的活動，當然這種活動是有「分裂」和破壞作用的，即米夫指導下中共中央選出王明等新的所謂「鬥爭幹部」以取代執行「右傾路線」的李立三和「調和錯誤」的周恩來等，儘管更是錯上加錯，當它仍然是合法的、合乎組織規則的。當時羅章龍等成立非法的「臨時中央幹事會」即所謂「第二中央」擬召開「緊急會議」反對之，又成立「中央非常委員會」，張慕陶（又名張金刃）曾作為中共陝西代表出席莫斯科召開的中共「六大」，當時即受命往北方開展反對六屆四中全會的活動，他當時擔任河北（亦稱順直）省委書記，又為北方緊急會議籌備處書記，這自然被中共中央所不容，於是中央先因其有「托派嫌疑」而調回中央，將賀昌和聶榮臻派赴順直省委，隨後政治局開除了羅章龍和張金刃的黨籍。嚴格的說，這與「托派」的稱謂是有區別的。楊尚昆接著回憶說：「現在看來，說托派等於漢奸這個結論不恰當，沒有什麼證據。但是，當時托派的分裂活動確是有害於抗戰的。張慕陶也是閻錫山網羅來的一個『人才』，最初對他很信任，委他當高級顧問，任政治主任；他也乘機向閻錫山出反對共產黨的主意，挑撥閻錫山同共產黨的關係。他在民族（革命）大學講課或在其他公開場合也經常攻擊中國共產黨。當時在臨汾有兩個蘇聯記者，張主動同他們聯絡，宣傳托派的主張，污衊我黨與國民黨建立抗日民族統一戰線是『投降』而不是合作，還吹噓他們在山西及全國有多少多少力量。」於是，「民大學生對他這種破壞抗戰的言行早就不滿。就在康生的文章發表不久，一九三八年二月四日上午，正當日本飛機飛臨臨汾上空時，他又要外出活動，被民大學生阻止。張不服勸說並且拔出手槍進行威脅，被趕來的閻錫山的憲兵繳了械，又到他家中搜查，不但搜出了槍支彈藥，而且還搜出了許多寫有『反蔣抗日』、破壞統一戰線的極左口號的標語，其中有一條是『打倒閻錫山的封建社會主義』，這下惹怒了閻錫山，最後把他送到西安。後來經蔣鼎文、胡宗南之手，把他『密裁』了。」即一九四一年一月，張慕陶以宣傳馬列主義、抗日反蔣的名義被殺。

薄一波在他的回憶錄《七十年奮鬥與思考》中回憶說：當時張慕陶是閻錫山的高級參議（化名馬雲程），閻錫山給他每月二點三萬元的活動費（相當於一個團的經費），而張慕陶仍偽裝革命，卻又幾次在閻錫山面前鼓動除掉薄一波，又背著閻錫山組織「新共產黨」的「托派」政黨，他們甚至在太原開過代表大會，反對中共的統一戰線政策；西安事變時，張慕陶在西安與東北軍中的極左派極力要求殺掉蔣介石，破壞中共的和平解決方針；七七事變後他又回到太原，拉起一支部隊，由閻錫山委任為上黨游擊司令，但後被中共武裝所「解決」，張慕陶遂逃至其親家高樹勳處，高又將之護送到臨汾，在剛成立的「山西民族革命大學」活動，不曾料想，卻被「民大」學生所驅逐——即一九三八年二月四日的「驅張運動」。

張慕陶被毆被扣之後，他的家又被查抄，翌日，臨汾各界群眾集會，「一致要求槍決」之。二月十六日，中共中央書記處作出《關於擴大剷除托匪漢奸運動的決定》，就此前二月四日「張慕陶惡貫滿盈在臨汾為五千餘民眾捕打，二戰區隨營學校、民大、決死隊均發布宣言傳單一致要求槍決」作出指示，要求「充分利用這一事件」，即「1、廣泛宣傳其賣國罪狀，回應、擁護山西民眾公審、槍決、沒收……要求；2、利用其破壞統一戰線具體事實，揭破各地托匪；3、切實幫助蔣、閻等加強剷除托匪漢奸的工作」。顯然，當時是希望由閻錫山來「解決」張慕陶的，但閻錫山雖對張慕陶已失去好感，又不願被人利用，於是順水推舟，把這個「麻煩」踢到河對岸的陝西，交由蔣介石的西安行營去處理了。

前述劉少奇和楊尚昆給延安張聞天的「關於山西工作情況」的報告中，還敘述了張慕陶在山西「完全破產」的經過：太原失守後，張慕陶「企圖作晉南中心區的政治主任」亦告失敗，但張慕陶仍去了晉南，並拉起了一支兩百多槍、一百多人的部隊和一個訓練幹部的學校。不過，張慕陶從前的「事蹟」被部隊上下瞭解後，「就都離開他走散了，最後只剩下十餘人」，甚至張慕陶要去陵川，還沒到，就有許多反張的「連鎖運動」，也即「漢奸張慕陶，打倒漢奸」的「連環」傳單，「待張一到陵川，群眾中反漢奸張慕陶的空氣已傳遍」，張慕陶無法立足，十幾個人的隊伍也被繳械，張慕陶一個人退回到河北兒女親家的高樹勳處，再來到臨汾。又此前太原失守前，有個曾在賀龍處當過營政委的李盤（即李石庵，曾在蘇區被打為「AB團」而逃出）是文水縣長，後李欲往晉南投奔張慕陶，被手下人驅逐，隊伍也被拉到新軍的工人自衛隊了，李本人則在後來被拘捕槍殺。那時張慕陶在離石，自命是游擊隊總指揮，卻差點被當地政府逮捕。這似是說張慕陶當時還有一些號召力。不過，相比於陳獨秀，張慕陶更「冤」——他不獨不是「日寇偵探」，也沒有參加過「托派」，張慕陶在被關押時已有申訴，一切都是子虛烏有：什麼「托派」，他不過是因為反對王明等獲勝的六屆四中全會而被開除出黨（此前係中共六大代表、順直省委組織部長和省委書記）的；什麼「偵探」而「告密」殺害吉鴻昌，原來他曾協助馮玉祥發起建立「察綏抗日同盟軍」，與吉鴻昌等共同抗敵，後因中共政策「左傾」的影響和國民黨破壞，此一部隊被瓦解，張慕陶亦被通緝，（後化名馬雲程逃往山西，在運城師範學校等地任教，期間講授馬克思主義政治經濟學等，利用講壇宣傳革命）吉鴻昌則在天津租界被捕犧牲；其他等等，也未見有實證。

由張慕陶事件還帶出其他的山西「肅托」事件。當時從延安到了山西的趙儷生先生沒有想到：離開延安，自己仍然碰上了「肅托」的慘劇——曾參加過山西著名抗日部隊「夏（夏縣）支隊」的趙儷生回憶說：「左傾盲動主義在這支部隊裡也非常嚴重」，一天夜裡，「第七中隊長王毅哉等八人就以『托派』嫌疑在黑夜中突然被包圍槍殺。康生從崑崙山上帶下來的風，很快也刮到夏縣來了」，那「八個人中有兩人是大革命時期的老黨員，在盲動的『肅托』中也一同被殺害。」

上述劉少奇、楊尚昆給張聞天的報告中也提到：當時在山西一些地方，「當地的犧盟（會）人員（恐有地方黨在內），在敵人南下的混亂時期中，曾提出『建立統一戰線新政權』的口號，成立人民武裝委員會的政權機關，許多作法也較過左」等等。而「夏支隊」的舊案，據說一九八五年十一月中共山西夏縣縣委已發出文件，予以平反，將這些人的家屬按犧牲軍人家屬優待，「但這已經很可憐了」。（趙儷生：《籬槿堂自敘》）此外，還有一些例子，如李一氓後在一篇記述和描寫「皖南事變」中犧牲的新四軍女戰士《楊瑞年和她的弟弟》的〈讀後記〉中，提到並懷念壯烈犧牲的楊瑞年，他說：楊瑞年是一名南方女子，抗日戰爭爆發後來到山西臨汾，參加進八路軍一一五師的「學兵隊」，「當時不知為了什麼原因，或者有什麼可疑的形跡，引起學兵隊領導人的懷疑，真率的說罷，就是有『托派』嫌疑」，「學兵隊結業以後，就不敢留她在北方分配工作，所以轉而千里迢迢，介紹到新四軍來」，但她那個「嫌疑」也一同被「介紹」來了，即「這個嫌疑，臨汾學兵隊領導人是清楚介紹了的」，於是，楊瑞年「結果當然得不到信任，在考慮人事安排的時候，總是有所顧慮」。然而，又是這樣一個無端遭到懷疑的女戰士，卻英勇犧牲在「赤石暴動」中，當時楊瑞年身中三槍，仍然高呼著「中國共產黨萬歲」，她的烈死甚至讓一個執行槍殺新四軍俘虜的國民黨憲兵都驚駭了。多年後的李一氓不禁發問：「她，楊瑞年同志，一個二十幾歲的還極為年輕的女戰士，勇敢的，非常勇敢的，在集中營中犧牲了。誰能下這個結論，一個托派嫌疑分子？」與此同時，由王明的演說和康生的文章發端，延安和各地雷厲風行地開展「反托」運動。在延安，二月一日，八路軍發出《總司令部與野戰政治部關於整軍訓令》，要求「提高部隊反漢奸托匪高度的警覺性，並廣泛揭發托匪漢奸反革命理論和事實」；十六日，中共中央書記處發出《中央關於擴大剷除托匪漢奸運動的決定》，要求各地黨組織充分利用驅逐張慕陶的「臨汾事件」，擴大剷除「托匪漢奸」的運動，同日，中央書記處作出決定：開展反對張慕陶的運動就是「切實幫助中央政府蔣委員長、閻司令長官及各地黨、政、軍當局加強剷除托匪漢奸工作，以鞏固抗日民族統一戰線」。這時，延安還舉行了聲勢浩大的反「托匪」大會，康生在大會上報告「托匪在中國之罪惡」，延安各報刊也不斷發表文章，介紹蘇聯「反托」的情況並聯繫中國「托匪」的情況，以張慕陶等為例強調其「漢奸」的「罪惡」行為。張國燾在《我的回憶》中還回憶說：當時延安抨擊張慕陶，甚至在文藝表演中有演員扮飾反派的張慕陶，張國燾曾無意間聽毛澤東說：由「張國燾的兒子扮演張慕陶再適合不過」，張國燾於是非常氣憤等。

一九三八年五月，毛澤東在延安抗日戰爭研究會講演《論持久戰》，其中在談到平型關和臺兒莊戰役後的各種「急性病」時，毫不懷疑地認為還要「鎮壓漢奸托派」。（新版《毛澤東選集》注云：「抗日戰爭時期，托派在宣傳上主張抗日，但是攻擊中國共產黨的抗日民族統一戰線政策。把托派與漢奸相提並論，是由於當時在共產國際內流行著中國托派與日本帝國主義間諜組織有關的錯誤論斷所造成的。」）五月十三日，在武漢的周恩來會見《良友畫報》記者馬國亮的採訪，就馬提出的為何要反對「擁護抗戰」的「托派」時回答：「是的，陳獨秀雖有過這些言論的發表，不過實際的情形，托派全是第四國際在背後主使的。他們對反帝陣線正走著相反的路，勾結帝國主義，勾結法西斯。他們不僅要破壞我們目前的抗戰，而且他們的陰謀，即連各國的如英、法、美等的和平陣線也是他們所企圖破壞的。至於陳獨秀本人，我們曾屢次要求他表示正式的立場和態度，可是他終無確實的表示，所以後來我們也不再對他有什麼了。」當馬國亮表示即然如此，即「托派破壞抗日陣線，妨礙了抗戰的前進」，卻「奇怪中央政府和國民黨對此好像毫無表示」時，周恩來說：這就是剛剛開始合作中的兩黨的「小磨擦」的表現，即「他們總以為我們對托派的聲討是我們黨內部的問題，因而不加過問，其實這是不對的」。（馬國亮：《良友憶舊——一家畫報與一個時代》）但這也是不對的，即急於獲得蘇聯援助的國民黨也不會在「托派」問題上惹惱蘇聯，所以，當「根據莫斯科的指示，蘇聯大使館要求中國政府和蔣介石本人嚴懲『中國托派分子』，把他們趕出黨、政、軍機關，趕出報紙編輯部、趕出大學」時，「在莫斯科的壓力下，國民黨政府採取了逮捕和其他懲治措施。」（列多夫斯基：《史達林與中國》），這其中最有名的例子，比如胡宗南槍斃張慕陶等等。

王公度「托派」案

至於陳、張、王三大案中最後一個「托匪王公度叛國」案，康生在他的文章中聳人聽聞地說：「駭人聽聞的是，在此案中發現了日寇關東軍的印信和托匪與日寇破壞中國抗戰的計畫。這無怪廣西當局對於托匪這種喪盡天良的叛逆處以極刑。」那麼，事實是怎麼樣的呢？

王公度，廣西人，曾在大革命中與李宗仁的弟弟李宗義、李宗仁的妻弟韋永成一同留學蘇聯，返國後成為李宗仁的祕書。王公度得到李宗仁的重用，（所謂廣西的「第四號人物」，僅在李宗仁、白崇禧、黃旭初之下）是廣西李宗仁內部組織「國民黨革命青年團」、「國民黨革命同志會」的靈魂，在蔣、李相爭時，被蔣介石國民黨特工視為必欲除之而後快的對象，而王公度在廣西的顯赫位置又引起了廣西內部其他派別特別是軍隊（如李品仙、廖磊、夏威等）的忌視，王公度又主張「聯共」，張雲逸祕密訪問桂林與桂系談判就是他安排的，於是引起廣西內部一些軍隊將領的嫉恨，南京方面也適時採取反間計，致使王公度在抗日戰爭爆發不久即被逮捕，而所以稱王公度為「托匪」，是王公度在廣西曾延攬留學蘇聯的同學開辦南寧軍校，政治教官中有當時「托派」的「我們的話派」的陸淵、張特、區芳等，這些人在學校中有所宣傳和鼓動，於是就視王公度為後臺了，所謂「一年以來省內思想紛歧，史（史達林）派托派到處活動，在學校中時搞學潮，最近方覺其組織，今日德公（即李宗仁）將王等看管。」（《黃旭初日記》）但「看管」、逮捕乃至槍斃王公度，並不是因其是「托派」，而是廣西內部的權利之爭以及王公度的方針（如「聯共」）與許多權要發生分歧，所以有人就建議李宗仁以「托派」之名殺之，以為對外解釋的口實。這個建議者的徐亮之，後來著有《亮齋隨筆》，其中直言當年王公度、謝蒼生之獄（共殺五人，皆廣西黨政高幹），所以「歸托派，欲因抗日釀桂亂」，即假以「托派」的罪名，「托派」則「實非也」，而真正原因：遠因是「開罪軍人，排擯外客」，近因則是其「坐訂所謂政治綱領，有『前方爭取地位，後方聯絡中共』二語故」。王公度被「托派」的名義殞命，實為大冤。

「王公度案」亦稱廣西「第二次清黨」，王公度等被殺後，一時謠諑蜂起，當時在廣西的一批「紅色教授」如陳望道、鄧初民、施復亮、馬哲民、馬宗融等，也被稱為「王黨」，險遭不測，有人意欲加害，囑當局「一網打盡」，好在李宗仁等網開一面，將之「禮送出境」而已。此後，曾與王公度一道代表廣西方面與中共接觸的劉仲容，在「文革」中向有關方面查詢關於王公度「托派」

案，他被告知那是康生的指稱，即康生欲以此打開「倒周」的一個缺口——當年周恩來是建議聯合桂系一同抗日的。這樣，當年的「王公度案」，就真相大白了。

王公度「托派」案絕不僅僅是孤立的，由此又涉及到中共廣西的黨組織內部。在一九三九年夏秋之際，中共中央南方局先後作出撤銷中共廣西省工委、停止發展黨員等決定，其原因之一是為了進一步鞏固和發展與桂系勢力的統戰關係，但當桂系集團中冒出一個王公度「托派」案之後，上級黨組織開始懷疑在廣西地方黨中間混入有「托派」勢力，如在一九四〇年所作的《廣西黨的工作情形》中無端猜疑「廣西（黨）在組織上是完全不嚴密的，和托派混作一團」；一九四一年所作的《廣西黨組織情形》中又重複了這一錯誤看法，因而所以撤銷省工委就是考慮和「擔心廣西黨內可能混有托派分子」，並且「切斷與右江黨組織的關係問題，也擔心右江黨內有這個問題」。（〈對一九三九年南方局作出撤銷「廣西省工委」等項決定的探討〉，見《南方局黨史研究論文集》），而且「後來反托發展到只要你不是我們黨員，但你有進步表現、左的表現，也會被懷疑是托派」，「當時反托弄得草木皆兵」。（侯甸：《烽火年代的回憶》，見桂林「八辦」紀念館編《漓水烽煙》）只是到了解放以後，才經過審查，廣西地下黨組織內部並沒有混進一個「托派」，所有曾經被懷疑是「托派」的黨員得到平反。

「反托」鬥爭的繼續和尾聲

一九三八年十月在延安召開的中共擴大的六屆六中全會上，雖然批評了王明「一切經過統一戰線，一切服從統一戰線」的右傾路線，但王明和與會者在發言中仍然繼續抨擊「托派」，因為在這一問題上王明仍持有「主流話語」，而且是他在黨內仍發揮影響的重要砝碼之一，史達林和蘇共中央的態度也不能不顧及到，且中共反「托」是與共產國際和蘇共「保持一致」的一個姿態，於是，「托派」繼續受到猛烈的挾擊，王明在大會上指責「托洛茨基奸徒是最狡猾的日寇奸細」，他還以大量的篇幅描述「托派」的「罪惡」，即其理論為日寇所歡迎、其兩面派手段和方法、極力鑽入軍隊和地方武裝、國際間諜網之聯繫、墮落成法西斯主義的工具，等等。王明著力抨擊「托派」理論的反動性，羅列「托洛茨基主義理論（所謂不斷革命論）的反動根源」是不相信農民革命革命作用、工人階級力量、國際無產階級力量等，並以「蘇聯數次破案托派分子的供詞」為證。關於「托派」在中國革命問題上的錯誤根源，王明認為是他們「不瞭解中國半殖民地革命的特點，將帝國主義國家革命與殖民地革命混為一談」和「不瞭解中國封建餘孽的特點」等，並以張慕陶、王公度為例。王明最後強調：「在黨發展及統一問題上，特別注意日寇利用其走狗——托匪等混入以兩面派手段作祟問題。」於是，六中全會的《政治決議案》裡也就將「厲行鋤奸（漢奸、敵探、托洛茨基分子等）運動」列為「當前緊急任務」之一，並「特別喚起全黨提高警惕性，以銳敏的注意力去嚴防日寇及其走狗——托洛茨基分子及一切漢奸和反共的分子們在共產黨內部外部所進行的各種挑撥離間和破壞危害的陰謀詭計，以布爾塞（維）克應具的黨性來揭發和反對一切公開的和暗藏的（採取兩面派方法的）反黨的和危害黨的分子。」會後，中共中央又作出《關於反奸細鬥爭的決議》，認為「目前日寇漢奸正加緊奸細活動，以實行其誘降反共的陰謀。敵人不僅公開地在軍事上圍攻八路軍，政治上破壞共產黨，而且隱蔽地派偵探奸細混入我們的內部，來瓦解我們的軍隊與政權，破壞黨的組織」，因此，必須在內部加緊「反奸」。

值得注意的是幾位曾犯過左傾錯誤路線的「二十八個半」的成員在會議上也強調反「托」，他們在與「王明路線」劃清界限的同時卻依然執著地抨擊「托派」。時為中共中央總書記的張聞天在會議上提出：「與托派鬥爭中應該注意之點」即「反托」，中、蘇不同，在蘇聯「托派」已沒有群眾基礎，蘇聯已是無階級社會，所以殘存的「托派」只好採用「祕密、暗殺、暗探、隱藏、兩面派方法」，對之相應也就要採取「逮捕、公審、槍決的辦法」；中國呢？「托派」尚未被廣大人民周知，其「左」的資本還未用盡，所以仍可欺騙極左分子和落後分子，它可能會依靠國民黨的頑固分子而得以生存，而且中國處於抗戰和各階級合作一致對外的時代和階段，階級關係尤為複雜，於是也就不能低估對「托派」鬥爭的複雜、艱巨。他認為「不要輕易相信其悔過自新等的甘言蜜語」，這顯然是針對羅漢等。他還建議在「公開處決」時「應用托派漢奸的名義」，即指責「托派」是「漢奸」而誅之。博古也在會議期間發表〈論抗日民族統一戰線的發展、困難及其前途〉（刊十月十七日《新華日報》），其中指出須「特別警惕國際間諜販子托派的兩面派的陰險的活動，反對這些出賣祖國為日寇服務的奸細，反對托派的鬥爭，不是什麼共產黨內之爭，而是全中國愛國志士們反對漢奸鬥爭之一個重要部分。某些想利用托派為反共警犬的們，應該明白這是危險的弄火，不戢將自焚。不反對這個破壞統一戰線的專家魔師，不斷絕他施展挑撥陰謀一切可能，則抗日民族統一戰線將必然地受到他們的危害。必須把這些狡猾的敵人的狠毒的祕密走狗迅速的加以揭露，堅決的加以消滅。」這樣，儘管中共六屆六中全會後確定了以毛澤東為首的中央政治局路線，整風運動的準備階段也開始進行，但「反托」也成為既定的方針，而必要的防範和錯誤的擴大化打擊也就相互糾結在一起，使得已走上成熟道路的中共在這一問題上不免又製造出一些教訓出來。

當然，或許自己經歷過左傾錯誤路線「殘酷鬥爭」的教訓，張聞天等的「反托」還是有所收束的。如胡喬木曾回憶說：一九三八年上半年，他在擔任陝西安吳（屬涇陽縣）戰時青年短期訓練班副主任期間，曾發生了一件事，「有一個名叫陳珍雄的廣東青年，原是上海復旦大學的學生，這時在青訓班學員中宣傳托洛茨基派的觀點，被如今在經濟體制改革委員會工作的廖季立同志告發。除陳珍雄以外，還有一兩個跟他觀點相同的人在共同活動。那裡正當康生回國後在《解放》週刊上發表〈剷除日本帝國主義的走狗——托洛茨基派匪幫〉一文以後不久，我和當時也在青訓班擔任負責工作的張琴秋等同志商量，決定先對陳珍雄進行批鬥，然後把他和同他一道從事托派宣傳的人逮捕起來，準備送延安處理。正在這時，馮文彬同志回來了，不久他就接到張聞天同志來的一份電報。

大意說，青訓班是辦在國民黨統治區，這是由於西安事變時形成的特殊的歷史條件（那時紅軍駐在涇陽、三原等地，紅軍開往山西抗日前線後，除為便於在西安、延安之間的運輸交通和其他聯絡，在由三原到洛川等縣城設聯絡站以外，還曾在涇陽縣的雲陽鎮設有留守處，在安吳堡也曾有傷員留駐，兩處都在三原以西不遠的地方），國民黨正在想種種辦法要取締青訓班，現在並非政權機關的青訓班竟然逮捕人，這正好給國民黨一個藉口，因此必須堅決糾正喬木等人的這個錯誤，立即把人釋放，這個電報給了我很大的教育，自己也認識到確實太幼稚，結果是把陳珍雄等經過統一戰線關係轉送到長安縣政府（那裡的縣長是黨的一位同情分子），由長安縣政府放了。」（《回憶張聞天同志》）

整風中的「肅清托派運動」

一九三九年三月，中宣部制定的《延安在職幹部教育暫行計畫》中規定：所有幹部要編班編組每天進行兩個小時的讀書學習，其中有《聯共（布）黨史簡明教程》，這部書中嚴厲抨擊了「托派」，是確定批判「托匪」之範本。當時毛澤東曾說：「《聯共黨史》是本好書，我已讀了十遍，奉勸各位也多幾遍。」後來在中宣部規定的整風學習文件（共二十二個）中，就有《聯共（布）黨史簡明教程》的結束語以及《史達林論黨的布爾什維克化》等，並彙編成《整風文獻》一書。（一九四九年時增加到二十七個文件）四月，中共中央發表《為開展國民精神總動員運動告全黨同志書》，仍然抨擊「漢奸、汪派、托派之所以成為不忠不孝不仁不義之叛逆，就是因為他們只顧少數人的私利，拋棄了全民族大多數人的共同利益」，後又號召「打擊日寇漢奸汪派托派反蔣反共、挑撥離間、和平妥協的陰謀活動」。（《中央關於精神總動員的第二次指示》）不久，國民黨五中全會後國共關係開始惡化，至六月時發生了一系列反共磨擦的事件，中共在開展粉碎國民黨反共陰謀的同時，也加緊整頓黨的組織，並要求「在審查黨員特別是審查幹部的經常工作中去發現和洗刷混入黨內的敵探奸細托派分子、叛徒和墮落分子」。（《中央政治局關於鞏固黨的決定》）

在中央一系列指示下，各抗日根據地相繼進行了「肅托」運動，由於康生等完全襲用和效仿蘇聯「肅托」的做法，（康生對此當然是得心應手、手到擒來）大張旗鼓地開展逼供信等運動，在一些地區製造了駭人聽聞的冤案，其中最嚴重的是康生故鄉的山東。發生在一九三九年春至一九四二年夏的山東湖西「肅清托洛茨基匪徒」運動，這場由蘇魯豫區黨委書記白子明、支隊四大隊政委王鳳鳴、湖邊地委組織部長王須仁等一手炮製的血腥政治屠殺殺害了包括「一二九」運動領導人之一、北平學聯常委王文彬（時湖西區黨委統戰部長）在內的一大批（六百餘人。一說三百多人）老黨員和青年知識分子。（詳見丁龍嘉、張業賞：〈山東抗日根據地「肅托」冤案的發生及糾正〉，轉引自《中共中央北方局－抗戰卷》）「湖西」的「肅托」造成的後果非常嚴重，大批黨員幹部被誣陷和被冤殺，黨組織受到嚴重破壞，群眾對黨畏懼而疏遠，這一切正好被日偽及國民黨頑固派所利用，根據地面積急劇萎縮，抗日力量受到沉重打擊，後中共中央作出《關於湖西邊區鋤奸錯誤的決定》，這才扭轉了局面。（限於當時的認識，仍認為有七人屬「真托派」，後皆查明為子虛烏有，給予了平反）但它造成的惡劣影響長期不得肅清，許多無辜被害者（甚至有孕婦）長期蒙冤於地下。（見《老照片》第十三輯的《誰之罪》等）

在晉察冀，在上年的鋤奸行動中也「挖出」了一些據稱是潛入部隊進行破壞和竊取情報的「漢奸」，為此，《解放》雜誌還發表了〈晉察冀邊區漢奸托派的賣國罪狀〉的長文，中共中央北方分局也一再肯定「關於鋤奸工作，一般較大成績，對托派破壞打擊是尤其大的」等等。一九四〇年三月，王明也在延安重印〈為中共更加布爾塞維克化而鬥爭〉的小冊子時作序，又再次攻擊「漢奸托匪分子」，說：「他們很不高興他們幾年前未曾捉到作者（即王明。筆者注）去領取那十萬元至十五萬元的賞格。」一九四一年七月二日，參與領導整風的劉少奇在中共中央華中局黨校演講「論黨內鬥爭」，述及「黨內各種機會主義產生的社會根源」和「黨內鬥爭的來源」，同時，又指出在這種鬥爭中曾出現過的錯誤傾向：「黨內鬥爭的方式，黨內批評的方式，愈激烈愈尖刻就愈好」，有的人「為了要證明自己沒有自由主義與調和主義，並證明自己是一人『十足的布爾什維克』起見，他們就離開時間空間的具體條件，在黨內進行無原則的鬥爭」，他們是一些「沒有立場的『打手』，無原則的『鬥爭家』，嗜好鬥爭的『鬥毆家』，為鬥爭而鬥爭」。劉少奇的講演又在論述黨內無原則鬥爭和機械、過火的黨內鬥爭的根源時，認為其中之一是「托派奸細反革命分子混入到黨內來，利用黨內鬥爭來破壞黨」所致。

把黨內錯誤路線和傾向歸罪於「托派」是當時整風運動中的一種趨向，這是由於「托派」的錯誤觀點和黨內左傾錯誤路線在一定程度上是相似的，於是歷史的弔詭就成為王明往往嫁禍於人以「托派」的罪名，而此時他自己卻又變成「準托派」或「托派」了。比如這年由重慶抵延安參加整風的周恩來在批判王明〈為中共更加布爾塞維克化而鬥爭〉而寫的〈關於新立三路線的研究〉筆記中，就認為王明在反對「立三路線」時「不僅未擊中立三路線的要害」，「還暗藏了許多托洛茨基主義的觀點」，比如當「立三路線」是「準托派」觀點（如否認世界資本主義發展不平衡規律）、或竟是「托派」觀點（如在革命轉變問題上的「不斷革命」論）時，王明與之並無不同，「也是個急於轉變論者」，即肆意擴大中國資本主義的發展，急於向非資本主義前途轉變等等。

王實味案

一九四二年，延安整風中又發生中央研究院的王實味「托派」的問題。

這年二、三月間，中國文藝研究室研究員的王實味在院牆報《矢與的》和《解放日報》、《穀雨》等連續發表〈政治家、藝術家〉、〈野百合花〉等文章，認為延安也有「黑暗」，譏諷「歌囀玉堂春，舞回金蓮步的升平氣象」和「衣分三色，食分五等」的等級制度等。六月十九日毛澤東在中共中央政治局會議上的發言中說：「現在的學習運動，已在中央研究院發現王實味托派。我們要發現壞人，拯救好人，要有眼光去發現壞人，即托派、日特、國特等三種壞人。」（《毛澤東年譜》中冊）《毛澤東年譜》作注時引用公安部一九九一年二月七日《關於對王實味同志托派問題的複查決定》，稱：「在複查中沒有查出王實味同志參加托派組織的材料。因此，一九四六年定為『反革命托派奸細分子』的結論予以糾正。」

關於王實味案，起因是這樣的：這年春天開始普遍整風，一時有發揚民主的氛圍，王實味發表〈野百合花〉等文章，對他在延安所看不慣的現象（如等級制度、教條主義、跳舞等）進行言詞尖銳、冷嘲熱諷的批評，不久對他這種帶有片面性的意見，研究院予以反批評，出發點原本是解決思想問題，後來卻被認為是王實味以青年代表自居，挑撥青年與黨的關係，宣揚極端自由主義（即極端民主化）和絕對平均主義，又主張和宣傳資產階級文藝觀，要害是攻擊、誣衊延安以及共產黨、共產黨的幹部。此後，又有人揭發他與「托派」王凡西、陳其昌等（皆其北大同學）有過聯繫，並曾翻譯過《托洛茨基傳》的部分篇章，（王實味在此之前曾向組織交代過）王實味也說過一些諸如「史達林人性不可愛；季諾維也夫等人的叛國案可疑」等的「托派」話語，隨即康生插手，將之升級為政治問題，並追查其「托派」問題，王實味的上級、編譯室主任陳伯達也參與誣陷王實味是「托派」，陳伯達且揚言自己早已嗅出王實味文章中的「托派」氣味，（實際是王實味與陳伯達商榷的文章，為陳伯達所不滿）當然，一與「托」字相聯繫，自然也就成了敵我矛盾了，何況國民黨很快利用此事件大做文章，在後方收集、刊印了王實味的文章，藉以打擊延安、打擊中共在大後方人民群眾中的威信，於是，王實味的問題迅速「升溫」，延安開始對王實味予以有組織的、猛烈的批判，毛澤東也在高級幹部學習會上對延安一時出現的「輿論自由」一錘定音：「丁玲是同志，王實味是托派。」丁玲、艾青、周文等隨即也對王實味展開攻勢，范文瀾也認為王實味是「托洛茨基分子」，艾思奇等則揭發王實味「用走私的方法散佈托派思想」，康生又添油加醋說王實味還是「藍衣社特務」，這一切讓站在一邊冷窺的東北大漢蕭軍看不下去了，他挺身為王實味抱屈，毛澤東卻說「這事與你無關，你不要過問」。後王實味被開除出延安「文抗」，「文抗」負責人周揚發表了經毛澤東審閱、又被丁玲等稱為「是如何將學術問題上升到政治高度的範本」的〈王實味的文藝觀和我們的文藝觀〉的長文，隨即，王實味被開除出黨，後來在「搶救運動」中被關押在西北公學接受審查，直到一九四六年，康生主持的中共中央社會部判定王實味係「反革命托派奸細分子」，後又在戰爭狀態下將之處決。

在對王實味展開批判的同時，延安開始廣泛進行「反特務、反奸細」的鬥爭，中共中央且成立了「反內奸鬥爭委員會」（劉少奇主任，康生、彭真、高崗副主任），整風進入了「不僅要弄清無產階級與非無產階級（半條心），並且要弄清革命與反革命（兩條心）的問題」的階段，即在糾正了幹部中的「非無產階級的思想」之後，還要「肅清黨內暗藏的反革命分子」。這項活動由中央社會部部長康生直接領導，造成了極其混亂的局面。十二月六日，整風運動的「總學委」在《關於肅清延安小廣播的通知》中指出：「小廣播」的出現，其原因是它「對托派反革命的『人性論』、『蛻化論』的宣傳是有些臭味相投的」，而王實味等則是「反革命分子進行反黨活動、破壞黨的問題」。在同時召開的中共西北局高幹會上，「毛澤東繼康生之後講的一番話，內容是這樣：我們黨內有一部分反革命奸細、托派反動分子，以黨員為招牌進行他的活動。吳奚如就是這樣的一個人。」還有一個王實味，「他是以共產黨員的資格在這裡說話，他們五個人就組織了五人反黨集團，這些人就是王實味、成全、王里、潘芳、宗錚。」（師哲：《我的一生——師哲自述》）

吳奚如是延安文化人中第一個被「搶救」的，他是黃埔軍校畢業的，曾是葉挺獨立團政治處副主任，後為中共湖北軍委代書記、河南省委軍委委員等，被捕出獄後參加「左聯」，轉而從事文化工作，曾負責中共中央與魯迅之間的聯絡，西安事變時在張學良處辦報，後抵延安，一說「皖南事變」時逃出敵人包圍而到了延安，為「西北戰地服務團」副主任、中共長江局周恩來祕書、「抗大」教員等。吳奚如何以是「托派」，不詳，只是「當彭真在禮堂的大會上宣布說是得到了重慶方面的密電，證明這個人是什麼什麼，他當時就驚呆了，發抖了。」（王明遠：〈參加七大的前前後〉，見《憶七大——七大代表親歷記》）

在延安「審幹」和「搶救」運動中，康生等大搞「逼、供、信」的過火鬥爭，製造了大批冤假錯案，要麼是「叛徒」，要麼是「紅旗黨」，或者就是「托派」（數百人之多），他們大多數被關押，有的被逼瘋，有的憤而自殺（如四川地下黨的省委書記鄒風萍等。又如柯慶施的妻子也因丈夫被誣而跳井）。這是自山東、晉察冀等根據地「肅托」、「反奸」等運動出現冤假錯案之後又一次較大規模的重大失誤。由於這次「反托」牽涉的面很大，除了延安和各根據地，還有活動在國統區的中共黨組織內部等也開展了「肅托」，只是迄今尚缺乏相應的檔案和歷史材料的說明，更由於「托派」一案長期沒有得到澄清，許多當事人也因種種原因對此隻字不提，只有楊獻珍等少數人後來因為深受黨內左傾錯誤的殘酷迫害、於是反省到當年自己也曾深陷於左傾的迷霧中參加了類似「反托」的左傾錯誤，他們以過來人的身份在他們的晚年以不同的方式進行了懺悔，如楊獻珍在一九八〇年對他的平反大會上做自我批評和反省，除了「三反」和「反右」兩次建國以後的左傾運動之外，另一次就是在一九四四年北方局黨校的整風審幹時傷害了自己的同志，如將冀南行署的副主任劉建章打成「托派特務」，並且還動手打了人，楊對此表示愧疚終生，他還在中顧委的整黨會議上說：這是「忠誠的愚蠢，愚蠢的忠誠。」

一九七八年中共十一屆三中全會，陳雲提出康生問題之後，中組部陳漫遠等揭發出康生的問題，如當年不僅殺害了王實味，還殺害過其他的「托派」，（見于光遠：《我親歷的那次歷史轉折——十一屆三中全會的臺前幕後》）這在師哲回憶中也有記載：師哲與陳郁當時曾參觀過延安白求恩和平醫院，發現竟有用於醫學解剖的幾具男屍，據護士解釋，那是由康生批准「處理」的「反革命分子」，即「以醫病的名義送來，然後處理的」。其中不僅有中國人，甚至還有外國人，師哲還回憶一九四六年十月（一說翌年七月）胡宗南揚言進攻延安時，康生曾下令突擊處決一批「外國人嫌疑犯」，「其中有三名俄羅斯人，一名南斯拉夫人」，「康生指示保安處：在行進中將這四個外國人和王實味一起處決了」，「處決後將屍體塞進一個枯井裡」。（據群眾出版社一九九三年出版的《王實味冤案平反紀實》，當時在康生手下工作的中央社會部「王實味案」的負責人之一凌雲回憶：王實味等是在行進至山西興縣時，由晉綏公安總局請示康生同意，予以處決的）後來被胡宗南部隊發現了，「胡軍將屍體拉出來陳列示眾，大肆張揚了一陣。此事對我軍聲譽和影響極為不利，彭德懷極為不滿，大發脾氣」云云。又據朱鴻召《延安文人》一書中對延安「審幹」和「搶救」運動的描述，雖經運動後期一九四四年的平反，尚有百餘人被關押在邊區保安處，到撤離延安時這些人都被祕密殺害了，這其中許多人是被視為「托派」的。

至於因「托派」的罪名而被先後錯誤處決的冤魂，至今我們還不能得出一張詳細的名單，這裡只能舉出一些例子來說明。比如原紅四方面軍參謀長的李特、祕書長的黃超，就是以「托派」的罪名在新疆被關押的，當時他們由主持中共保安工作、時為八路軍駐新疆辦事處的鄧發所審問，最後，「招認是托派並已槍決了」。（張國燾：《我的回憶》）與此同時，留學蘇聯又受到長期歧視的俞秀松（盛世才妹夫）、周達文、董亦湘等，也在王明等回國時路經新疆、被其誣為「托派」而假手於盛世才欲加殺害。（當時王明等利用盛世才的投機心理，以「可以介紹盛世才加入中國共產黨，並可以從延安派人來新疆幫助盛工作為誘餌，向盛提出必須肅清此間的反革命托派分子方可」。見嵇直的回憶。《俞秀松紀念文集》）此外，除俞秀松等之外，王明等還指認了一大批在新疆工作的同志，如新疆反帝總會祕書長王壽成、保安總局長張義吾以及任岳、江澤民（即一機部顧問江克明）等，並指示將之關押，就地處理。後蘇聯方面派工作組來幫助審訊，查實「托派」活動，俞秀松等一部分人被押送回蘇聯，後來在蘇聯「肅反」時被殺害。（埋葬於莫斯科頓河火葬場，後當地將集體槍殺「政治犯」之處樹起墓碑，上面寫有「這裡埋葬著無辜蒙難者及受政治迫害而槍決的犧牲者們的遺骨（一九三〇－一九四二），永垂不朽。」）

儘管毛澤東聽說王實味被殺後表示了不滿，但當時的政治環境是「托派」人人喊打、且人人得而誅之，比如中共總書記張聞天在處決了因戀愛未遂竟槍殺陝北公學女青年的紅軍幹部黃克功後，向參加公審的群眾說：「如果他今天所殺的是敵寇，是漢奸，是托派，當然，我們就沒有判他死刑的理由。但是，現在我們不得不忍痛用一粒子彈結束他的生命。」為什麼呢？「托派」和敵人、漢奸一樣，是大可「食其肉、寢其皮」的。又據楊國宇《七大前後日記》（見《憶七大——七大代表親歷記》），毛澤東在「七大」「對歷史問題的指示」（一九四五年四月十二日）中，說到「謹防錯誤，驕必敗」時，說他在延安「打過兩個敗仗」，「一個是對王實味打了敗仗」，（另一個「敗仗」，毛澤東說是「有個瘋子（裝瘋的人）打我，對我有義憤，原因，即那年公糧負擔重」）王實味所以「打贏」了，是「王的文章抓住了小資產階級的思想，從思想上解決問題。故有不少的人，從很遠的地方跑到小鞭（橋兒）溝看他的文章，但沒有人看我的呀！」於是，「我學來兩件事，要弄通思想，要解決問題，故一整風，一要生產運動。」所以，毛澤東不滿於王實味的被殺，並不是他對終於「打敗」王實味而有所反省，恰恰相反，整風的勝利是包括了對王實味「托派」思想鬥爭的勝利在內的。

此後，在民主革命中的「反托」鬥爭，尾聲中還有一個「張滌非案」。

「張滌非案」

一九四三年七月，延安在反對國民黨擬再起挑起反共高潮時，毛澤東代《解放日報》寫社論，即七月十二日發表的〈質問國民黨〉（收入《毛澤東選集》第三卷），文章中提到：「國民黨為了反對共產黨，辦了幾百個特務大隊，其中什麼烏龜忘八也收了進去。」這「烏龜忘八」中就有這年國民黨「中央社」發表消息所稱的西安某「文化團體」開會，「決定打電報給毛澤東，叫他趁著第三國際解散的時機，將中國共產黨也『解散』，還有一條是『取消邊區割據』。」西安「文化團體」開會，毛澤東在社論中還具體標明它是受了國民黨「中統」的指令而行動的，而且是「一個以在國民黨出錢的漢奸刊物《抗戰與文化》上寫反共文章出名，現充西安勞動營訓導處長的托派漢奸張滌非」發起的，即「於六月十二日那天，就是說還在中央社發表消息這天以前二十五天，就召集了九個人開了十分鐘的會，『通過』了一紙所謂電文」。社論還質問國民黨為什麼圖謀「解散」共產黨而「偏偏不肯多少用些力量去解散若干漢奸黨和日本黨」，這當然也是指的「托派」，並質問所謂已「破產」的馬克思列寧主義之外，「別的都是好傢伙嗎？」這如「張滌非的托洛茨基主義」。所以，社論進而要求國民黨「取締中央社」、「懲辦漢奸張滌非」。隨即，延安民眾開會聲討「西安的反共特務頭子勞動營訓導處長著名托派漢奸張滌非，竟敢公開在西安召集會議，假造民意，狂吠解散共產黨，取消邊區」，並稱其為是「日寇第五縱隊」，要求蔣介石、胡宗南「立即逮捕著名托派漢奸日寇第五縱隊分子張滌非，並懲治其破壞團結抗戰的反革命活動」。（《延安民眾抗戰六週年紀念大會關於呼籲團結反對內戰通電》，七月九日）

說張滌非是「托派」（以及「開了十分鐘的會」的「九個人」），筆者未見有詳實的說明，而且張滌非其人也似並非「著名」。關於張滌非，後來我們的歷史、黨史書籍中都鮮少有敘述，更不用說論證其何以是「托派」了。查目前已出版的幾本大部頭且權威性較強的黨史著作，如一九九九年七月湖南教育出版社出版的《中國共產黨通史》，第四卷〈抗戰的中流砥柱〉在敘述至「遏止國民黨頑固派的第三次反共高潮」時說：繼蔣介石拋出《中國之命運》和共產國際宣布解散後，一九四三年六月十二日，西安勞動營訓導處處長、復興社特務頭子張滌非召集主要是國民黨「CC」特務參加的所謂「文化團體」開會，侈談利用共產國際解散的機會，打擊中共，並發布致延安的通電，稱：第三國際解散係為加強盟國團結，且「馬列主義已經破產」，要求「解散共產黨和邊區」以加強中國的團結等。此後，七月六日，國民黨「中央社」對之大肆報導和宣傳，由此也帶動了其他地區所謂「民眾團體」的集會要求等。這裡，張滌非原來的「托派」被置換為「復興社」特務頭子了，顯然是所謂「托派」的頭銜因為說不通，這才換了說法的。同樣的出版物還如二〇〇一年上海人民出版社出版的《中國新民主主義革命通史》第九卷〈同盟抗戰，贏得勝利〉中的解釋以及《中共黨史資料》第四十二輯中的〈第三次反共高潮的策動與夭折〉等文章。

揭露張滌非似是中國共產黨奪取全國政權之前在根據地之外最後一次公開的、一定規模的批判、肅清「托派」的政治運動，而根據地內部則始終都沒有停止對所謂「托派」的肅清（即「肅托」），甚至釀出了如山東抗日根據地「肅清托洛茨基匪徒」的重大冤案（殺害六百餘人），其他根據地也不同程度存在著「肅托」的冤屈案件，如《王力反思錄》中提到江蘇南通抗戰時第一任的民主政府縣長顧民元，「在『肅托』時被自己人誤為托派殺了」等。

幾乎同時，國民黨政府也一直關押著一些「托派」分子。就在後來五〇年代大陸開展的反對「胡風反革命集團」的運動中，毛澤東親為舒蕪上交的「胡風集團分子」的書信作「按語」，在《材料》的第二則中他提到：胡風集團，「過去說是『小集團』，不對了，他們的人很不少」，「他們的基本隊伍，或是帝國主義國民黨的特務，或是托洛茨基分子，或是反動軍官，或是共產黨的叛徒，由這些人做骨幹組成了一個暗藏在革命陣營的反革命派別，一個地下的獨立王國」，這是因為書信中有「胡風分子」的緣原曾在抗日戰爭中的「中美合作所」工作過的文字而引申出的結論。不過，給歷史開玩笑的是，不僅緣原等根本不是「特務」，甚至他也未曾赴那個「中美合作所」工作過，而毛澤東「按語」中所指陳的「托派」，其中有的正是曾經與「中美合作所」共用惡名的「白公館」、「渣滓洞」中所關押的國民黨的政治犯，如在重慶解放前夕被國民黨殺害的王樹本和王振華、黎潔霜夫婦等。（這還有曾給魯迅寫過信的陳其昌，他後來被日本特務所殺害）甚至他們的一個男嬰也沒有掙脫國民黨特務的魔掌。一九四九年十一月二十七日，當解放軍的炮火逼近白公館時，毛人鳳下令將關押的「托派」同其他革命志士一併殺害。（見《蔣介石特工密檔及其它》）在這場大屠殺的死難者中竟還有一對「托派」夫婦的男嬰，然而不同於人們所熟悉的「小蘿蔔頭」，只因為他是「托派」的孩子，後來人們對他、以及那些被屠殺的「托派」父輩們，根本不曾投去過一絲同情或憐憫的目光，反之，只有一頂永遠卸不掉的「原罪」的「帽子」。

新中國成立後的「反托」和「托派」案的水落石出

新中國成立後，殘存的中國的「托派」被悉數關入監獄，特別是一九五一年發布《關於懲治反革命分子的條例》後，在一九五二年十二月二十二日一夜之間突擊逮捕了全部「托派」，這如杭州，夏承燾先生在其二十三日的日記中記錄了當時杭州公安廳長王芳的講話，即：「晨四時在師院捕去托派分子十餘人。」夏表示「此可驚訝」。一所高校就捕去了十餘人，可見當時逮捕的「托派」是一個可觀的數字，他們後以服刑、管制等形式失去人身自由，至一九六四年全國的「托派」犯人被集中到上海（杜畏之除外），除已被判決十年以下刑期的犯人出獄外，這有八位無期徒刑犯、三位十五年刑期的犯人、五位十二年刑期的犯人，以及四位尚未判決的鄭超麟、尹寬、喻守一、黃鑒銅，合二十餘人，他們於一九七九年前後才被陸續釋放。

在隨後的歷次政治運動和準政治運動中，「托派」的罪名也一直是抨擊運動對象的一個致命的「帽子」，而「托派分子」的稱號也如一把高懸空中的德摩克里斯利劍，時刻威脅著不慎在政治問題上犯有錯誤的人，這如一九五二年「三反五反」運動時的「《學習》雜誌事件」，（當時在這個中宣部主辦的理論刊物上，許立群、艾思奇、于光遠、吳江等撰文對民族資產階級有不適當的估計）陳伯達以為其錯誤性質是「半托洛茨基主義」，是「受了托洛茨基的襲擊」等等。（見黎之：《文壇風雲錄》）前者則比如一九五五年開展對「胡風反革命集團」的鬥爭，毛澤東親自在《關於胡風反革命集團的材料》的按語中特別指出：「過去說是一批單純的文化人，不對了，他們的人鑽進了政治、軍事、經濟、文化、教育各個部門裡。過去說他們好像是一批明火執仗的革命黨，不對了，他們的人大都是有嚴重問題的。他們的基本隊伍，或是帝國主義國民黨的特務，或是托洛茨基分子。或是反動軍官，或是共產黨的叛徒，由這些人做骨幹組成了一個暗藏在革命陣營的反革命派別，一個地下的獨立王國。」隨即，《人民日報》社論〈必須從胡風事件吸取教訓〉即把「胡風反革命集團」的「基本骨幹」歸為「帝國主義國民黨特務；反動軍官；托洛茨基分子；革命叛徒；自首變節分子」等等。（它所株連和涉及到的劉雪葦等也都被打成了「托派」）再如一九五八年對王實味的〈野百合花〉、丁玲的〈三八節有感〉、蕭軍的〈論同志之「愛」與「耐」〉、羅烽的〈還是雜文的時代〉、艾青的〈瞭解作家，尊重作家〉進行「再批判」，所以以王實味打頭，也是為了突出他「托派分子」的「政治痲瘋病」的「感染性」，正如後來「文棍」姚文元的大作《評反革命兩面派周揚》一文中所叫罵的：「其實，在延安的時候，他（周揚）同王實味、丁玲、蕭軍、艾青等托派分子、叛徒、反黨分子是一路貨色。」有了「托派分子」開道，這「貨色」就臭不可聞了。在「文革」中，有一份題名為「徹底砸碎三〇年代以周揚為首的反革命托派集團」的小報，內稱周揚和胡喬木等利用「中斷與中央的關係」參加了托派集團，這一「集團」的成員還有夏衍、陽翰笙、鄧潔、錢俊瑞、田漢等。甚至，即使是「托派」罪名的一些製造者，在某種莫名的政治威脅下，為了撇清自己與歷史上「托派」的無涉，也刻意做出一些不同尋常的舉動，這如中共十一屆三中全會期間小組發言時對康生的指控，有所謂「全國解放後康生曾派中央黨校兩個人到全國各地查找兩個托派分子。後來聽說這兩個托派分子在延安時已被康生下令槍斃了，他放心了。」（中組部陳漫遠的揭發。見于光遠《我親歷的那次歷史轉折——十一屆三中全會的臺前幕後》）此外，陳伯達等也先後被指控為歷史上的「托派分子」。

陳伯達被指控為歷史上的「托派」，是一九七〇年在廬山召開的中共九屆二中全會後開始的「批陳整風」時所「揭發」出來的，毛澤東還在《反黨分子陳伯達的罪行材料》上批示道：陳伯達「早期就是一個國民黨反共分子」。這裡的「早期」，就是指陳伯達在大革命時期被派赴莫斯科中山大學學習之時。到了翌年林彪集團的「九一三」事件爆發後，這一歷史舊案更被中央專案組在審查時所加以「證實」。當時據陳伯達在蘇聯中山大學留學時的同學「揭發」：陳伯達（當時叫「陳尚友」）曾與中山大學的「托派」甚為接近，陳伯達對「托派」的態度是從「默認」、「同意」再到給予「捐款」。（中山大學的「托派」五人領導小組成員萬志凌的「揭發」。萬是在一九五六年獲釋後回國的）他還曾惡意「誹謗」史達林是「官僚主義者」，「托派」分子的萬志凌等被捕後他還「誣衊」蘇聯是一個正在實行恐怖政策的社會主義國家、史達林則是一個獨裁專制者等。（據萬志凌的妻子陸玉所「揭發」）因此，當時他受到了「黨內勸告」的處分。如果這是事實，卻說明當年的陳伯達對「反托」運動中的「紅色暴政」是有看法的，他對「史達林主義」的殘暴也是洞察的。當然，這在「批陳」時就是「與托派坐在一條板凳上」的「罪名」了。（見葉永烈：《陳伯達其人》）而且由於與歷史上的「托派」相聯繫，其「罪名」就更加嚴重了，在他的頭上也就是沉甸甸的五頂帽子——「國民黨反共分子、托派、叛徒、特務、修正主義分子」。一九七二年七月，中央專案組做出了《關於國民黨反共分子、托派、叛徒、特務、修正主義分子陳伯達的反革命歷史罪行的審查報告》，並在附件中公布了他的「反革命歷史罪證」。此後，就是獄中的彭德懷也對陳伯達是「托派」深信不疑了。（彭德懷在中共「十大」後痛述陳伯達是「托派」）

廬山會議後「批陳整風」不久，又引發了「林彪事件」的爆發。據後來公布的林彪、林立果父子密謀發動政變的《「五七一工程」紀要》，他們在論證這場流產了的政變的「必要性和必然性」時，指責毛澤東「不是一個真正的馬列主義者，而是一個行孔孟之道、借馬列主義之皮、執秦始皇之法的中國歷史上最大的封建暴君」，「現在他濫用中國人民給其信任和地位，歷史地走向反面實際上他已成了當代的秦始皇」，而毛澤東領導下的中國共產黨，在其上層中有一個「筆桿子托派集團正在任意篡改、歪曲馬列主義，為他們私利服務」。這裡用「托派集團」來形容張春橋等，是說其理論與「托派」的異曲同工之妙，即「他們用假革命的詞藻代替馬列主義，用來欺騙和蒙蔽中國人民的思想」，「他們的社會主義的實質是社會法西斯主義」，而「當前他們的繼續革命論實質是托洛茨基的不斷革命論」。（引自王年一：《大動亂的年代》）這裡所涉及的要害就是毛澤東的「無產階級專政下繼續革命」的理論與「托派」的「不斷革命論」有無共同之處？這雖然聽上去有些「八竿子打不著一道」，卻也耐人尋味。對此毛澤東也曾經有一個解釋，那是「大躍進」的一九五八年一月的一次講話，毛澤東在批評了有人說「趕超戰略」是「好大喜功，急功近利，卑視過去，迷信將來」後說：「我主張不斷革命論，你們不要以為是托洛茨基的不斷革命論，革命就要趁熱打鐵，一個革命接著一個革命，革命要不斷前進，湖南人常說『草鞋無樣，邊打邊像』。托洛茨基主張民主革命未完成就進行社會主義革命，我們不是這樣，如一九四九年解放，接著搞土改，土改剛結束，就搞互助組，接著又搞初級社，然後就搞高級社。七年來就合作了，生產關係改變了，隨著就搞整風，趁熱，整風以後就搞技術革命，像波蘭、南斯拉夫建立民主主義秩序，搞七、八年，出了富農，可以不建立新民主主義政權，還要團結一切可以團結的力量。」（《在最高國務會議上的講話》）

此後，根據一九八八年四月蘇聯塔斯社的報導：蘇共中央政治局設立了重新研究蘇聯三〇年代到五〇年代被迫害的一系列政治事件的材料委員會，經過審查和高等法院的覆核，蘇聯對三〇年代莫斯科公開審判的「托派」三大冤案撤銷了原判並進行了徹底的平反，它們即是一九三六年的「托洛茨基—季諾維也夫反蘇聯合中心案」、一九三七年「托洛茨基反蘇平行中心案」和一九三八年「右派——托洛茨基聯合反蘇案」。但在中國，「托派」問題仍未提到議事日程上來。

一九七九年六月，被稱為中國「托派」最後一人的鄭超麟先生在始終未被起訴也未被判決的情況下被關押了二十七年之後出獄，隨即他三次上書中共中央要求給中國的「托派」平反，但未得到回應。後來他的《回憶錄》、《懷舊錄》相繼由「現代史料編刊社」（一九八九）和「東方出版社」（一九九六、一九九五）出版，作為「內部發行」。（同時相繼出版的還有《後期的陳獨秀及其文章選編》、王凡西《雙山回憶錄》、盛嶽《莫斯科中山大學和中國革命》等）前一本書是作者一九四五年所作的十章回憶（大陸版刪去了〈戀愛與政治〉一章。香港還出版有《史事與回憶——鄭超麟晚年文選》）和一九八〇年所作《陳獨秀與托派》的合集，後一本書是他被釋放、獲得公民權並被增補為上海市政協委員後所寫的二十八則回憶，這兩本書中，作者的政治觀點絲毫未變，這位「思想犯」一直堅持自己的信仰，他又於耄耋之年親眼看到蘇聯的解體和中國的改革開放，書中於是回顧「托派」謎案中的一個關鍵問題和爭論——「一國能否建成社會主義」，鄭超麟毫不隱諱地說：「世界上惟有我們托洛茨基主義者敢於理直氣壯地作出這個斷言，因為世界上惟有我們托洛茨基主義者幾十年來始終堅持一個國家或幾個落後的國家不能建成社會主義。我們從來未曾承認過蘇聯以及其他所謂『社會主義國家』實行的制度是社會主義制度。」他認為：「二十世紀世界歷史上一場最大的爭論，綿延將近七十年的爭論，終於做出結論了：托洛茨基是對的，史達林是錯的。」他甚至興奮地表示：「我還能活下去，看得到第二次世界革命浪潮爆發嗎？」對此，賈植芳先生說：「托派有這麼一個理論觀點，即托洛茨基等人認為俄國由於社會經濟條件落後，基本上還有農業國家，又有長期的沙皇專制政治的歷史傳統，『俄國一國建設不成社會主義』，如果強行建設的話，很可能會出現亞細亞專制主義的復辟。」這「不幸言中」，一九九一年蘇聯解體「也就證明了這種理論的正確性」。事實也說明當年「中國社會性質」討論中一些人提出的中國以「東方亞細亞社會」的特點，必須經過商品經濟的充足發展才可以建成社會主義，從而避免「可能導致封建主義與亞細亞生產方式的復辟」，「這顯然是比那種所謂的『馬克思加秦始皇』的社會主義要明智而且人道得多。」（《一位值得紀念的長者》）事實上，歷史上「一國建成社會主義論」在實踐中還有蘇聯為自己的利益和在世界上的優勢不惜犧牲其他盟國為代價的弊病，它變成了徹頭徹尾的「大國沙文主義」（中國曾批判為「社會帝國主義」），其中的教訓是十分深刻的。

鄭超麟的回憶得以出版是耐人尋味的，而書中的史料價值更彌足珍貴，此外，他的詩集《玉尹殘集》和翻譯作品《諸神復活》、《從蘇聯歸來》也相繼得以出版（湖南人民出版社和北京三聯書店、遼寧教育出版社等），這預示著「托派」問題已經接近實際的「平反」和解決。尤其是鄧小平去世後，因他與鄧小平的歷史交往，他的名字和鏡頭畫面也出現在廣泛被人關注的鄧毛毛（即鄧榕）《我的父親鄧小平》一書和大型文獻紀錄片「鄧小平」中，鄭超麟、「托派」，被人們重新記憶起來。

其實，已經有許多人陸續提出重新審查、複議「托派」的問題。一九八一年中共成立六十週年學術討論會上，蕭克將軍仗義持言，力主突破「陳獨秀問題」的「禁區」，並且要回答「中國的托陳取消派和外國的托派有什麼區別？他們的綱領如何？對國民黨蔣介石政權的態度如何？對共產黨的態度如何？對帝國主義尤其日本帝國主義的態度如何？在國民黨監牢裡的態度如何？出獄到去世時的政治態度如何」等一系列的問題。一九九二年，李維漢臨終前委託溫濟澤為王實味平反的紀實文獻《王實味冤案平反紀實》由群眾出版社出版。（延安整風時發生的「王實味案」，是由李維漢「引發」、康生「定性」、毛澤東「參與造成」的，後來李維漢徹悟其非，致力於為王實味平反）書中，溫濟澤提出「要解決歷史上對『托派』的錯誤看法」。對於這種呼籲，新版《毛澤東選集》、《毛澤東文集》和《鄧小平文選》在注釋時都已有了新的說法，這實際上就是一種「平反」的表示。甚至，在文學創作領域內也出現了相應的變化。以描寫重大題材的政治小說（如《中國製造》、《人間正道》、《天下財富》等，作家出版社出版有《周梅森政治小說讀本》）聞名的當紅作家周梅森，他在中國文學史上第一次將「托派」人物用正面形象表現在長篇小說《重軛》中，即在這部「反映中國托派和早期革命者真實境況的」長篇小說中，主人公「季伯舜」是中國「托派」的代表人物，（甚至我們可以將之與中國「托派」中的某些人對號入座。他曾留學蘇聯中山大學，後因「托派」被驅逐回國，相繼參與「我們的話社」、「中國左派反對派」中央，此後長年在獄中，撰有《中國向何處去》、《孤獨的信仰者》、《不斷革命論與現階段的中國革命》、《忠於信仰的人》等，曾署名「一丁」。小說取名《重軛》，也是從主人公由蘇聯被驅逐回國時的感慨而來，即他感於「軛下拖著重負的牛，吃力地向前掙著，駕牛車的土耳其人木然地揚起了鞭子，看到那揚在空中的鞭子，我又想，在未來的革命旅途上，我會倒在馭手的鞭下嗎？我自己又會不會變成馭手，把革命的鞭子抽在自己同志的脊背上？」不幸這正是後來歷史的圖景）由此也被評論界稱許為是「中國文學史上第一個有個性有深度的托派形象」。這部小說主要描寫了三個人物：中共早期工人運動中的三位革命者和骨幹，也是戰友和同志，後來隨時間流逝，三個人中他們一個是在懺悔中度日的工人叛徒、一個是死不改悔的「托派」、一個是共和國的高幹（也「成了黨的機器上的齒輪和螺絲釘」），這一幅幾乎是戲劇性的畫面實際上正是歷史的一個縮影，其中尤其讓人感慨不已的是中國「托派」的坎坷命運，如「季伯舜」，他「一生在國民黨、日本人、共產黨的監牢裡受盡磨難，卻至死不悔，忠於自己的托派信仰，幾乎達到化境」。從「季伯舜」這一人物身上，我們似乎可以看到不是「烈士」的烈士陳其昌等、大陸身陷大獄的鄭超麟和劉仁靜等、流浪海外的彭述之和王凡西等的影子，而且顯然，作者對他們是傾入了「同情的瞭解」的。頗有興味的是，如果將之對照以前文學作品中的「托派」形象，如影響極廣的楊沫《青春之歌》，那裡面北大的「托派」王忠等是與國民黨特務聯手破壞學生運動的宵小之輩，簡直就是小丑，這一變化就是耐人尋味的了。

隨著時間的流失和社會的轉型，過去嚴酷的「階級鬥爭」意識形態和習慣思維都已經淡化，改革開放以後「撥亂反正」也相應在歷史研究中得到迴響，一些歷史上積累的錯案、冤案相繼得到糾正和重新評價，雖然其中的阻力仍然相當頑固，但是真理和事實究竟是不以人的意志為轉移而要最終戰勝謬誤和謊言的，於是，關於「托派」、關於「陳獨秀問題」等等，都已經被人重新提出來，要求複議、平反的呼聲連綿不斷，正如長久緊裹的冰山被太陽所光照逐漸融化，歷史是執著地要展示其本來面目的。當今，「托派」一詞已有了新的含義，它是指熱望出國去參加「全球化」的潮流、並以「地球村」村民的身份改變自己命運的一種嘗試——「託福」考試熱的熱衷者們。原來「政治痲瘋病」的政治辭彙，已經變成新時代的時尚，這不能不說是歷史的巨大進步！

5

「一個人的遭遇」

人，如果沒有被記載入歷史，很可能他（她）的曾經的「存在」（當然已不是跡近奢侈的所謂「我思故我在」了，而是作為肉體的存在）本身都會模糊掉了，然而，芸芸眾生，大概莫不如是，也許這就是歲月的殘酷，所謂「天地不仁，以萬物為芻狗」。

如果不是趙儷生先生晚年一紙〈記蔣苐華君軼事〉，「蔣苐華」肯定不會被人再提起了。趙儷生先生是這樣提出和質問的：如果「這種文章不寫，好多事情就要永久地淹沒了。歷史是公正的，也應該是公正的。健康的要著錄下來，轟轟烈烈的更要著錄下來，殘疾的、也就是說少胳臂沒腿的，不也應該著錄下來嗎？」那麼，是怎樣的「殘疾的」和「少胳臂沒腿的」呢？這正可以以「蔣苐華」為例。

試看趙儷生先生的描摹：「蔣福華，又作苐華，（清華大學）九級（一九三七年）社會學系學生，山西晉城人，回族。他，不高的個兒，捲曲的頭髮，一臉小絡腮鬍，戴副小眼鏡，冬天穿件半舊的棉袍。他不跛，但走起路來，像鴨子的步法，給人一種『跛』的感覺；後來我才明白，那是一種名士派的派頭，對於風格有所助長。」似乎他是一個「魏晉人物」麼，當然，山西人而讀書清華大學，自然是有做「名士」的資本的，你看——王瑤（中國現代文學史研究學者）、李健吾（法國文學翻譯家和專家）、徐士瑚（教育家）、常鳳瑑（即常風，書評家，筆者在山西大學時的鄰居，他寫過《和錢鍾書同學的日子》，當年，錢鍾書、曹禺、常風都是清華的同班同學）、梁綖武（閻錫山的妹夫，旅日文化活動家）、張民覺（科學家，「試管嬰兒之父」）、何澤慧（女科學家，人稱「中國的居里夫人」，錢三強夫人）、紀雲秀（吳宓日記中經常出現的山西女子），哪個沒有「名士派的派頭」呢？當年的清華，顯然是一所貴族學校，山西子弟讀書清華，恐怕非要有「票號」或其他的經濟背景才能去吧，比如山西有名的「大院文化」——如今晉中的「常家大院」或靈石的「何家大院」等等，不就是常風和何澤慧（蘇州的「網師園」當年也是何家的園子呢）的出身背景嗎？這更無論梁、徐之儕了（當年有「山西的四大家族」之稱），只有李健吾等少許人是有人資助的（他是山西辛亥革命遺屬麼）。筆者有幸，曾親睹過王瑤先生和常風先生的神采，王瑤先生不須多說，他的門生「平原君」有篇十分出彩的回憶文章，內稱其原在中山大學做學生，「只為先生那口銜煙斗怡然自得的神態以及那莫名其妙但確是發自肺腑的朗朗笑聲所征服，就此決心北上求學」了，此後修得正果，如今早已功成名就不亞於師傅了，而王瑤先生的「名士」派頭，更有其生前的一段「自我介紹」出神入化，所謂「邇來垂垂老矣，華髮滿顛，齒轉黃黑，頗符『顛倒黑白』之譏，而濃茗時啜，煙斗常銜，亦諳『水深火熱』之味」云云；常風先生呢，遙記當年他老人家，讀書累了，常常依在樓道門口，也是口銜一枝「淡芭菰」，一副「怡然自得的神態」，往往此時，就是小子上前與之攀談的機會，此情此景，思來不禁依依。蔣茀華呢，畢竟沒有瀟灑到最後，趙儷生先生回憶：上世紀三〇年代，正是國事魚爛的時節，他當年是中共週邊組織「社聯」的成員，與「清華園中很早的共產黨人之一」的徐高阮聲同氣求，「但他二人都有點『異端』，或者說是『不走正路的安得倫』。他二人編了個刊物《學生與國家》，請顧頡剛題的簽，在刊物中表達了他們跟正統的革命不太相同的道路。徐在天津《國聞週報》上發了他的〈談談共產黨問題〉，蔣在《學生與國家》上發了他的〈青年思想獨立宣言〉（這篇文章曾在一九三七年開明書店胡愈之主編的文摘刊物《月報》第三期被選為「讀者最愛讀的文章」之一。筆者注），這就鬧下大事了。平心靜氣而論，那兩篇東西不過是反對『左』傾路線而已，若在今日反『左』人人皆知的情況下，也算不了什麼。但在當時就幾乎等於『叛變』。試翻歷來編寫的一二九運動史上，千篇一律給他們頭上加一頂帽子；『右傾投降主義』，好大、好嚇人的一頂帽子呀。於是乎，徐高阮到了大西南，成了陳寅恪的助手。陳的《寒柳堂集》裡還收有一篇陳替徐寫的序。徐後來因病死在臺灣。那麼蔣茀華呢？他的下落知道的人很少。」

這就是「一個人的遭遇」了。「一二九」運動之後，學生運動有了分歧，「左」呀「右」呀，分道揚鑣，徐高阮出息成一名歷史學家，更有幸一度成為陳大師的助手，至於蔣茀華，前方、後方都沒有來得及，卻突遭一場變故，這也是趙儷生先生晚年回憶出來的：「忘記是從清華校友會系統得知，還是通過地下『城工部』系統得知，蔣茀華在返回老家（晉城）的路上，在陽城被殺害了！陽城那地方我待過，情況很複雜，中央老三軍的部隊有，四川四十七軍李嘉裕的部隊有，閻記舊軍陳長捷的部隊有，薄一波、戎武勝的『決死』一、三縱的部隊有，十八集團軍的一二九師的部隊有……一直到現在，誰也弄不清楚蔣茀華是誰人，為什麼被殺害的，成為一樁千古懸案了。」嗚呼哀哉。

趙儷生先生還回憶說：蔣氏，其岳父（或祖岳父）是馬駿。馬駿可是山西歷史上知名的人物，他出身清末太原的山西大學西齋，以及英倫的牛津大學，這可是山西人中很少有的，此後他加入同盟會，後來成為晉軍的一名大將，一如趙先生所說：「馬駿和張培梅是閻錫山部下的老軍官，新一輩軍官提到這兩個名字，都會流露一股害怕的神氣來。」為什麼「害怕」？那是其人曾有「山西屠戶」的稱謂，以職任「山西省查禁毒品委員會督辦」、「執法處長」，馬駿的屠刀自然是不吃素的。但話又說回來，抗戰時馬駿組織「山西省回民抗日協會」，為日人所嫉恨，為了籠絡民心，日方曾多方設法拉攏其人，後來不得已，竟將馬駿八十九歲的老母虜掠去做了人質，企圖以此逼馬駿就範，結果馬母大義凜然，拒絕勸降自己的兒子，馬駿也拒不露面，一年後，馬母因飽受折磨去世。此後，馬駿繼續組織抗擊日軍的活動，不幸在赴重慶出席國民參政會的途中因小人出賣被日軍捕獲，在軟禁期間，當時偽省長蘇體仁等多次派人勸其降日，均遭到拒絕。一九四五年四月，日軍由晉城撤退，馬駿被裹挾至長治，夏天，馬駿因抑鬱成疾，在「誓死不做亡國奴」的遺言中逝世。

如今抗日戰爭的歷史，眾人皆知有「回民支隊」的馬本齋母子的故事，而馬駿母子的故事，恐怕知者依稀。當然，蔣苐華的「懸案」，更是莫人能解矣。

趙儷生先生的回憶文章末了，十分感慨地稱道同學一場的蔣苐華：他是「同學中少見的才人，是人類中的一個花朵，我已年近耄耋，可以說得上是閱人多矣，但是我似乎未曾經歷過一個比蔣才華更高的人。回首五十五年前，假如沒有那麼多層面，抗日的和降日的，革命的和反革命的，左傾的和右傾的，托派和幹部派，人們不需要在這些層面裡翻不來、倒過去，那麼像蔣這樣的人，無疑會成為一名罕見的學者。」如此說來，更讓人感慨不已了。這也給人又以極大的想像空間：清華社會學系的蔣苐華，是怎樣「少見的才人」和「人類中的一個花朵」呢？設若沒有發生那樣不幸，他會成為潘光旦或費孝通那樣的學者嗎？

趙儷生先生的回憶文章還說：當年經常隨蔣苐華出入校園的，「有兩個人」——周榮德和王勉，周，不知其人，而王勉，不就是鯤西先生麼。在《清華園感舊錄》這本書中，果然鯤西先生也提及：他最不能忘記的，是同一班級社會學系的蔣弗華，以及歷史系的徐高阮、丁則良。丁則良啊，後來也成為了歷史學家，然而他的命運差幾與蔣氏相似，只不過是時間推後了而已。沒有推後的，譬如當年山西在京學子的北大「南下示威團」總指揮岳仲瑜、北大黨支部書記趙梅生，以及曾與冼星海合作創作《犧盟大合唱》的青年作家傅東岱，都成為了歷史上的「殘疾的」和「少胳臂沒腿的」人物，他們終究被歷史湮滅了。

曾經有一個過來人後來撰文說：「政治雲譎波詭，鉤心鬥角，朝秦暮楚，入主出奴，實難相容，如勉為之，不唯於事無補，枉費精力，且可賈禍，不如埋頭研讀，追求真理和知識，日就月將，或有所成，即不成亦不致引起重大風波或麻煩，危及事業與生命。」沒的說，說這話的人，當然也是一個「殘疾的」和「少胳臂沒腿的」人物，他還以為：「一人如捲入黨派傾軋與鬥爭漩渦中，有如小舟進入滾滾激流，實難維持既定方針和貫徹崇高的理想。」這也是不久後革命領袖們認為是「中公豹式的知識分子」，他們註定會被歷史打入冷宮。

「一個人的遭遇」，會有多少的不同呢？「一二九」的一群，以及另外的一波，何炳棣？抑或齊思和、李樹青、王德昭、王永興等等。當年吳晗先生稱一些知識分子頭腦太過複雜，常把個人蝸角虛名放置在國家及人民利益之上，這話一點也不錯，但從後來的歷史來看，知識分子對於雲譎波詭的政治鬥爭，也是不知其深淺的，如此，從中就產生了一些「畸零人」或「多餘人」的悲劇，一如趙儷生先生所說的「殘疾的」和「少胳臂沒腿的」人物。這些「另類」，當應記入歷史吧，似「蔣苐華」其人，這個標本，在晚近錯綜複雜的宏大歷史記敘中，不是應有他邊緣的位置嗎？

6 天藍和他的《隊長騎馬去了》

我知道天藍的時候，他已經調回北京了。

王名衡（天藍）是以「胡風分子」蒙冤二十餘年的，「胡風分子」再加上「右派」以及後來的「浩劫」，可以想見其人的境遇。天藍是詩人，詩人有時是「憤怒出詩人」又「詩人進監獄」的行當，這例子太多，從古到後來，杜工部惺惺相惜李太白的「痛飲狂歌空度日，飛揚跋扈為誰雄」後來就是「文章憎命達，魑魅喜人過」的千古名句，詩人麼，功夫在詩外，就要的是坎坷，沒有一番三、四重血水汗水和堿水的閱歷，那叫什麼詩？不過「為賦新詞強說愁」而已。

天藍在太原的時候是他看到曙光的時候，此前他大概在東北的煤礦和在北京教語文，太原，他是省社科所副所長。我知道他是在後來搞校史，知道他也是浙江大學出身的，與胡喬木、張畢來同一時代的，也是搞學生運動被開除出去的。天藍後來在燕大讀書，那時我山西學子有彼校最早的黨員戎之桐以及王達成、趙宗復和幾個女學生杜含英、牛文穎、李清華等，那是一個多難的時代：日本的威脅、國民黨的酷政，受了這些反撥，他們幾乎都參與了革命，也是「文章憎命達」，後來他們中間幾位命運相仿，除了淡出於歷史的外，（這還有清華的蔣苐華等）像趙宗復，與清華的山西王達仁一樣都是用相同的方式離開人間，一個在《光明日報》，一個在太原工學院。天藍若和他們比是幸運的了。他在參加北方左聯和「民先」後就來到山西，在臨汾加入八路軍（任總部祕書），以後到延安入黨，從事編輯和文教活動，期間寫了許多詩作，有名的就是《隊長騎馬去了》等，這首詩當年流傳甚廣，因其多短句，合於彼時延安開展的詩朗誦運動，於是傳唱一時，後刊於周揚主編的《文藝戰線》，乃至流傳到國統區，這首詩發表在胡風主編的《七月詩叢》，也刊於茅盾主編的《文藝陣線》，可見其當年的火爆。不過也種下了禍根：不用說國民黨很快就下禁令不許朗誦它，後來因為胡風案又牽連到這首詩，終於，詩人的天藍消失了。

天藍的名作，今天讀來我卻頓生狐疑：是不是歷史的弔詭呢？請先讀詩的篇首：

隊長騎馬去了，
騎馬去了，
一個月還不見回來。
隊長！
呵，回來！
我們一千個心在想，

一千雙眼在望。

你呀！

你什麼時候回來？

如今聽上去未必悅耳，當年卻是一個傳奇故事的開篇：晉西南一個游擊隊，是隊長「W・F・D」——一個八路軍幹部的王鳳泰從閻錫山那裡收編了一支部隊，它被日本兵擊潰了，又被共產黨的王隊長教育整飭過來，它以新的姿態出現，力克敵軍，大概也是「秋林會議」前後吧，閻錫山發動「十二月事變」，將王隊長暗害了。後來這支部隊就由一個「暗藏的托派」接手，終於，把這支彪炳一時的抗日武裝引入日軍的包圍圈消滅了，只剩下二十幾個弟兄，劫後生還，他們吟唱道：「隊長騎馬去了」。詩人是有故事原型的，應該說天藍從軍委總部會議上聽來的這段故事（後來激發他寫這首詩）無可置疑是真實的，當年如董天知等故事多得很，而後來把天藍打成「胡風分子」硬說這詩「充滿對敵人的恐懼和對革命的絕望」，是抒發「日寇、漢奸、托派」三位一體的「歡笑的生活」，誠荒唐可笑，那是「文革思維」下的判斷，不過冰凍三尺，我今天重讀《隊長騎馬去了》，就讀出一些懷疑和冷汗：果真有「托派」假手中間消滅了游擊隊？遍查文獻，沒有查到王鳳泰其人，山西抗日烈士有王鳳山將軍，他卻是國民黨的師長和代軍長（五臺人，犧牲於汾南），至於「托派」，在抗戰時是有分化的，不能一概而論，其中有的從反蔣轉為先是抗日，有的則持「擁護戰爭不擁護國民黨領導；參加對外戰爭但不放棄對內革命」的立場。（一九四〇年周恩來與共產國際有關人員談中國托派的類型，是「公開擁護托洛茨基主張、名義上是國民黨黨員、外表消極其實給托派寫材料的」這三種）這些有類「革命原教旨主義」的中共「反對派」早就游離於中共黨組織之外，其所主張也並不為一般民眾所熟悉，且內部紛爭、宗旨不定，也就影響有限，後來以蘇聯黨內鬥爭和中共純潔組織以及二戰詭譎的外交關係等諸多原因，「托派」也就幾等於「漢奸」，天藍寫這詩時也正是當年從蘇聯返國的王明、康生等詛咒陳獨秀等為「托派」接受日本津貼破壞抗日正熱烈之時，後來一池漣漪，比如當年「一二九」先鋒的幾個山西學生：北大南下示威團總指揮的岳增瑜、北大黨支部書記的趙梅生、與冼星海合作創作《犧盟大合唱》的青年作家傅東岱，等等，你知道怎麼，都是以「托派」罪被砍了頭的，現在是被平反了，還有那個王實味是在咱臨縣被處決的。平反了，人卻早死了。《毛選》上關於「托派」的注釋已經有了變化，（且不說現在人們公認的托洛茨基是怎麼一回事，就是中國的「托派」也已經浮出水面逐漸為人所知，所以《毛選》新注承認彼也認同抗日，且根本與日本間諜組織無關云云）可是我們的大量歷史作品和文獻回憶還是原來的基調，總之是一與「托派」沾邊就是非我族類（比如要說一個人本質是壞人，就可以順藤摸瓜，找一個「托派」的罪名，上了林彪賊船的秀才陳伯達在「批陳整風」時五頂帽子中不是就有一頂「托派」的帽子嗎？），另一個則是所謂「改組派」，命運也是如此。以常識論，我不曾聽說過中國的「托派」（陳獨秀、劉仁靜、彭述之、李季、尹寬、嚴靈峰、任曙等等都是讀死書、死讀書、讀書死的書生儕輩，當然，脫離「托派」後的陳獨秀又當別論。其彷彿是一幫「中國的唐‧吉訶德」）曾經是有過武裝的，除了個別人投靠國民黨在軍隊中培訓所謂政工幹部做教官，真正的「托派」只是「思想犯」而宿命地從這個牢房到那個監獄過渡而已，（最後一位是前些年才去世的鄭超麟先生，他的形象出現在電視片《鄧小平》等上，你相信這種人會陰謀消滅抗日武裝？）何以會有一個取代了王隊長的「托派」隊長、他又故意把部隊引向日本侵略軍的埋伏？其實倒有相反的例子，趙儷生先生的《籬槿堂自敘》提到著名的山西夏縣人民武裝自衛隊（即「夏支隊」），在閻錫山和國民黨的部隊跑了個精光的地方艱苦作戰，可惜也發生了「左傾盲動主義」，「康生從崑崙山上帶下來的風很快也刮到夏縣來了」，一個「在山西小有名氣的文化人」加上幾個「大革命時期的老黨員」，一個晚上就被「肅托」風以「托派」嫌疑包圍槍殺了，到了後來差不多快半百之年時才平反昭雪，家屬也給了個犧牲軍人家屬的優待。

天藍的成名作不解釋清楚這個歷史背景，人們會繼續誤讀下去的。

7

蕭軍「有驚無險」

一九三八年三月二十一日，蕭軍隻身一人，身揹褡褳，手拄木棍，渡過黃河，從山西吉縣步行了二十多天，來到延安。

蕭軍此行，原來是計畫去五臺山抗日前線打游擊的，但由於戰事相阻，路途不通，他只好滯留在延安，住進了陝甘寧邊區政府的招待所。不久，毛澤東從丁玲那裡知道這一消息後，想會一會這位魯迅的弟子，於是派辦公室祕書和培元前往問候。萬萬沒有想到：和培元提出安排一個時間，讓蕭軍同毛主席見見，蕭軍竟然客氣地回絕了，他說：「不見了，他挺忙的，我也只住上一兩個星期就走！」這就是大漢蕭軍！後來，大概是蕭軍和毛澤東總算相見了，不過，他又公開宣稱：「魯迅是我的父輩，毛澤東只能算是我大哥！」毛澤東似乎也不惱，反而非常欣賞其人，他對蕭軍說：「你是極坦白豪爽的人，我覺得和你談得來。」

好戲還在後面。一九四二年六月初，延安中央研究院召開批判王實味大會，蕭軍也參加了大會。當時會場極為混亂，場面是王實味每說一句立即招來一片怒吼和痛斥聲，蕭軍因為坐在會場後邊，聽不清前邊人們說些什麼，於是他煩躁起來，站起來大聲喊：「喂……讓他說嘛，為什麼不讓他說話！」於是，大會竟因此不歡而散。蕭軍在回家的路上，不住地氣憤說：「這他媽的開的什麼會，簡直像狗打架倒尿盆，哪像個最高學府！」他還對人說，那樣對付和圍攻王實味，是「往人腦袋上扣屎盆子」。不料陳學昭聽到後向組織進行了彙報，中央研究院於是派金燦然、王天鐸、郭靜、郭小川到蕭軍住處提出抗議，指責他破壞批判會，要他承認錯誤，賠禮道歉！蕭軍當然是勃然大怒，他立即動粗，將四位代表轟出門去。不過，蕭軍也粗中有細，他為王實味之事特意上門詢問毛澤東，毛澤東回答說：「這事與你無關，你不要過問！」再後來，延安召開「魯迅逝世六週年紀念大會」，蕭軍在大會上出人意料地宣讀了一篇關於王實味問題的《備忘錄》，仍然堅持自己的觀點，無疑，這犯了眾怒，蕭軍遭到丁玲、周揚、柯仲平、李伯釗、劉白羽、陳學昭、艾青等一撥人的圍攻，蕭軍則舌戰群儒，不肯屈服。後來主持會議的吳玉章見不是辦法，提出雙方和解調停。蕭軍大度地說：「這樣吧，我先檢討檢討，百分之九十九都是我的錯，行不行？那百分之一呢，你們想一想……」不料，丁玲居然說：「這百分之一很重要！我們一點也沒錯，你是百分之百的錯！告訴你蕭軍，我們共產黨的朋友遍天下，丟掉你一個蕭軍，不過九牛一毛！」蕭軍大怒，他高喊：「百分之九十九我都攬過來了，你連百分之一的錯都不肯認帳！那好吧，你們既然朋友遍天下，我這個『毛』絕不去依附你那個『牛』；你那個『牛』也別來沾我這『毛』，從今以後咱們就他媽的拉——蛋——倒！」

丁玲麼，原來和蕭軍差不多，都是頗有個性的作家——所謂「個人主義」思想和行為的人，但是現在不同了。如多年後的胡風看得真切，「丁玲來，基本的格調還在，但對於集體意識的照顧已經成為習慣了。」（一九四九年一月十八日日記）蕭軍呢？胡風當年與舒群談起蕭軍，仍認為他是「個人主義」，並且「在作家裡面，沒有人有他那麼好的條件，（可惜）毛對他用過很大的功夫」。（一九四九年一月二十日日記）

當年的延安，蕭軍就是這樣「另類」，所謂「延安四怪」之一，一點不錯。人們說：性格就是命運。這對於文化人來說，更是真理；至於蕭軍，更加是真理。所謂性格，蕭軍狷介耿直、豪放不羈、特立獨行。這種性格，從遠處看，自有其審美的功能（距離產生美）；從近處看，則只能給他帶來極大的人生痛楚。顯然，在現實政治上，蕭軍是「白癡」，他根本不懂什麼是政治規則（顯和或者是潛的）。後來，蕭軍想入黨了，中央黨校副校長彭真同他談話，問他：「黨的原則是少數服從多數，下級服從上級，地方服從中央，領導你的人工作能力不一定比你強，你能做到具體服從嗎？」蕭軍聽後，馬上說：「不能！我認為不對我就反對！更不能服從照辦！誰要是命令我，支使我，我立刻就會產生一種生理上的反感，這是我的弱點！難以克服的弱點！看來我還是留在黨外吧，省得給黨找麻煩！」於是，蕭軍始終是「黨外人士」。

其實，蕭軍不僅是一位「黨外人士」，他還真的差一點如丁玲所說：要被「丟掉」了。慕丰韻寫的〈走進隱蔽戰線〉的回憶（刊於《歷史瞬間》第一輯），其中有一節〈祕密偵察蕭軍〉。慕丰韻說：「整風運動還沒有結束，中央社會部二室治安科長陳龍同志調我外出工作，去偵察一個案子，偵察對象是作家蕭軍。」「中央社會部」，當年可是由康生負責的喲。且聽慕丰韻繼續說：「這一下子可把我難住了，腦子裡有些發『懵』。我對陳龍同志說：『我是個年輕的幹部，他是個大作家，怎麼能對付了他呢？』陳龍同志面帶笑容地對我說：『你在保衛訓練班不是學過偵察、保衛工作嗎？』『那都是書本上的，距實際還有很大距離呢？』我有些急躁。陳龍同志面目有些嚴肅地說：『你到實際中去運用一下嗎！』一句話說得我張不開口，心裡卻暗暗地思索：『是呀！學習的目的不就是為了用嗎！』於是鼓起勇氣問道：『我的任務是什嗎？』陳龍同志思索片刻說：『蕭軍是個有名的作家，寫有《八月鄉村》的名著，魯迅為這本書寫了序，評價很高。他來到延安，對延安的生活、工作環境不滿意，有時說三道四，甚至公開吵鬧，嚷著要到西安去，但他又不走。機關群眾對他有不少反映，要求中央社會部弄清楚蕭軍的政治情況，組織上決定派你去完成這個任務。』聽了陳龍同志的一席話，我皺起了眉頭，心裡想：『我用什麼方法才能從政治上弄清楚蕭軍是個什麼人呢？』陳龍同志看到我有難處，對我說：『蕭軍住在中央組織部藍家坪招待所，你可以以前方調幹的身份，住進藍家坪招待所，每天觀察他接觸些什麼人，都到哪裡去就行了。但不能讓他察覺，要掩護好自己的身份。』」

要知道下面的內容，最好讀一讀已故中共元老薄一波的回憶錄《七十年奮鬥與思考‧上卷‧戰爭歲月》（中共黨史出版社一九九六年版第三六二頁），當年薄一波把母親安排在延安的窯洞居住，有一天他去看母親，母親死活不要住了，為什麼呢？她說：「這裡不好住，每天晚上鬼哭狼嚎，不知道怎麼回事。」薄一波去看個究竟，果然有六、七個窯洞裡關著百餘號人，其中有許多人已經被折磨成神經病，這些人都是被「搶救」的知識分子。薄一波憤慨地說：這「簡直是對嚮往革命的知識分子和革命老幹部的迫害、摧殘！」那麼，我們可以設想：如果當年「中央社會部」派去監視蕭軍的人，如果是一個有著「迫害狂」的人，蕭軍的命運會如何呢？

好在蕭軍「有驚無險」。慕丰韻繼續回憶說：「第三天，東方剛剛發白，大約在早晨五六點鐘的時候，我就起床，觀察動靜。忽見蕭軍提著一根棍子，從他住的地方走出來，他戴著一頂沒有帽沿的布帽子，敞著懷走出招待所。我在後面悄悄地跟著。他一邊走，一邊哼著小曲。走到延河灘上，耍了一陣棍子後，又吊起嗓門來，接著又唱了一段京戲。快吃早飯了，蕭軍回到了招待所。他的愛人王德芬提著飯盒子，從食堂打飯也回來了。吃完飯，他又提著棍子出了招待所，向中央人民醫院方向走去。路上行人稀少，我若尾隨其後，很難避免不被發現。我想出了個主意，他走大路，我爬山。遠遠望去，蕭軍走進一個山溝裡坐下來，從身上掏出一個小本子，也不知道是在寫生還是在記什麼東西。經過一段時間的觀察，我發現，蕭軍外出不是到南門外新市場去轉，就是到橋兒溝魯迅藝術學院找老朋友聊天，沒有什麼可疑之處。後來連續好幾天蕭軍沒有出門，他在家裡幹什麼呢？我心裡有些疑問，回到機關向陳龍同志作了彙報。陳龍同志說：『有人反映他在寫書。你能不能正面接觸一下，和他交個朋友，深入瞭解他在家裡做什麼，寫什麼，思想上有那些活動？』我當時並不知道還有同志在做蕭軍的工作，就把這個任務接受下來了，我問陳龍同志：『我怎麼接近他呢？』陳龍同志說：『他不是愛唱京戲嗎？你會拉胡琴，這就是你同他接近的最好的橋樑。』我一聽有道理，愛唱戲的人，只要聽到胡琴聲，嗓子眼裡就癢癢。我從機關借了一把胡琴，帶到招待所，坐在窯洞裡就拉起來。我的技術不高，但拉個『過門』，跟個唱腔還可以。果不其然，我剛拉一會兒，蕭軍就主動找到門上來了。共同的愛好，使我們很快就成了朋友，時間長了什麼話也就說了。他告訴我，他正在寫一部長篇小說，名字叫《第三代》，是描寫東北農民在軍閥時期的悲慘生活。通過一段時間對蕭軍的觀察和瞭解，在他身上沒有發現什麼政治上的疑點。按照整風的精神，我實事求是地向陳龍同志作了彙報。陳龍同志綜合從各方面得來的材料，做出了正確的判斷，澄清了對蕭軍政治上的懷疑。」這是蕭軍的萬幸，陳龍和慕手韻都不是康生那樣的人，如果他落到別人的手裡，難保不會發生異樣的事情。

可是，後來蕭軍的命運已經是註定的了。離開延安後，蕭軍去了東北，結果不久因事鎩羽。胡風寫道：「蕭軍住在文協，見面後談話時似忍不住流淚。」（一九四九年一月二十日日記）一條漢子，見人竟然「流淚」，其處境可以想見。由蕭軍，又想到其「同類」。那是不多的幾位，比如魯迅弟子、又是與魯迅翻臉過的山西高長虹。當年胡風在東北與舒群談起高長虹，說起他也曾「提布包到延安」，不知為何，「後來消沉」了，原因大概是「不贊成毛的文藝方向」，又「對整風反感」，以及「不贊成通俗化」，等等。後來他也來到東北，「到東北後曾說要弄工業」，不久卻精神怪異，「現在不和任何人說話，低著頭不看任何人。」（一九四九年一月二十五日日記）再後來，默默地死去。

8

左權將軍的烈死和他子虛烏有的所謂「托派」嫌疑

左權之死

一九四二年五月二十五日，抗戰中的八路軍首長、人稱「朱彭左」之一的八路軍副總參謀長左權將軍，他在反「掃蕩」戰鬥中，在山西遼縣（後易名為左權縣）麻田與日軍激戰突圍時不幸遭炮擊，壯烈殉國。

左權將軍是八年抗戰中犧牲的中共最高級別的將領，他的英名永世長存。然而，仔細推敲左權將軍的烈死，似乎有些蹊蹺，他的戰友回憶：左權是在部隊突圍中犧牲的，可是他在敵人炮火的猛烈轟擊下一再叮囑戰友臥倒，自己卻依然繼續前進，旁邊也沒有一個衛兵，結果他被日軍的炮彈擊中頭部，壯烈犧牲。事後，彭德懷將軍也不解地發問：當時日軍向麻田十字嶺我方發射了三枚炮彈，作為訓練有素的高級指揮官，左權應該完全能辨別出炮彈飛行的角度和聲音，但是他沒有躲避。這是為什嗎？是什麼讓左權將軍不惜以自己的死來說明什嗎？或許，我們還可以設想：那是讓左權至死都不能瞑目的。是的，他至死都不能忘卻久積在他心中的一樁不平之事，他為之抑鬱和憤懣已久，但那一片籠罩在頭上的陰雲始終盤旋不去，他終不能瞑目。那麼，那是為什麼呢？左權將軍犧牲之前的一九四一年十一月，他有一封致中共中央和毛澤東的申訴書，那是他流著淚寫的，信中他傾訴了那後來令他決然以死相向的不平，他說：「我在一九三二年曾受過黨的留黨察看一次，那是因為在肅反當中被反革命托派的陷害及調閩工作時遺落托陳取消派文件一件，那文件是希林鋒從外面帶來後（他從施簡箱中拿出）為不使反革命文件傳播故而收藏。但不久我就和項英同志去江西了，該文件竟不知落到哪裡去了。直到現在雖不斷回憶，總沒有證明回來。這是個錯誤，也是個疏忽，願受應有的處分。唯被托派陷害一事，痛感為我黨的生活中最大的恥辱，實不甘心。但當時中央書記處他們未發覺，雖是曾一再向黨聲明，亦無法為黨相信，故不能不忍受黨對我的處罰決定，在工作中鬥爭去表白自己。迄今已經十年了，不白之冤乃未洗去，我實無時不處於極端的痛苦過程之中。回溯我一九二五年二月在廣州入黨，那年冬即赴莫斯科。一九三〇年六月回國，同年九月入蘇區，直到現在已將近十七年了。在這過程中，我未離黨一步，一貫受黨的教育與培養，在黨內生活做黨內工作。其中沒有犯過有損於黨的過失，也沒有在任何鬥爭情況下動搖過，也沒有消極，我一切為黨工作，為黨的路線鬥爭，雖由於我之能力低微，無所建樹，在工作中還是有不少的弱點。但自問對黨是真實的，對工作是負責的積極的，總以為真金不怕火煉，黨有工作給我做，在鬥爭中工作中表白這不白之冤，自有水落石出之一日來安慰自己。現在我覺得不應該再忍受下去了，故向黨提出要求，請將我的問題作結論，洗滌這一不白之冤，取消對我留黨察看的處分。我再以坦白的布爾什維克的真誠坦白向黨聲明：我沒有參加過小組織活動，我與反革命托派無論在政治上、組織上均無任何相同之點，無任何組織關係。我並且可以向黨擔保，我是一個好的中國共產黨員，希中央討論答覆」。

左權和「托派」的嫌疑

左權的上書提及一個黨內久已存在的「托派」的問題，它曾經傷及許多無辜的同志。

左權將軍是當時八路軍首長中不多的一位既有長期的革命閱歷、又是「科班」出身的高級指揮官之一：大革命中他考入廣州陸軍講武學校，不久又轉入黃埔軍校第一期，又不久由周恩來和陳賡介紹加入中國共產黨，此後投身鞏固廣東革命根據地的戰爭，屢建功勳。一九二五年月十一月，他被派往蘇聯學習，先後入莫斯科中山大學和莫斯科高級步兵學校、伏龍芝軍事學院深造。在莫斯科中山大學時，他和鄧小平、傅鍾等是第一期第七班的學員，這個班還有國民黨的谷氏兄弟（谷正綱、谷正鼎）、鄧文儀以及林柏生等。說來也巧，鄧文儀正是左權的湖南醴陵同鄉和中學同學（湖南醴陵人中以軍事指揮著稱的，是分屬國共兩黨的程潛將軍和左權將軍），也是他在黃埔軍校時的同學，只不過左權一九二五年十一月由陳賡和周逸群介紹加入了共產黨，他還參與發起和領導軍校內的「中國青年軍人聯合會」與國民黨右派的「孫文主義學會」進行鬥爭，而後者中的骨幹正是鄧文儀。也是在莫斯科中山大學，兩個人「不是冤家不聚頭」，不過讓左權始料未及的是：作為一個忠誠的共產黨員，他在不久後竟遭到自己的同志無端的猜疑，以至成為他以後被黨內居心叵測的小人別有用心橫加誣陷的口實。

那時的莫斯科正醞釀著一場國際共產主義運動上的大風暴，史達林與托洛斯基的「反對派」的鬥爭達到白熱化，這又影響和反映到中國革命中來，左權後來的積悃就是因為一時沒有堅定、對蘇共一些「反對派」有些好感而帶來的，後來他回答組織上的審查時說：「那時我才二十歲，年輕幼稚，一方面相信列寧主義與布爾什維克中央是正確的，一方面又對托洛斯基與拉狄克有過某些英雄主義的崇拜。我當時還說過托洛斯基是個政治家、軍事家，拉狄克是中國問題專家。但不久，等到托洛斯基反革命的原形日益暴露時，我那些崇拜觀念也就自然消失了。在整個反托鬥爭中，我是站在黨的方面的，並真誠地向黨聲明，在組織上沒有任何聯繫」。但黨內鬥爭的嚴酷不是年輕的左權所能想像到的，不久他就被牽涉進「江浙同鄉會」——一樁王明等殘酷打擊自己的同志、樹立宗派的「處女作」。

一九二八年四月，時任中共中央總書記的向忠發率團抵達莫斯科，中山大學校長的米夫和王明「惡人先告狀」、「揭發」所謂「江浙同鄉會」問題，毫無理論水平只有簡單思維功能的向忠發不經調查、馬上宣布「江浙同鄉會」是反黨組織。說左權是其成員，原因是他與孫治方兩人關係密切，他們經常一同探討中國社會的政治和經濟問題，有時還在孫治方那裡約了俞秀松、董亦湘等小聚，恰好一次被中山大學學生會主席的王長熙撞見，彙報給王明，王明又報告給米夫，添油加醋，無限上綱，被認定是中國托派嫌疑的小組織。結果，孫治方等受到嚴重警告的處分，左權則受到「行為不檢」的黨內勸告的處分。這樁冤案，後來經蘇共中央派科爾諾娃和中共駐共產國際代表瞿秋白等調查，才完全否定了的，但餘音嫋嫋，後來又被回到國內的王明等作為對異己分子實行「殘酷鬥爭、無情打擊」的殺手鐧。和左權相同處境的，還有王若飛等。

左權即有此把柄在人手上，後來繼遭惡意的構陷。那是他學成回國之後被派往蘇區從事軍事指揮工作的事了。一九三二年中央根據地開展肅反，閩西新十二軍一團的政委劉夢槐向臨時中央檢舉紅十五軍軍長的左權此前指揮部隊攻打汀洲時收藏過托陳取消派的文件。關於「文件」一事，後來左權上書中央時做了說明，應該說那只是一個誤會，再嚴厲也不過是有所失誤而已。但臨時中央最不能容忍的就是有人沾上「托派」的嫌疑，左權被當即撤職、從前線調回後方接受審查。當時，臨時中央負責左權問題審查的是蘇區中央局委員兼組織部長任弼時、中央執行委員會國家政治保衛局局長鄧發。左權申辯之後，臨時中央認為有繼續審查的必要，一九三三年遂又派項英前來組織左權問題專案組，由於有彭德懷、王稼祥等出面主持公道，這才未以反革命論處，只是給了一個留黨察看八個月的處分。此後左權因「托派」嫌疑不被重用，一腔豪情鬱鬱不得伸展。直到不久後國民黨發動對蘇區的第四次「圍剿」，前線急需將才，紅軍總政委周恩來果斷起用左權，授以紅一軍團參謀長，左權這才吐了一口長氣，他擺脫委屈和不悅的情緒，帶「罪」上前線，全身心投入到戰鬥中，後來紅軍開始長征，他協助軍團長林彪和政委聶榮臻連續突破國民黨四道封鎖線，繼又強渡烏江、四渡赤水、搶渡大渡河、飛奪瀘定橋，屢建奇功。再後來長征抵達陝北，原來一軍團的首長也是左權黃埔同學的林彪赴紅軍大學任校長，左權則代理紅一軍團，繼直羅鎮戰役後他又指揮擊潰胡宗南所部的山城堡一役，完滿完成了國共兩黨在抗戰爆發前的最後一戰，如果他是原來中共左傾中央路線所認為的是一個「反革命」，會有這樣的「反革命」嗎？

天下奇冤——「托派」即「漢奸」

就在中國的抗日戰爭爆發前後，史達林親手炮製了兩起冤案：蘇聯最高法院軍事審判庭審理的所謂「托－季反蘇聯合總部」和所謂「托洛茨基平行反蘇總部」之案，這兩個案件的審理把「托派」稱為是德、日情報機關的「偵探」，是意圖顛覆蘇維埃政權的「匪幫」，於是，蘇共黨內史達林和托洛茨基之間的矛盾上升為敵我矛盾，史達林還在蘇共中央全會上宣布：「托洛茨基主義已不是工人階級中一個政治派別了」，它「現在已變成外國偵探機關所雇傭的匪徒、偵探、破壞者、危害者和殺人犯的卑污的無原則的匪幫了」，隨即，共產國際通過決議（《關於與法西斯主義的奸細

——托洛茨基分子作鬥爭的決議》），指令下屬各支部「開展有系統的鬥爭以反對法西斯走狗——托洛茨基主義」，並「根據事實的材料來說明托洛茨基分子——這些階級敵人的走狗——所進行的偵探勾當與奸細活動」。在當時披露的所謂「根據事實的材料」中，有托洛茨基指示讓與日本庫頁島上的煤油、允許日本開金礦、「絕對不去阻礙日本去侵略中國」等，於是，邏輯地，與托洛茨基有聯繫的中國的「托派」就不能洗清其「漢奸」的罪名了，然而，這又與早就和「托派」劃清了界線的左權將軍有何相干呢？！

且不說左權與中國的「托派」是八竿子打不到一塊的，把中國的「托派」和「漢奸」做必然聯繫也是莫名其妙的，雖然那也許並不是空穴來風。當時，托洛茨基等雖然表示中國的抗日戰爭是「正義」的，但是卻不支持以蔣介石國民黨為首的抗日，中國的「托派」也就提出「兩個口號」——即把「打倒日本帝國主義」和「打倒國民黨」相並列，當然也就反對中共的抗日民族統一戰線的策略路線，從左的一面在事實上一定程度損壞了全國的抗戰局面，但這又並不就能說明「托派」就是「漢奸」，在整個抗日戰爭中，「托派」的言論從整體來說是「擁護抗戰，又批評其領導」，「擁護抗戰」是其主要方面，至於「批評」，是要求國民黨開放民主、開放黨禁、召開普選的國民大會等等，其實這也是中共「全面抗戰」的主張，不同的只是「托派」的主張顯得僵化、烏托邦，如它要求以工農政府取代國民黨政府來領導抗戰等等，這在事實上也是做不到的。中國的「托派」始終是昧於國情、奉外國人（托洛茨基等）的理論為聖旨的一個小黨派，它日益蛻變為脫離現實、遠離群眾的關門主義的極左小集團，既然它的理論悖謬、政治影響也有限、甚至它的人數也愈來愈少（後淪落為不足五十餘人），何況其內部又充滿著矛盾和內訌而不時分裂，最終陳獨秀也脫離了它，這不僅暴露了他們幼稚、執拗的一面，也說明他們必無什麼政治實力可言，但他們的言論（這時他們幾乎沒有什麼行動的本錢）卻被人誇大了，他們被人為樹立為「箭垛」，這也是現實政治的一種「需要」，不過說他們是「漢奸」則是沒有任何根據的，有之，也是部分人的個體行為（如「下水」當了漢奸的胡蘭成——汪偽政府的宣傳部次長、張愛玲的情夫，據說他也曾是「托派」，等等），一如汪精衛（國民黨的第二把手）當了漢奸並不能說國民黨就是漢奸組織。總之，客觀地評價「托派」在抗日戰爭中的所作所為，這可以參照《鄧小平文選（一九三八至一九六五）》中的注釋：「抗日戰爭時期，托派在宣傳上也是主張抗日的，但是攻擊中國共產黨的抗日民族統一戰線政策，把托派與漢奸相提並論，是由於當時在共產國際內部流行著托派與帝國主義國家間諜組織有關、中國托派與日本帝國主義間諜組織有關的錯誤論斷所造成的」。這兩個「有關」，前者一九八八年八月四日塔斯社公布的蘇共中央政治局為「托派」平反的文件中已經證實是「捏造」的而予以「撤銷」，那麼，後者是從前者附會而來的，也應該被視為「捏造」而「撤銷」了。

王明的一件殺手鐧

左權感到自己因「托派」的嫌疑而受到的壓力和歧視，是抗日戰爭爆發後一九三七年年末（十一月二十九日）王明、康生等十人從蘇聯返回國內隨即掀起反「托派」的高潮之後。

王明等得史達林「聖旨」（其行前會見了史達林和季米特洛夫，彼指令其回國後貫徹共產國際指示和蘇聯外交政策，與國民黨搞好統一戰線，讓中共真正服從「國際」的需要，史達林尤其擔心中共和毛澤東的獨立自主政策會使統一戰線發生破裂，這樣將拖不住日本而使蘇聯將陷於兩面作戰的尷尬境地），回來後不久即以「共產國際」代表的身份建議並召開了中共中央政治局會議（即「十二月會議」），以制定符合「國際」需要的方針。會上，王明提出了後來被認為是「右傾」的政治路線，即他反對洛川會議，反對毛澤東的路線，在抗日民族統一戰線中主張放棄領導權，「一切為了抗日，一切經過抗日民族統一戰線，一切服從抗日」，這與先前的洛川會議的精神形成了抵牾，但王明等在對「托派」的立場上絲毫沒有「右傾」的跡象，他在代表中共駐共產國際代表團的工作報告中反而強調打擊托派仍然是一項重要的任務，並一再批評中共中央「過去忽視托派危險」和「對托派實質認識不夠」，強調要「提高革命警覺性和加緊反奸細反托派的工作」（十二月九日在政治局會議上的報告大綱《如何繼續全國抗戰和爭取抗戰勝利呢》），他還在《挽救時局的關鍵》中亟言「必須打破三人稱派五人稱黨，甚至把漢奸敵探（例如日寇特務機關的走狗——托洛茨基匪徒等）也當作黨派看待的錯誤傾向——必須明白認識：團結各黨各派參加抗日民族統一戰線的口號的是最主要的意義和內容，一定是團結真正抗日的各黨各派，漢奸敵探如托匪之流，不僅不在統一戰線對象之列，而且是抗日民族統一戰線應當和必須反對的對象」。於是，在王明的右傾機會主義路線在中央形成之際，這「右」在對待「托派」時卻是表現得十分「左」，所以如此，是王明利用他依仗的「尚方寶劍」——史達林和共產國際對「托派」的強硬態度來對付曾一度把中國的「托派」作為抗日民族統一戰線的團結對象的毛澤東和中共中央，並以此威脅毛澤東來作為爭奪黨內權力的勝券，所以，不久，王明等何以在近乎誣陷的陳獨秀係「漢奸」的問題上發難也就可以理解了。後來，即一九三八年十月在延安召開的中共中央擴大的六屆六中全會上，由於王稼祥傳達了共產國際贊同和擁護毛澤東為中國革命的領袖，王明同毛澤東的鬥爭告負，會上也批評了王明「一切經過統一戰線，一切服從統一戰線」的右傾路線，但王明和與會者在發言中仍然繼續抨擊「托派」，因為在這一問題上王明仍持有「主流話語」，而且是他在黨內仍發揮影響的重要籌碼之一，中共中央對史達林和蘇共中央的態度也不能不顧及到，且中共反「托」是與共產國際和蘇共保持一致的一個姿態，於是「托派」繼續受到猛烈的挾擊，王明在大會上指責「托洛茨基奸徒是最狡猾的日寇奸細」，他還以大量的篇幅描述「托派」的「罪惡」，即其理論為日寇所歡迎、其兩面派手段和方法、極力鑽入軍隊和地方武裝、國際間諜網之聯繫、墮落成法西斯主義的工具，等等。此之前後，又有了張慕陶、王公度等的所謂「托派」即「漢奸」的大案，王明還不斷強調：「在黨發展及統一問題上，特別注意日寇利用其走狗——托匪等混入以兩面派手段作祟問題」，於是，六中全會的《政治決議案》裡也就將「厲行鋤奸（漢奸、敵探、托洛茨基分子等）運動」列為「當前緊急任務」之一，並「特別喚起全黨提高警惕性，以銳敏的注意力去嚴防日寇及其走狗——托洛茨基分子及一切漢奸和反共的分子們在共產黨內部外部所進行的各種挑撥離間和破壞危害的陰謀詭計，以布爾塞（維）克應具的黨性來揭發和反對一切公開的和暗藏的（採取兩面派方法的）反黨的和危害黨的分子」。會後，中共中央又作出《關於反奸細鬥爭的決議》，認為「目前日寇漢奸正加緊奸細活動，以實行其誘降反共的陰謀。敵人不僅公開地在軍事上圍攻八路軍，政治上破壞共產黨，而且隱蔽地派偵探奸細混入我們的內部，來瓦解我們的軍隊與政權，破壞黨的組織」，因此，必須在內部加緊「反奸」。在這一背景下，左權的處境是可以想見的了。

實是求是，冤案必翻

在中共中央一系列「反托」指示下，各抗日根據地相繼進行了「肅托」運動，由於康生等完全襲用和效仿蘇聯「肅托」的做法（康生對此當然是得心應手、手到擒來），大張旗鼓地開展逼供信等運動，在一些地區製造了駭人聽聞的冤案，其中最嚴重的是康生故鄉的山東。發生在一九三九年春至一九四二年夏的山東「肅清托洛茨基匪徒」運動，殺害了包括「一二九」運動領導人之一、北平學聯常委王文彬（時湖西區黨委統戰部長）在內的一大批（六百餘人。一說三百多人）老黨員和青年知識分子。（詳見丁龍嘉、張業賞：〈山東抗日根據地「肅托」冤案的發生及糾正〉，轉引自《中共中央北方局・抗戰卷》）在晉察冀，也在鋤奸行動中也「挖出」了一些據稱是潛入部隊進行破壞和竊取情報的「漢奸」，為此，《解放》雜誌還發表了〈晉察冀邊區漢奸托派的賣國罪狀〉的長文，中共中央北方分局也肯定「關於鋤奸工作，一般較大成績，對托派破壞打擊是尤其大的」等等。這時，儘管左權被委以重用，抗戰爆發後又擔任八路軍副參謀長並兼中央革命軍事委員會華北分會委員、八路軍前方總指揮部參謀長、二縱司令員、司令部情報處處長等，但是籠罩在他心上的仍然有那一塊心病，他的政治經驗告訴他：由於「托派」的嫌疑，這很可能是別有企圖的人將會採取落井下石的把柄。他決意上訴，討還自己的清白。

彭德懷對左權遭受到的不公很同情，他負責把左權的上書轉給中央書記處，並以他個人的名義建議中央撤銷對左權的不公道的處分，他還在電報上寫道：「幾年來，對於左權同志的處分雖在事實上早已撤銷了，但在黨的黨規上從未作出明確的結論，致左權對此事時存苦悶不釋」。可是，或者是因為戰事倥傯，或者是因為上述的政治背景，書記處和中央一直未給左權以明確的答覆，左權的「苦悶」至死都未能釋然。據蘇進將軍回憶：左權犧牲前，毛澤東正著手準備解決左權的懸案，對左權的死，毛澤東深表遺憾。然而，就在左權將軍犧牲後不久，又有了王實味等「托派」的冤案。

一九七九年，左權烈士的遺孀劉志蘭致書中組部，要求徹底為左權平反昭雪。中國人民解放軍總政治部在答覆中說：「左權同志在歷史上曾受王明路線打擊迫害，但以後糾正了路線錯誤，當時雖然沒有做出全面結論，但並未影響對他的信任和重用。左權同志犧牲後，中央對他有很高的評價，實際上為他平反昭雪了。」（見長征出版社《共和國元帥》中冊）但是，劉志蘭和左權的女兒左太北對之仍有一種心緒難平的感覺。最後需要指出的是：由歷史上蘇共內部引發的反「托派」鬥爭曾在中國革命歷史上牽連到許多無辜的革命同志，造成一樁駭人聽聞的大冤案，這樁冤案隨著一九八八年蘇共為「托洛茨基－季諾維也夫反蘇聯合總部」案以及「托洛茨基平行反蘇總部」案的平反已經煙消雲散，這樣不僅左權、王若飛等曾經一度表示同情於所謂「托派」的冤案應予昭雪、在蘇聯被錯殺的俞秀松、董亦湘、周達文等和在蘇區「肅反」中以「托派」的罪名被無辜殺害的余篤生等和在根據地被冤殺的王實味等一批冤案應昭雪，就是曾經被王明、康生等誣為「托派漢奸」的陳獨秀等也應給予昭雪了。

9

「搶救運動」中的一對夫婦

北京大學的一位活躍學生和中共北方的一名重要學生幹部

趙梅生（一九〇六－一九四四），原名趙作霖，又名趙長遠，山西省平順縣人。

趙梅生出生於貧寒的教師家庭，有兄弟四人（趙梅生是老大，他三個弟弟在他影響下都先後參加了革命，其中兩個弟弟是烈士）。趙梅生少年好學，高小畢業後入山西學兵團，一九二六年考入北京大學預科，後在經濟系讀書。在北大學習期間，趙梅生十分活躍，曾參加過不少團體的活動，如一九二九年他在北大「攝影研究會」負責文書股，當時他在北大的另一山西老鄉岳增瑜（後來「一二九」運動中的一位重要學生幹部）則在財務股任職（其又在「演說辯論會」任演說員，在「北大月刊委員會」任財務股主任等）。一九三〇年北大學生會改選，時為經濟系三年級的趙梅生和化學系三年級的岳增瑜等當選，趙梅生還擔任了交際股副主任，岳增瑜則擔任了候補委員兼訓練股委員及審計委員會主任，後來成為著名學者的李長之以及曾與魯迅交往過的翟永坤則在宣傳股任職。

趙梅生進入北大的同年就加入了中國共產黨，此後大革命失敗，他返回故鄉在小學任教。一九二九年春他再度回到北大。一九二九年十二月至一九三〇年四月，他還曾擔任中共北平市委的委員，相繼發展了李長路等加入進黨組織。當時北平團組織也是由他和中法大學的女學生袁行莊等所組成。袁行莊，當時「家裡很有錢，上學時是車接車送，參加革命活動時才十六歲」，以後還在天津的工廠做女工的工作，並擔任過中共天津市委婦女部長的職務（曹策：《我所瞭解的北平團組織的情況》）。趙梅生和袁行莊就是這樣相識和相愛的。一九三〇年六月至九月，趙梅生又擔任了中共北平市委常委兼宣傳部長、組織部長，以及北京大學中共支部書記。同年九月，北平蘇維埃準備委員會成立，他又擔任主席。那時趙梅生是北平黨團組織中赫赫有名的人物，他對敵鬥爭堅決，如一次遊行示威，他率領眾人砸了汪精衛在海王村的特別黨部，並與前來鎮壓的國民黨軍警展開搏鬥，奮戰中他居然把一個軍警的手指也掰斷了。不久，他在一次示威遊行中被捕，獄中他組織建立黨支部，率眾與反動當局鬥爭，至張學良入關，始被釋放。此後，他和戰友們努力糾正和克服「立三路線」的錯誤，逐漸恢復了遭到破壞的黨、團、工會等組織，建立了左聯、社聯等黨的週邊組織，當時筆者的父親就曾在趙梅生、胡仁奎等一批山西共產黨人的老鄉指導下在「鼜爾讀書會」（「鼜爾」，英文「我們」的諧音）裡接受革命理論的學習。一九三一年一月，在中共北平市代表會議上，趙梅生再次被當選為市委委員。

中共順直省委問題和所謂「河北省緊急會議籌備處」的風波

大革命失敗後，北方中共黨的組織在國民黨白色恐怖和黨內思想嚴重混亂的情況下接連受到重大的挫折，與此同時也形成了積重難返的黨內糾紛，這在後來就成為趙梅生一案的一個導火線。

此前中共在北方的領導機構是中共北方區委，但自李大釗犧牲後，在大革命的低潮時期，北方黨的工作非但久久不能打開局面，其內部中的派別鬥爭和意氣之爭也不斷發生且日益嚴重，於是，一九二七年中共中央「八七」會議之後，臨時中央政治局決定設立中共北方局，並派王荷波任書記、蔡和森任祕書長赴北方工作。九月十四日，王荷波、蔡和森代表中共北方局發出第一號通告《關於「八七」中央緊急會議各決議展開黨內討論》，通告中指出：要「徹底清查與改正各級指導機關之機會主義錯誤」，並規定了改造各級黨組織的方法、步驟和要求。此時中共順直省委（順直是指北平和河北。北平原先稱為順天府，河北則曾稱為直隸省）業已成立，其工作的範圍包括原來北方局領導和管轄的地區（河北、山西、北平、天津、察哈爾、熱河、綏遠、豫北、陝北），九月二十二日，在中共北方局的直接領導下，召開了中共順直省委的改組會議。就在順直省委改組之後，在指導順直黨的工作中出現了彭述之、蔡和森、陳潭秋、劉少奇等之間的分歧和爭論。原是中共中央宣傳部長、順直省委書記的彭述之已成為「托派」分子，他還聯絡在北京的段純、劉伯鈞、熊味根等人反對順直省委的改組和將要進行的北京市委的改組。此後，順直省委相繼由朱錦堂、王藻文、韓連惠等擔任書記，但黨組織的混亂局面一直沒有得以解決，直到一九二八年十一月中央政治局派周恩來巡視北方，才基本解決了順直省委的問題。

豈料一波未平，一波又起。此前，就在順直省委改組的同時，一九二七年九月下旬，在北方局的領導下，中共北京市委進行改組，改選後的市委由王盡臣任書記，委員中有李渤海（兼負責祕書處，後叛變）等，會後，段純等人認為改組是非法的，就在北方局專門為此開會進行解釋時，由於叛徒出賣，多數與會人員不幸遭到國民黨當局的逮捕，中共北方局和北京市委遭到了嚴重的破壞。此後的一九三〇年六月，中共北平市委又重新改組，曹策任市委書記，祕書長則由魏文伯擔任，趙作霖等也當選為委員，其中市委常委只有四人：曹策任市委書記，趙作霖負責宣傳，王文正負責職工運動，另一名常委則負責幾個產業支部及西郊農村工作。市委改組後，原市委書記王青士被調離北平（不久後犧牲於青島）。不久，卻又發生了「河北省緊急會議籌備處」的風波。

一九三一年一月初，王明等左傾宗派分子在共產國際代表米夫的直接支持下，在中共中央六屆四中全會上進入了中央，隨即在黨內引發了一場混亂，羅章龍、韓連惠等當時就在大會上要求另行召開中央緊急會議，徹底改造中央政治局，形成與王明等的公開破裂。此後，羅章龍等在會後開展反對六屆四中全會的活動，主張由中央緊急會議產生新的中央，在此過程中，還在各地黨組織中成立了「第二中央」和「第二省委」等，造成了黨內嚴重的分裂。這時，已經改任為中共天津市委書記的曹策和京東特委書記李友才等人也在天津發起成立了「河北省緊急會議籌備處」。「籌備處」

成立後，曾派人到北平、唐山、直南、陝北、太原等地活動，並寫信給中共中央，要求廢止六屆四中全會的一切決議，重新組織新的中央。「籌備處」的活動使得中共河北省委及其下屬各地的黨組織處於混亂狀態。後來冀丕揚對此有一段回憶，其中他不僅提到了趙梅生，還提及當時趙的戀人袁行莊，他說：「一九三〇年九月我出獄時，北平黨的市委書記是蕭明，組織部長是趙作霖（又叫趙梅生，曾任北大黨支部書記）。我出獄後找到蕭明、趙作霖，他倆和我談了話：不久我轉為黨員，並擔任黨的東城區委書記。這時期北平黨的中心工作是反對立三路線。一九三一年一月，袁行莊從天津來北平找我和趙作霖談話，她說：『省委認為，陳紹禹借反立三路線的機會，把持召開了六屆四中全會，實際上他比立三路線還左。陳紹禹認為六屆三中全會的反立三路線是右了，實際上他的矛頭是指向周恩來、瞿秋白的，所以我們要反對陳紹禹把持召開的六屆四中全會。』她與我倆談話後又找蕭明談了，我們都表示同意省委的意見。幾天後袁行莊回到天津。到一九三一年二月份，袁行莊與河北省委負責人曹策一同來平，又找我們談話。談話內容是我們要從反對立三路線轉變為反對王明把持召開的四中全會。曹策與我們談話後，蕭明、趙作霖決定組織一個祕密的刻印機關，人員有我、袁行莊、小夏（陝西人）三人。我與袁行莊組成一個家庭，小夏作為我的表弟，我們掩護小夏刻寫印刷。印刷的主要內容是反對四中全會的文件及中央有關的重要文件。這期間，中央曾派送張金刃（張慕陶）到北平指導工作，並幫助組織緊急會議籌備處。蕭明、趙作霖、吳化之等人參加了籌備處會議。」在以上的背景下，一九三一年一月中旬，中共北平市委在清華大學祕密召開黨的代表大會，會上市委書記任國楨傳達了六屆四中全會的精神，「河北省緊急會議籌備處」的代表蔣曉海也作了報告，代表們圍繞擁護與反對四中全會展開了激烈討論。最後，代表大會選出趙作霖、蕭明、王作賓（即王定南）、劉錫五、李興唐、平傑三、楊潔斯等七人為新市委的委員，任國楨被調離北平赴山西工作（後犧牲於太原）。這次大會後，新當選的市委成員進行了分工，趙作霖任書記，蕭明負責組織，王作賓負責宣傳，朱煥容任祕書長。豈料，一月二十五日，劉錫五、李興唐、平傑三、楊潔斯等人發表意見書，否認並退出了這屆市委，他們認為北平黨的代表大會「是無條件的反對四中全會」的，「是接受了籌備處以蒙頭蓋尾的法術化裝了立三路線的孟什維克式的籌備處路線」，因此「要求省委迅速召集平市第二次代表大會，解放一切問題，堅決反對籌備處路線的傾向」。與此同時，他們又另外成立了以劉錫五為書記的中共北平臨時市委，這就有了兩個「市委」。

一月二十八日，王明的中共中央為了解決河北省的領導問題，結合貫徹六屆四中全會精神，派出以陳原道為首的代表團到達天津。不久，中央代表團正式決定取消「河北省緊急會議籌備處」，停止省委的職權，暫由中央代表團代理省委工作，並組織臨時省委，由臨時省委在一個月內召開河北省緊急代表大會，成立正式的省委，同時派遣幹部到北平、唐山等地進行反立三路線和反「右派籌備處」的鬥爭。二月中旬，河北臨時省委派阮嘯仙巡視北平，傳達四中全會精神與省委的指示，幫助北平臨時市委「堅決與右派籌備處及黨內右傾危險」「作無情的鬥爭」。這時，以趙作霖為書記的中共北平市委雖然受到大多數黨員的擁護，但他們清醒地意識到：如果他們繼續工作下去，勢必將形成「第二黨」，後果則是分裂黨組織，對革命不利，因此他們從大局出發，主動決定解散市委，回到四中全會產生的黨中央領導下工作。此後的二月二十四日，在河北臨時省委的領導下，中共北平市第二次代表大會召開，選出以劉錫五為書記的中共北平市委。

現在來看，反對王明等左傾教條主義和宗派主義，並沒有錯誤，況且在當時黨內反對四中全會的許多城市的黨組織中，唯有北平是最早自動解散的。至於當時趙梅生等之所以反對王明等，是反對左傾中央亂搞的那些「飛行集會」等左傾活動，作為北方黨組織的基層領導，他們深知左傾的危害。當然了，反對和糾正黨內的錯誤，要受黨內紀律的約束，由於糾紛而形成「第二市委」或「二個市委」的事實，這顯然就不被黨的組織紀律所容許的了。於是，由於黨支部的解散，趙梅生等被切斷了組織關係，更加意料不到的，是「一九三一年五月的一天，蕭明、趙作霖二人找我說：『我們倆人被開除黨籍了，你也被開除黨籍了，理由是說咱們犯了右傾機會主義錯誤，是羅章龍派。』」（冀丕揚：《我在北平的十年》）曹策則後來回憶說：「當時反四中全會的多是國內的老革命同志，贊成的多是在蘇聯學習的。我既反對羅章龍他們搞分裂，也對王明的那一套教條主義不滿，認為他們不懂中國的實際，也不同意他提出的『更加布爾什維克化』的觀點。但我贊成他們反立三路線。我當時的思想是要為第三國際負責，要反立三路線，主張改組中央。提出緊急會議籌備處是想把張金刃和韓連會拉過來，結果是我和他們站在一邊了。河北成立緊急會議籌備處，是得到平、津、唐很多同志贊成的，後來很多同志回到了黨裡。」（《河北緊急會議籌備處與北平天津黨組織》）當然，也有因為寒了心，沒有回到黨內的，這如曾與袁行莊相似的後來是女作家的謝冰瑩，這如北方左聯的楊纖如的回憶：「一九三一年春，大概過了春節不久，黨內傳達上海中央四中全會及非常委員會事件，提到羅章龍、何孟雄、張金刃、韓麟符、袁乃祥等十幾個中委被開除黨籍。接著又在一次會上宣布北方緊急會議籌備處事件，稱參加者為『右派籌備處分子』。後來又在一次會上，宣布北平市方面開除趙作霖等數十人的黨籍，並要我們與這些人斷絕聯繫。那時我們都很年輕，固然一方面堅持黨性，切實做到與籌備處分子斷絕來往，但其中有些人如謝冰瑩、楊秀怡、張鬱棠都是朝夕相處的人，一旦視為敵人，不管怎麼說，感情上總是有點不平靜的。但我們依然能夠堅決反籌備處，與他們劃清界限。」（《三〇年代初北平地下黨鬥爭片斷錄》）

抗日救亡運動中的趙梅生夫婦

此後，作為「回到了黨裡」的「緊急會議」派的蕭明、王作賓等，仍在中共北方局特委領導下開展活動，趙梅生則返回北大繼續從事黨的活動。其實，他自己一直對開除他出黨的處分並不表現出消極，他認為那只是「切斷關係」而已，因此他除了在北大開展地下工作，依然在黨外與中共華北特委保持聯繫，祕密地進行軍事情報的工作。此後，他的積極表現也就使得他恢復了黨籍。

一九三一年「九一八」事變後，民族矛盾迅速上升，北大也成為北方救亡運動的發難地，十一月三十日北大全體學生召開大會，議決赴南京請願，趙梅生則主張不是「請願」而是「示威」，隨即北大實行罷課，並派遣人員南下示威。趙梅生遂組織領導了「北京大學全體同學南下示威團」赴南京進行抗日救亡鬥爭，在南京，他竟又一次遭到逮捕。獄中他發動難友開展絕食鬥爭，並撰寫歌詞鼓勵大家，其歌詞是：「北大！北大！一切不怕。搖旗吶喊，示威南下，現被繩綁，又換槍把。絕食兩天，不算什麼！作了囚犯，還是不怕。不怕，不怕，北大！北大！」此後由於各地的聲援，他與被捕同學才獲得釋放，隨即被國民黨軍警強行押回北平。一九三二年，趙梅生在北大畢業後，由黨組織派回家鄉，祕密擔任中共山西汾陽特委書記。當時下野的馮玉祥在山西汾陽成立了軍官學校，實際由中共給予幫助，趙梅生也在這所學校以文書的身份為掩護開展兵運工作。一九三三年，日軍侵入關內，華北危急，馮玉祥在蟄伏多年後在察哈爾成立了抗日同盟軍，當時中共黨組織派遣了許多學生黨員前去參加，趙梅生也參加了同盟軍的活動，當時他率領中原大戰後由馮玉祥殘部組成的汾陽軍校官兵三千餘人組成抗日先遣隊，徒步走到張家口，加入了抗日同盟軍，趙梅生則擔任了同盟軍吉鴻昌部直屬教導團的代理團長。四月，教導團收復了多倫。

趙梅生與柯慶施、張慕陶等都是當時張家口中共前委的領導人之一。不久，察綏抗日同盟軍終因日偽的圍攻和國民黨當局的阻撓以及黨內左傾錯誤路線而失敗，此前，趙梅生已經被排擠出這支部隊，趙梅生夫婦遂又返回北平，並在北方局特委領導下活動。據說一九三四年有一天袁靜上街買早點，結果被叛徒項某盯上，他們夫婦二人遂遭逮捕，但他們堅不吐實，直至袁靜的親屬用重金將他們保釋出獄。這是趙梅生參加革命後的第四次被捕了，在獄中，他與地下黨員阮慕韓建立了工作關係，於是在出獄後，很快和黨組織恢復了聯繫。一九三五年，他被任命為中共北方局軍事代表（一說擔任中共河北臨時省委的軍委書記），負責河北的兵運工作。當時趙梅生的公開身份是在天津法商學院統計系任教，期間他還曾參加了北方文化界的抗日救亡運動，並參加了天津和北平的「一二九」運動，也是因此他被學院解聘。此後他返回北平，隨即在北方局劉少奇、彭真、林楓等的直接領導下從事文化界的抗日民族統一戰線工作，北平文化界救國會就是在他和楊秀峰、許德珩、張申府等發起下成立的。

一九三六年二月十五日，上海《大眾生活》雜誌在第一卷第十四期發表了趙梅生起草的《北平文化界救國會第一次宣言》，宣言向國民黨當局質問道：「九一八以來，喪失了東三省，斷送了熱河，民眾在『一面交涉，一面抵抗』的國策下，忍氣吞聲地待上三、四年，以為政府應該收復失地，保守疆土，奈何東北四省未曾收復一角，整個的華北又將拱手讓人了。冀察政務委員會成立以後，冀東的偽組織反而擴大，由外力策動建立了名存實亡的華北政權，敵人所派的無名總監已將常駐天津，監視著接收冀察，更進而囊括華北。華北民眾，全國的民眾，是否仍就保持著在皇帝統治時代不敢瞪一眼的態度，坐以待亡？」它號召：「中國的危亡已到最後的關頭，除非無恥的漢奸花言巧語來遮掩他們的賣國勾當以外，怕沒人敢說華北靠得住還是中華民國的華北吧；那麼，華北的民眾，全國的民眾，應該一致起來，抗敵救亡，決不能再坐視已為先驅的青年民眾，粉骨碎首，獨立支持救亡的陣容。」它還表示：「我們鑒於華北危機更嚴重的發展，堅決地反對正在進行中的廣田三原則下的亡國外交，以及一切斷送華北的新陰謀。我們以抗敵救亡的決心，督促政府變更向來的妥協政策，不是與政府為難；我們對於現在負責者，不遵重民眾的意思的誤國行動，決不能承顏察色奉命惟謹；我們站在民眾的立場，為民族的生存而提出救亡的主張；在基於民意而產生的政府，應該完全接受。北平文化界救國會，是下了犧牲的決心，任何壓迫，無所畏懼。我們希望：全國文化界火速起來，促進全國民眾的抗敵救亡運動，不要偷安退縮準備作亡國奴才。華北的民眾，全國的民眾，起來！趕快起來！抵抗敵人的侵略，救護我們的國家，收復我們的失地，爭取我們的自由！」在這份由北方文化界著名人士如馬敘倫、文元模、邢西萍、阮慕韓、李季谷、吳承仕、尚仲衣、涂長望、陳豹隱、陳博生、陳雪屏、孫席珍、許德珩、許壽裳、黃松齡、張申府、張蔭麟、曾昭掄、程希孟、勞君展、溫健公、劉尊祺、劉侃元、齊燕銘、潘懷素、譚丕模、嚴既澄、嚴景耀等列名其上的名單中，還有趙梅生和他的山西同鄉武新宇、郭從周等。此後，中共北方特委又安排給他一項特殊的任務——赴太原到閻錫山參議張慕陶那裡執行「反間」任務。張慕陶此前也是中共順直省委的重要領導，後來也在張家口抗日同盟軍的前委活動，後來被開除出黨，再後來他到太原，當時盛傳他是「托派」，其實內幕並非如此。

一九三七年「七七」事變前夕，趙梅生因肺病正在北平西山袁靜父親的別墅那裡養病，抗日戰爭爆發後，他帶病請求工作，於是他和袁靜被派往保定一帶開展工作。不久，他們夫婦二人因保定淪陷而失去組織關係，趙梅生和袁靜遂一同南下到了武漢，隨即在八路軍辦事處向中共長江局的董必武報到，以後就在董必武、王世英的領導下做統戰工作。不久，他們與袁靜的姐夫葉楠（國民黨元老葉楚傖的公子，時國民黨武漢市黨部委員）等人成立中國青年救亡協會，趙梅生任組織部長，並起草了宣言、組織簡章等。另據于光遠在《青少年于光遠——大學問家于光遠老人講他過去的故事》（華東師大出版社二〇〇三年版）一書中說：他在擔任中共長江局青委書記時，國民黨元老葉楚傖之子葉楠也在武漢發起組織有「青年救亡協會」，這是當時全國最大的一個青年統戰團體，會員可達十萬人，葉楠任理事長，該協會的祕書長就是其夫人的袁曉園，而該協會的組織部長又竟是袁曉園的妹夫趙梅生，當時袁曉園的妹妹袁行莊（即袁靜）、弟弟袁群實也參加了這個組織，中共當時開展統一戰線，就由錢俊瑞負責與之聯繫，錢還但任了該協會的宣傳部長。于光遠還回憶說：當時葉、袁兩個家族都積極靠攏中共黨組織，趙梅生也想儘快解決自己重新入黨的問題。於是，一九四〇年，趙梅生夫婦毅然決定前往當時無數愛國青年熱盼的抗日聖地——延安。在去延安之前，趙梅生還奉命與袁寶華在河南成立了河南青年救亡協會，並以第一戰區政治部政工大隊宣傳部指導員的身份從事統戰工作；一九三九年，在陝西宜川秋林「二戰區」的總部，經山西老鄉王世英和薄一波的介紹，趙梅生夫婦在流亡到陝西的山西閻錫山（當時稱為「二戰區」）那裡開展統戰工作，他們當時被安排在二戰區「民族革命室」編審委員會工作，趙梅生任副主任，遂得以公開進行統一戰線工作。翌年，趙梅生夫婦從山西騎馬到了延安。

「搶救運動」中的悲劇

在延安，趙梅生、袁靜都被分配在陝北公學學習，畢業後也都被分配到慶陽隴東中學，趙梅生還擔任了副校長一職。當時陝甘寧邊區的甘肅隴東是非常重要的地區，所謂「八百里秦川，比不上隴東一個董原邊」，說的就是隴東的豐饒，這裡盛產小麥，也是根據地、統戰區和國統區犬牙交錯的地方。隴東地委書記是馬文瑞，隴東中學的校長也由馬文瑞兼任，因為這裡文化教育的基礎異常薄弱，只是在共產黨掌權之後，這裡才有了第一所中學，地委書記兼任校長也說明對它的重視，一九四〇年九月，毛澤東還為這所中學題寫了校名。趙梅生呢，從前是北大的學生、北京市委書記、大學的教授，當一所中學的副校長，自然有點屈才，不過在當時來說，卻也是對他的信任。再說了，隴東雖小，隴東中學卻不容小視，它的教員全都是在整個隴東擇優挑選的，袁靜也在這所中學教授語文課，當時還有一個出名的人物吳南山——曾加入國民黨軍統特務組織漢中特訓班並被派到邊區的特務，後來卻成為中共隱蔽戰線的一個關鍵人物，也在這所中學任教。趙梅生為了辦好學校，為邊區培養更多有人才，拖著久病的身體，兢兢業業，他先後制定出辦校章程和方針、工作和會議制度等，這不僅很快讓這所學校走上正軌，隨即他又帶領全校師生開展大生產運動，較好地解決了辨校的困難。

一九四二年延安整風開始後，由於王實味事件和「小廣播」現象的發生，一九四三年整風進入了鋤奸和審幹的過程，在康生主持的「搶救運動」中，從國統區來延安、並且曾經有過被捕經歷的趙梅生和袁靜受到了懷疑，後來袁靜創作的秧歌劇《減租》也被康生視為「右傾」，加上袁靜的姐夫即袁曉園的夫君葉楠是當時國民黨中央的祕書長，於是兩個人的嫌疑更是重大。不久，趙梅生以開會的名義被調到延安接受審查，隨即失去自由，再後來，趙梅生與蕭明等原來一些「緊急會議派」的成員皆遭到了逮捕，據說劉少奇從華中抵達延安，聞訊後曾囑咐釋放趙梅生。不過，這已經無法挽回了——趙梅生蒙冤受屈，當時被關押在邊區保安處，據說當時保安處後溝有幾百人被關押的窯洞，人稱「老號」，裡面有高幹的楊靜仁、袁血卒、孫作賓、王懷安、李銳、吳波、閻子祥、何春波等，其他更不用多說。由於趙梅生住的是新打的窯洞，一個窯洞裡六個人都被潮濕弄成了病，趙梅生體質差些，肺結核轉成了腸結核，這在當時是再醫術高明的醫生也為之束手的，於是他一命嗚呼，於一九四四年病逝在那口窯洞裡，時年僅三十七歲。（《北大英烈》一書在提及此處時，說：趙梅生因舊病復發，被送往延安中央醫院治療，「終因受迫害致使病情嚴重，含冤病故。」另一本《戰鬥的足跡——北大地下黨有關史料選編》一書中，則稱其在被關押期間因「身體虛弱」而死）其實，當時有「紅旗黨」嫌疑的原北平市委的人蒙冤受屈的，遠遠不止一個趙梅生，如趙梅生的北大同學岳增瑜（「九一八」後北大南下示威團的總指揮）後來也在家鄉因莫須有的

「托派」罪名被殺，據楊織如回憶，在「搶救運動」中被處決的，還有原北平市委組織部長的韓國劉。（見胡澤民：《三次被捕前後》）

解放後的一九五一年，董必武曾指示中組部為趙梅生作出正確結論並立碑紀念，但因種種原因未能如願。此後直到一九八四年，中共中央組織部經過反覆核查，才對趙梅生的冤案予以平反昭雪，恢復黨籍，後又被中共山西省委追認為烈士，立碑為志。

關於趙梅生，筆者還注意到他生前撰寫有文章數十篇，其中多是他在北平和太原活動時期在《中國農村》、《中外論壇》、《世界論壇》、《新平月刊》等發表的，他的一些文章還被收入進中國農村經濟研究會編輯的《中國土地問題與商業高利貸》等書中，此外他還編有《民族革命教材》等。在延安的《解放日報》上也有他對大生產運動等的建議和分析「吳滿有現象」（富農問題）等的文章，這足見其理論的功底和其理論聯繫實際的能力，可惜由於他的政治結論遲遲不能落實，相關的研究至今還是一個空白。

誕生在延安的女作家

于光遠的回憶，其中提到的袁行莊，後來易名為袁靜，她的成名，是她曾與孔厥一同創作併合寫了中國新文學史上著名的解放區小說《新兒女英雄傳》。其實，在她身上，還有著一段鮮為人知的故事——她和趙梅生的生死戀（這有作家秦文虎所寫的《袁靜與趙梅生的革命愛情》）；他們在隱蔽戰線出生入死的可歌可泣的經歷（這也有作家所寫的《作家袁靜隱蔽戰線革命傳奇》）等。

袁靜（一九一四－一九九九），現代著名女作家。其又名袁行規、袁行莊，祖籍江蘇武進人，一九一四年出生在北京。袁靜是大家閨秀，她的二伯父袁勵准專擅宋人米體書法，據說北京中南海新華門的匾額「新華門」三字，就是其二伯父所題；袁靜的父親袁勵衡是一個銀行家，她的母親則能畫工筆花卉，並會吹簫笛，袁靜自小就是在這樣一個藝術環境裡薰陶和成長的。不僅藝術，對文學她也十分熟悉：她六歲入私塾，不久就「偷讀」了家藏的《紅樓夢》、《西遊記》、《水滸傳》等中國古典名著。少女時代，她在北平先後就讀於中法大學、馮庸大學、北平藝專等，這為她後來從事文學創作奠定的堅實的基礎。

袁靜出生於富貴人家，她卻嚮往革命，這就如當年的清華大學高材生韋君宜一樣：「我情願做一個學識膚淺的戰鬥者，堅信列寧、史達林、毛澤東說的一切，因為那是我所宣布崇拜的主義。我並沒有放棄一向信仰的民主思想，仍想走自由的道路。但是共產主義信仰使我認為，世界一切美好的東西都包含在共產主義裡面了，包括自由與民主。」「在決心入黨之後，我把讀書所得的一切都放棄了。」（《思痛錄》）袁靜十六歲參加革命，一九三〇年三月，她加入了共產主義青年團，當年的四月二十日，她參加了在北京舉行的紀念「五一」的示威遊行。此後，由組織安排，她在天津做地下工作，後又分別在平、津、滬等地做婦女運動工作，期間還參與組織了反帝大同盟等，這期間她已經有了一些描寫女工生活等的文學習作。袁靜於一九三五年加入中國共產黨，並在北平參與了「一二九」學生運動。抗日戰爭爆發後，她與趙梅生一道輾轉於江蘇、安徽、武漢、山西、陝西等地，積極開展抗日救亡運動。在此期間，她曾任中國青年救亡協會理事、武漢青年救亡協會宣傳團團長、二戰區「民革室」副總幹事、全國劇協二戰區分會常務理事等。

一九四〇年春，趙梅生夫婦到了延安，開始時一同在陝北公學學習，後來由於袁靜有藝術才能，她參加了秧歌隊，開始編寫秧歌劇。當然，她當時大概也有丁玲、陳學昭等在延安的生活體驗和感情波動吧。毛澤東延安「文藝座談會」講話之後，解放區的戲劇運動蓬蓬勃勃展開，袁靜的才華得以盡情綻露，一九四四年，她創作了她到延安後的第一個秧歌劇《減租》（後由延安新華書店出版），從此正式開始了文學創作活動，不過當時持掌審幹大權的康生卻從這個劇本中地主與農民一起歡唱「減租減息交租交息大家都喜歡」的唱詞中嗅出了「右傾」的氣味，於是在「搶救運動」中給予了趙梅生、袁靜夫婦格外的「關照」。在郝在今的《中國祕密戰》（作家出版社二〇〇五年版）一書中，有以下的描寫：「一天早上，袁靜照例起早，準備同戰士一起出早操。突然有人敲門，說是組織上有事找。袁靜剛剛開門，就有人進來收拾行李，於是袁靜稀里糊塗就被押上路。袁靜一人騎馬，一個班的戰士護送，鬆鬆垮垮行向延安。山路上丁香盛開，袁靜摘了一大把當遮陽傘，香氣之中心裡琢磨，自己的歷史清清楚楚，怎麼也受懷疑了？看到戰士待己和藹，心中又有些安慰，也許組織上調自己去延安學習？一路走了七天，袁靜不住地自己安慰自己，到了上級組織，解釋解釋就完了。沒想到，到了就慘了。目的地在山上，正趕上下大雨，爬上去溜下來，渾身泥地爬到山半腰，已是夜深人靜。偶爾可以聽到手銬腳鐐的聲音，說明自己進了監獄。」這段描寫是作者於一九九四年十一月二十八日採訪袁靜的記錄，說明是趙梅生先被捕，後來袁靜也被捕了，他們因此還連累了其他人，如袁靜的姐姐袁曉園，是改革開放後才得以回國定居的。袁靜是一九四四年的冬天才被釋放的，那時趙梅生已經死了。在被關押期間，袁靜身心痛苦，由於刺激太深，身體也甚至有了停經的生理反應。有了這段經歷，藝術上本來就敏感的袁靜一次偶然看到《解放日報》上刊登有〈馬錫武同志的審判方法〉的文章，這是「搶救運動」後期實行甄別工作和司法工作的典型，隴東專員兼邊區高等法院隴東分院院長馬錫武經過深入調查研究，調解成功了一樁封建婚姻的案件，袁靜觸景生情，於是在一九四五年採訪、創作了秦腔劇本《劉巧兒告狀》，這齣戲當時竟轟動了整個陝北，說書藝人韓起祥還將之改編成陝北琴書到處傳唱，解放後，該劇又被移植為評劇《劉巧兒》，由新鳳霞主演，更是風靡一時。一九四六年，袁靜又與孔厥合寫了歌劇《藍花花》，當時延安的中央樂團將之排練後公演。

趙梅生去世後，袁靜時時陷入痛苦的回憶中。一九四七年，她離開延安轉到冀中工作，擔任婦女幹事，期間參加過土地改革運動，組織過反「掃蕩」鬥爭，此後她先後在邊區抗敵文藝協會創作組、冀中文協創作組進行創作，期間她與人合寫有中篇小說《血屍案》，當然，讓她名聲大噪的，是她在一九四九年與孔厥合寫的長篇小說《新兒女英雄傳》，這部作品通過楊小梅和牛大水的愛情故事，描寫了抗日戰爭中的冀中農民在中國共產黨領導下對敵展開游擊戰爭，取得了一個又一個的勝利，有力地打擊了殘暴的侵略者。據她後來的〈關於《新兒女英雄傳》的創作〉一文，這部作品是這樣產生的：「這時，我偶然和我的好友——婦聯主任馬淑芳同志聊起她參加革命的經過。馬淑芳同志的不幸遭遇和曲折的奮鬥經歷，引起我極大的同情和興趣，使我有了要想塑造這樣一種婦女典型的強烈願望。我好像發現了新的礦藏，說服了我的合作者。」這部小說不僅在當時解放區文學界引起了轟動，而且名噪整個中國文壇，受到謝覺哉、郭沫若等名家的高度評價和廣大讀者的熱情稱讚，郭沫若曾讚揚這部作品「人物的刻畫，事件的敘述，都踏實自然，而運用人民大眾的語言也非常純熟。」當時這部作品被《人民日報》連載（一九四九年五月二十五日至七月十二日），後由人民文學出版社出版，其國內發行量在三百八十萬冊以上，並且被譯成英、德、俄等十餘種文字在國外出版。

可惜，袁靜和孔厥的合作沒有持續進行下去。孔厥，江蘇吳縣人，他原名鄭雲鵬，又名聞摯，後改名為孔厥。孔厥是在一九三八年夏季到延安的，他曾在魯迅藝術學院文學系學習，期間曾創作過作品《受苦人》、《一個女人翻身的故事》等。當時邊區有個著名的勞動模範吳滿有，組織上給他配備文書，專門寫些講話稿之類，這位文書就是孔厥。當時毛澤東還讓剛剛回國的毛岸英拜吳滿有為老師，孔厥也在吳滿有的身邊接受了「再教育」。一九四七年他到冀中創作組，隨即與袁靜合作，先後寫了中篇小說《血屍案》和歌劇《蘭花花》。一九四八年他和袁靜一起到白洋淀體驗生活，此後遂有《新兒女英雄傳》的問世。解放後的五、六〇年代，孔厥時有作品問世，但據說他在生活上曾犯有錯誤，遂在文壇上消失。一九六六年夏，在「文革」的狂潮中，他因慘遭迫害致死。

解放後的袁靜先後在中央電影局劇本創作組、中國作家協會、作協天津分會等單位工作，袁靜還曾任天津市文聯副主席、作協天津分會副主席等。其創作的作品則有電影文學劇本和同名長篇小說《淮上人家》、長篇小說《紅色交通線》、長篇紀實小說《大地回春》（與人合作）、中篇小說《生死緣》（與人合作，後改名《中朝兒女》）、《小黑馬的故事》、《紅色少年奪糧記》等，其中《小黑馬的故事》在第二次全國少年兒童文藝創作評選中榮獲一等獎，並有英、俄、越等幾種外文譯本。晚年的袁靜主要創作兒童文學和環保文學，這有中篇小說《李大虎和小刺蝟》、《芳芳和湯姆》和科學童話集《金鑰匙》、《水鄉晨曲》、《幸福的小舍哥》以及電視文學劇本《霧中蓓蕾》、《精豆子外傳》、《大虎》等。一九八八年，為了表彰她對中國當代兒童文學的突出貢獻，她被授予了天津市魯迅文藝大獎。

一九九九年七月二十九日，袁靜病逝，享年八十五歲。

10 黃克功持槍殺人案

六十餘年前延河邊發生的紅軍將領黃克功以戀愛未遂槍殺女青年劉茜的故事，今日讀來不僅讀後有些當年功臣犯罪得與庶民同罪的感慨，而且如果能讀到故事背後的故事，想來更有一番別樣的滋味吧。

一

抗戰爆發之後，許多愛國青年衝破重重封鎖和阻撓奔往延安，山西太原友仁中學十六歲的女青年劉茜也來到延安，她先在抗大第十五隊學習，又被分配在新成立的陝北公學學習。後來在延河岸邊，她和一位少年時就參加紅軍的抗大第三期第六隊隊長（原是劉所在的第十五隊隊長）黃克功（江西人，二十六歲）相愛而談起了戀愛，這本來是樁好事，可是在戀愛期間，劉茜發現黃克功有些驕橫，他自恃紅軍出身，參加過井崗山的鬥爭和二萬五千里長征，曾在四渡赤水和奪取婁山關的戰役中立過大功，又當過師宣傳科長和團政委，到延安在抗大學習畢業後就留下來任隊長，這樣的經歷和戰績久而久之使他產生了驕傲和自負的情緒，不免在與劉茜的交往中表現出來，而在戀愛中女孩子心理活動比較纖細，劉茜終於忍受不了黃克功的驕橫和他約束自己交友的霸道，也不滿黃試圖從物質上征服自己的用心，便婉轉向他表示要終止發展兩人的關係。現存陝西省檔案館內的劉茜致黃克功的一封信即是他們熱戀即將結束時的一個信號，透過劉茜理想主義的愛情語言我們可以看出她的清純、天真以及她與黃克功之間有形和無形的隔閡，那甚至預兆著一場無法避免的悲劇：

我希望我的愛人變成精神上的愛我者。

我希望你站在朋友或愛人底地位來指導你的小妹妹，能吧！？——告你，一個人，不！就直接說我，愛情不是建立在物質上的，而是意志、認識的相同，你不應把物質來供我，這是我拒絕你送我錢和用品的原因，希望你不要那般的來了，你無形中做了侮辱朋友的行為，不管你中如何的用心。

就是夫妻在合理的社會制度中，互相的經濟也是各不依靠而是幫助，你認清點！！

我們都有戀愛的自由，誰都不能干涉對方交友！你或者在驚奇吧？朋友！這話是從正確的理論書上得來的。

這錢嗎？假如你愛我，就不應給我，請你給前方戰士用好了！

我們還是講講廣義的愛吧！整個國家的生死存亡擺在眼前，四萬萬多的同胞正需要我們的愛哩，你說是嗎？你愛我嗎？而你更應愛大眾！──這是我的點許希望。

劉茜的信述說著她在家庭和學校所受到的「五四」之後新文化思想教育的個性主義和自由主義理念，而它在集體主義、民粹主義（黃土地的農民主體和長期農村環境中的中國革命所不能避免）和驕傲的革命功臣（不免反映在某些歧視知識分子的思想和居功持有特權的思想）的氛圍中卻顯得異常的不諧調，黃克功自然也沒有想到劉茜會這樣要求愛情，他久已形成的自負心理突然崩潰，接到這信後，一九三七年九月底的一個黃昏，他約劉茜去延河邊談話，實際上是去攤牌。時黃殺心已起，懷揣了勃郎寧手槍去赴會，結果由於兩人談不到一塊，當劉明白無誤地表示要與黃斷絕戀愛關係後，暮色蒼茫中，黃克功一怒之下，拔槍打死劉茜，終於闖下了大禍。然而黃殺人如此鎮定和從容，他大概以為這沒有什麼吧，事後，他返校洗去身上的血跡，並將手槍認真擦拭了一番，於是舉步到校部彙報並向法院自首。這就是當年延安聞名的「黃克功案」。

案發後，對黃的隨意殺人，延安輿論有兩種看法，一是殺人抵命天經地義，絕不能因殺人者身份而寬恕；一則可惜黃克功年輕有為，又有軍功，似乎可以給他一個戴罪立功的機會，特別是黃在拘押時的陳述書上依然不服罪，對死者還懷有仇恨，於是有人還同情他，甚至有痛哭流涕者。黃的陳述書是這樣寫道：「與劉氏相識於抗大，在抗大不多日之短期過程中余觀劉氏天真活潑，幼年頗有智慧，因此乃與劉結成朋友之交，相互通信，未數日，即發生愛的關係。在最初的兩、三星期，二者情深至極，繼則與劉氏口頭訂婚。劉則滿口允諾，謂學習半期或一期後，實現正式登記。此一事件，外界人士大都皆知，尤其與我同事諸人更為詳細。孰料劉氏狼心毒惡，玩弄革命軍人，隨處濫找愛者，故意破壞訂婚之口頭協約，損功名譽。功聞訊後，即採取通信方法予以說服教育，孰料劉氏固執不變，反而將我所給予之信件交諸友人宣揚，更進一步破壞余之威名，此乃劉氏深切給余痛苦一也。其次，劉氏給余之痛苦乃為余已去信數次，未覆一函，竟然拒絕。最後雖曾覆一函，也不過口是心非而已。因此余乃不得不親臨該處，邀劉做最後之口頭談判。在談話時余對劉態度和藹，而劉卻眨眼無情，惡言出口。因此，余受痛苦與刺激過大。則拔手槍而恫嚇之，誰知事出意外，竟失火而斃命耶」。黃克功不能正確對待愛情、更不能正確對待愛情的變化，他的陳述中充滿著其時即使是革命聖地也習焉不察無處不在的男權的主流話語，退一步說即便愛情是兩個人的事，黃為了挽回已經不再可能的愛情，竟用殺敵的槍故意殺人洩憤（又藉口走火，但走火會發兩槍嗎？顯然黃事後是抵賴的態度），這樣的行徑是令人髮指的，自然性質已不同於一般的婚變。

抗大副校長羅瑞卿素來器重黃克功，他是看著他從蘇區打到陝北的，於是還去拘押黃克功的地方看視他，但羅副校長深知軍法如山，共產黨不能因私情而放棄原則，在研究處理黃克功的會議上，他亟言「任何人都要服從法律，什麼功勞、地位、才幹都不能阻擋依法制裁」，根據學校組織的意見和群眾的反映，羅瑞卿向中央和毛主席做了報告。後在審訊中，黃克功承認了劉茜的死不是因為走火而是他一槍未能殺死劉遂又加一槍，這就是蓄意殺人了，延安檢察機關於是偵察起訴，認為他槍殺自己的革命同志，破壞革命紀律和團結，在客觀上是「漢奸行為」，黃不同意這樣的結論，辯稱：「我並非洋漢奸賣國賊，只要我一息尚存，還恨日本帝國主義。我是一個黨員，還願犧牲自己為革命奮鬥。我殺她是因為她公開和不公開地破壞我的名譽。」意思是他是為了維護軍人的名譽和尊嚴才殺人的，也是正義的。法庭駁回了他的辯護，黃於是又向毛澤東上書，請求裁決。

十月十日，毛澤東就黃克功逼婚未遂開槍殺人致信邊區高等法院院長和審判黃案的審判長雷經天，他說：「黃克功過去鬥爭歷史是光榮的，今天處以極刑，我及黨中央的同志都是為之惋惜的。但他犯了不容赦免的大罪，以一個共產黨員、紅軍幹部而有如此卑鄙的、殘忍的、失掉黨的立場的、失掉人的立場的行為，如為赦免，便無以教育黨，無以教育紅軍，無以教育革命者，並無以教育做一個普通的人。因此中央與軍委便不得不根據他的罪惡行為，根據黨與紅軍的紀律，處他以極刑。正因為黃克功不同於一個普通人，正因為他是一個多年的共產黨員，是一個多年的紅軍，所以不能不這樣辦。共產黨與紅軍對於自己的黨員與紅軍成員不能不執行比較一般平民更加嚴格的紀律。當此國家危急革命緊張之時，黃克功卑鄙無恥殘忍自私至如此程度，他之處死，是他自己行為決定的。一切共產黨員，一切紅軍指戰員，一切革命分子都要以黃克功為前車之戒。」

二

一年後，也即一九三八年五月，黃克功終於咎由自取被開除出黨和被依法處決。刑前，他表示認罪，但籲請法院顧念其在紅軍十數年的戰績，許其改過自新，他在刑前高喊：「我並不怕死，可是我情願死在戰場上，讓我的血流在敵人面前！把這顆結束我生命的子彈用來射擊我們民族的敵人吧！」參加公審的人群中頓時發出附合和同情他的聲音，有的人還情不自禁流下淚來。但是，紀律和法律是嚴肅的，法院院長雷經天一字千鈞地宣布：「黃克功故意殺人，處以死刑」！

黃克功終於被依法處決。這一消息很快遍傳，延安甚至西安、太原等地都廣泛引起了反響，人們盛讚共產黨和八路軍公正無私、執法如山，相比較於日呈腐敗的國統區，大家不約而同把中國希望的曙光矚目於延安那一方土地。正如當時胡耀邦（審判黃克功時的公訴人之一）在抗大校刊《思想戰線》發表的文章所闡明的：「必須使我們全黨知道，執行紀律也是教育形式的一種，如果我們開除了一個壞分子，不但不會使我們的隊伍減弱，相反的只有使我們的黨、我們的隊伍更加強健起來！」「黃克功案」處理後，劉茜的家屬也受到安慰與撫恤，毛澤東還在抗大特意作了一場「革命與戀愛」的講演，提出了革命青年在戀愛時應遵循的「三原則」——革命的原則、不妨礙工作和學習的原則、自願的原則。他要求大家從黃克功案中吸取教訓，要嚴肅對待戀愛、婚姻和家庭問題，要培養無產階級的理想和情操，堅決杜絕類似黃克功案的發生。

多少年過去了，毛澤東刀下不留人的故事，如黃克功案，如劉青山、張子善案，依然口碑不絕，但是，如果我們留心當年「黃克功殺人案」前後的種種，若加以深思就會有許多耐人尋味的感受，比如作為「老革命」的軍人黃克功，功勳在身卻心胸如此狹小，心腸又如此歹毒，這是為什嗎？而在革命聖地的月光下、在革命戰爭中竟發生這樣的慘劇，又是為什嗎？一場革命如果革命者人性始終得不到提升、文化思想素質始終得不到提高、共產黨人的崇高目標下降為一切為了自己的私慾，那麼，這場革命的結局將會多麼可怕！再比如：黃克功如果殺的不是劉茜而是被罪以「漢奸」或「托派」的人物，如陳獨秀、王實味呢？總書記張聞天在處決黃克功後代表中共中央向參加公審的群眾有一個演說，今天聽上去就另有一種況味了，他說：「各位同志：黃克功的死，在我們黨的損失了一位英勇的戰士，而且是一位過去十年來曾經為共產主義奮鬥的好青年。然而，他現在竟犯了一件不可赦免的罪行。他槍殺了他的同志，一位優秀的共產黨員，他已經不再是過去的英勇的黃克功同志了。他忘了黨的主義，他背棄了群眾，他殺害了一位優秀的共產黨員，削弱了自己陣營的實力，也就是敵人的幫兇。如果他今天所殺的是敵寇，是漢奸，是托派。當然，我們無判他死刑的理由。但是，現在我們不得不忍痛用一粒子彈結束他的生命。」

為什麼殺了王實味之類的人物就「無判他死刑的理由」呢？道理很簡單，他們是「敵人」麼。所以，在「搶救運動」中的那些冤魂就長期不得昭雪，甚而至於幾個借道解放區去南洋和澳洲謀生的「老外」（俄羅斯人和南斯拉夫人）也被康生命令保安處聯同王實味被一道處決，殺死後又將屍體塞入枯井內，等到蔣軍胡宗南部隊進攻延安時發現了這些屍體後大作文章，抬將出來陳列示眾，西安方面也大肆張揚，給中共的聲譽造成極壞的影響，但是反過來，以彼時的「革命」邏輯判斷：凡是敵人反對的，所以不獨殺之有理，且必將殺之。一九四三年「搶救」高峰時，「延安十老」之一的民主革命元老、詩人錢來蘇，他和兒子錢家驥嚮往延安經王世英聯繫到延安，錢家驥因為在壁報上畫了一幅向日葵比喻心向延安，其父子以及錢先生的女婿孫靜遠就被誣衊和懷疑為日本特務，遭到車輪戰術的逼供，憤極了的錢來蘇先生對著被逼前來要其「坦白」的王世英大怒道：「介紹來延安是你，特務之冤又是你」，於是絕食抗議，氣極了的錢先生還說出一句痛心話：早知如此，不如在家當漢奸！這樣的例子還有許多，如以薄一波的見聞，他到延安參加「七大」和入中央黨校學習，其間「有一件難忘的往事，其情其景，多年來不時地湧上心頭」，什麼是薄一波這位老革命後來難忘的往事呢？原來他把隨來延安的母親安排到深溝的窯洞居住，一天他去看母親，不料母親死活不要住了，為什麼呢？她說：「這裡不好住，每天晚上鬼哭狼嚎，不知道怎麼回事」，薄一波於是去看個究竟，果然六七個窯洞裡關著百餘號人，其中有許多人已經被折磨成神經病，後來他得知，這些人都是「搶救」的知識分子，薄一波憤慨地說：這「簡直是對嚮往革命的知識分子和革命老幹部的迫害、摧殘！」

也正是當年王實味被指責為「托派」的言論：史達林人性不可愛；季諾維也夫等人的叛國案可疑。蘇聯搞得那套肅反擴大化多多少少影響到中國，黨內鬥爭之殘酷有時竟甚於真正的敵人，而曾經我們把子虛烏有的所謂「托派」比敵人還「敵人」。這個源頭正是出於史達林，據《季米特洛夫日記選編》披露，早在一九三七年十一月十一日，史達林在克里姆林宮會見王明、康生、王稼祥時就指示說：「托派必須追捕、槍斃、消滅」！因為「他們是全世界的奸細、最惡毒的法西斯走狗」！

在張聞天遺憾黃克功殺掉的不是「托派」之後，被黃槍殺的民國初年晉南鎮守使董子安的孫女劉茜（本名董秋月）假如不死後來會如何其實很難估計，我們從她姨表妹的回憶文章中得知了劉茜家人後來的遭遇（其妹自殺又被拋屍荒漠），不難設想，那個一心憧憬著真正的愛情和合理的社會制度的小姑娘，如果她沒有被黃克功槍殺，這個劉茜的未來會如何呢？是不是「她的未來不是夢」？

11 清華高材生熊大縝的冤死

六十年前，也是這個季節，「出師未捷身先死，長使英雄淚滿襟」，冀中根據地發生的兩個冤案，其中之一是「漢奸」、「特務」的清華高材生熊大縝的被處決，那時，他不過二十六歲呀！六十年後，無意中打開家父的遺藏，一冊錢玄同先生題款的《京大附中初中戊辰級畢業紀念冊》，這「京大附中」就是北京的名校——師大附中了，一九二八年家父們初中畢業，這本冊子上印有全體同學的相片，驀地，這個名字吸引了我：熊大縝。一副純樸稚嫩的樣子，這就是熊大縝呀，我差點叫起來。

依稀回憶，父親在世時沒有提起他，想來是他死的太早了，科學家汪德熙先生會記得他吧，其他幾位父親的同窗：經濟學家張駮祥、語言學家徐世榮、王光美的哥哥王光超。他們彷彿也沒說起過，那時畢業冊上每個人都有同學們的評語，說熊大縝，乃「贛之世家子也，昆仲六人，君行五，天賦尚不惡，惟性頑皮。殆年十二，與兄大紀同考入附中，旋因事休學，繼年復入校隨此班。遊嗜運動，然體力不足，多無成，惟精足球。學業平庸，於數學特饒興趣，故成績亦稍佳。君無所志，但願終身兒童而已」，那還是很孩子氣的，天真爛漫，這如果以後不在社會上消磨掉，就有危險了，如同徐鑄成先生為家父撰文，稱其葆有天真，而「天真對於報人不啻癌症」。果不其然，熊同學後來的冤死，亦未始沒有「天真」的成分。熊大縝喜數學，與汪德熙相仿，後來就考入清華，讀物理，畢業後進研究院，師從葉企孫先生。中學時的熊大縝是「頑皮」，大學呢？韋君宜回憶其人，說：「記得一位比我早三班的同學熊大縝，平時不大活動，很用功」，但「從抗戰開始，他這個書呆子便拋棄了出國留學的機會，大學助教不當，跟到冀中參加革命」，這個變化是那時很普遍的，韋君宜自己就是嘛。這是中國知識分子的天性，「天下興亡，匹夫有責」的信念是深深埋在他們心底的，雖然程度不同，如葉企孫就有西方科學家的粹然問學、慎行冷靜、超然黨派政治之上的性格心態，其弟子的熊大縝師葉如子，專業學問之外這師生二人的政治黨派見解就不會高深到什麼地步，不過「書生上馬能擊賊」，民族有難，熊親赴根據地，葉在平津以及香港等地策應，不料結局出奇地令人意外，如韋君宜之歎：這熊同學，「他是學工科的，在部隊主持科研工作，製造了炸藥、手榴彈，還跑到北平為部隊採購藥品和電臺，誰想到這個人後來竟以特務罪被槍斃，而且正式通報，明正典型。同學們見到都既驚訝又傳以為戒，一提起他就是『隱藏的壞人』」。悠悠眾口，他的同學以後誰還敢再提他呢？於是他是被遺忘者。

一九八六年，中共河北省委為熊大縝平反。我找來《呂正操回憶錄》，書上是這樣寫的：一九三八年春夏，中共黨組織動員了許多平、津、保的學生和知識分子來冀中，同時運進了大量藥品和醫療器械以及收發報機的零件，北大、南開、協和、留學生、教授，進了根據地，清華就有熊大縝、汪德熙、李廣信等，其中門本忠負責爆破隊研究室，後來在反掃蕩中英勇犧牲，（被日本鬼子用鐵絲穿進鎖骨遊街再遭殺害）張芳試驗雷管致殘。熊大縝呢，脫下西服，研製炸藥、地雷、雷管，終於用它切斷了華北的許多鐵路，又裝修短波通訊工具，曾鬼斧神工設計用豬尿脬從平津向根據地運送真空管，這個本來將去德國留學的清華學子，在冀中發揮所長，先後擔任軍區的印刷所長、供給部長、研究所長，卻不料一九三九年在轉移途中，「被晉察冀軍區除奸部突然祕密逮捕，同時株連從平津來冀中參加抗戰的知識分子近百人」，熊被處死，又宣布為「漢奸」、「特務」。

這不幸被受梅貽琦校長之命滯留天津設立臨時辦事處支應南下師生並保管校產的葉企孫所測得。一般說來，清華學人（或「學派」）其理念多不出民主、自由、平等、法治這些淵自西方的概念，在中國你不談政治政治卻要來糾纏你的語境下，難免概念被置換了空間而顯出尷尬，人文知識分子是這樣，自然科學的學人也庶幾不差，比如一九五七年那場劫難，所謂「六教授」，其中之錢偉長、曾昭掄、吳景超、費孝通四位，加上羅隆基、王造時、錢端升、潘大逵這些老清華，他們的理念和遭遇不是這樣一個說明嗎？葉企孫在後來的交代回憶中，說起熊大縝那個案子，「老實」交代，他是早就擔心熊的無背景而榮膺要職的，「恐無好果」，為什麼呢？是有限的人世練歷經驗所提示？是對心愛的學生和助教熊大縝其性格等的深刻瞭解？抑或一個清華學人對迷離模糊的中國實際政治的悵惘？而這種悵惘是否又落實到擔心戰爭環境下政治黨派對「上馬擊賊」的書生充分信任和寬容？終究老師比學生老成，不過葉先生的專業是物理（堪稱中國物理學之泰斗），但要讓他明白中國政治那是不靈的，所以他那時對河北呂正操與鹿仲麟雙雙不能合作抗日很有看法，他哪裡知道統一戰線內部會有複雜激烈的鬥爭的奧妙，熊大縝也終失於「天真」，（實際上當時他已經處於被監視的處境）也居然會不假思索接受了一個來自「天津黨政軍聯辦」的抗日統戰組織的試圖溝通雙方的良好願望，於是他的被殺即有根據地錯綜複雜的對頑鬥爭以及軍人幹部和知識分子幹部隔閡猜忌的複雜背景，也有始自蘇區大肅反以迄其後不時發生（比如延安「搶救運動」）的左的錯誤方針影響，於是中國少了一位物理學家，那位葉先生也被視為老牌國民黨CC系了，數十年後因而被捕和審查，他的晚年是十分可憐的，謝泳有一篇《葉企孫饒毓泰的死》，說的就是這兩位中國物理學泰斗不幸的晚年。

熊大縝，後來很少被人提及，只是到了一九五七年，他生前的好友錢偉長在北平即將解放時的一句私下講的話被人揭發了，那是他對黨內一些錯誤做法的意見，說：「用得上你就用，用不上時就槍斃，像蘇聯對待托洛茨基，中國對待熊大縝那樣」，當然，這是了不得的「黑話」了。可是當年，葉企孫、熊大縝、錢偉長、汪德熙、葛庭燧、閻裕昌、胡大佛等都是在冒著生命危險向根據地幫助抗戰的。

蕭伯納曾引黑格爾言：我們從歷史上學到的只是——人類從未從歷史中學到任何東西。咳，多麼掃興。以中國歷史學的古老而發達，「資政」或者「通鑒」，做到了多少和沒有做到多少，是不是究竟是「太陽底下沒有新鮮事」？這有太多的教訓。讀「老附中」的紀念冊，想六十年前的清華熊大縝，不禁又連想到北大的兩位山西學生，都是「一二九」的弄潮兒：岳仲瑜，北大南下示威團總指揮；趙梅生，北大黨支部書記，卻後來一被視為「托派」被殺，一在「搶救」中殞命，這還有曾與冼星海合作創作《犧盟大合唱》的河南青年作家傅東岱、「西路軍」的李特和黃超、在晉察冀屈死的我的父執郭潔民等，更有那被「搶救」的一群。

12 丁玲為什麼沒有嫁給彭德懷？

一

有時候看書，會禁不住走進傳主的世界中，笨拙地或自以為聰明地把已知的結局與自己「閱讀期待」的假設相替換，這也就是好讀書讀出來的一個境界：顛覆文本，豐富文本。其實，這在讀書界也是慣常的景象。的確，有些「假如」的構想也實在是誘人呵，比如：「魯迅活著會如何？」「假如胡適不走？」等等。有了這一番「假如」，歷史的長鏡頭會勾勒出一幅分明或朦朧的畫卷，它或許會比沒有「假如」更加逼近真實的文本。

說到丁玲。如同我們有許多「說不完的人物」——丁玲，也是說不盡的。二〇〇五年十一月四日的《文匯讀書週報》有一篇介紹一九四九年上海大地出版社《中國革命作家小傳》的文章，其中提到該書「傳了丁玲和彭德懷結婚的謠言」，所謂「真讓人啼笑皆非，也可見當時各種傳言的離奇，而文壇的謠言殺人即此可見一斑。」其實，「謠言」並不是沒有影子的事，恰好筆者不久前從特價書店購得一冊書套上寫著「大腕作家、學者描述一代文豪生平」、「中國首套揭示現代頂尖文學巨匠生活、婚姻、創作內幕的巨著」的《丁玲評傳》，書中提到在陝北時，就有一段曾經廣為人知的「昨天文小姐，今日武將軍」的丁玲和彭大將軍「戀愛」的「故事」。關於丁玲，自忖閱書也不少矣，不過，因這一問題而作者採訪了傳主的丁玲，我還是第一次讀到，那就是書中所說的：「丁、彭最終未能成為夫妻，這是為什嗎？大約是在一九八二年，我曾冒昧地問過丁玲，她回答說：『我考慮再三，主要是因為差距太大，不合適。』」什麼「差距」，怎麼不「合適」？作者沒有分析下去。記得自己寫文章，寫到了延安，不禁又想到了這一問題。以我們的「常識」而論，一個「莎菲」式的女性如丁玲，與中共黨內著名「清教徒式的人物」的彭德懷將軍，當時假如竟結婚了，（這真是太撩人的話題，讓人不敢想下去了）以後會發生怎樣的「故事」呢？當然，從「常識」出發，他們是不會結婚的，也就是說，這兩個人是絕對不會結合的。

二

先說丁玲到了延安。「愚蠢的日本帝國主義和國民黨政府，共同把我這樣的青年推到了共產黨的旗幟之下」，這是韋君宜晚年寫她的一生回憶《思痛錄》中的一段話。上世紀三〇年代中葉以後，正是不滿意於國民黨的統治又為斯諾、范長江等筆下那神祕西北欣欣向榮的氣象所吸引，多少像韋君宜這樣的女知識青年跋山涉水投奔了紅色聖地的延安，甚至也有了丁玲這樣的「大腕」，而當時中共基於幹部尤其是知識幹部的嚴重匱乏，在糾正十年內戰時期籠罩在蘇區由共產國際傳染來的歧視知識分子的「馬哈伊斯基主義」的基礎上，及時制定出吸收知識分子參加革命的政策，因為很清楚：僅靠到達西北的三萬多紅軍和少得可憐的紅色知識分子要完成解放民族解放階級的使命是非常困難的，甚至也是不可能的。於是，此後大批青年湧向了延安，這中間有許多是女知識青年，也有女作家的丁玲、陳學昭、顏一煙、莫耶等。正如研究者所說：在那場戰爭中，「尤為引人注目的是中、上階層婦女（特別是年輕的知識女性）的自覺介入，在短時間內極大地提攜了整個中國婦女社會參與的層次和程度——與西方中產階級婦女的覺醒不同，中國知識婦女的覺醒多半起於『民族革命』而不是『婦女解放』，其『民族意識』先於並遠遠高於『女性意識』和『個人意識』，由此進一步鮮明了中國婦女解放的特點：不僅在女性意識中深嵌『階級』，更是與民族、國家緊密糾纏在一起。」

延安，物質生活是艱苦的，「馬列餅乾」的鍋巴、大米摻小米的「國共合作飯」、簡陋的窯洞，但女子們居然身體結實了，精神更是充實，後方來報導的被毛澤東稱為「自由主義」的報人趙超構眼中依稀是「母權中心時代」女子「粗糙面目的復活」，也就是說她們是領略了社會生活和人事經驗、不再是天真和脆弱易受情意牽制的延安新女性了。她們的歷史面貌、社會角色、文化姿態、人格形象都和以前的深閨女子、校園女子甚至廣場女子不同了，作為階級屬性她們是革命的知識女青年了，思想是馬克思主義中國化的毛澤東思想所武裝，走的是與工農結合的道路，雖說這在當時全國四百萬知識分子和近半數人口的女子中微乎其微，但作為群體力量是不可小覷的。不過，在嚴酷的農村和戰爭環境下、在初步與工農（其實就是與農民）相結合下、在整風運動（中經「搶救運動」的面積達百分之八十的被懷疑和初嚐黨內左傾殘酷鬥爭無情打擊的體驗）脫胎換骨思想定型於中國革命特色的意識形態，這麼說來，她們後來的幸或不幸，其實已在其中矣。比如說吧，由女性自身的發展而言，西方空想社會主義家傅利葉先生有段名言：「某一歷史時代的發展總是可以由婦女走向自由的程度來確定的，因為在女人和男人、女性和男性的關係中，最鮮明不過地表現出人性對獸性的勝利。婦女解放的程度是衡量普遍解放的天然標準。」延安女知識青年呢，用毛澤東的話比照傅利葉：「什麼叫做女子有自由有平等？就是女子有辦事、開會、講話之權，沒有這些權利，就談不上自由平等。」毛澤東於中國語境下更有具體的女子解放目標：「婦女解放與社會解放是密切地聯繫著的，婦女解放運動應成為社會解放運動的一個組成部分存在著。」（《婦女們團結起來》，第一六九頁）也即婦女解放與社會解放同步，且是從屬於社會解放的，這當然有其合理性。如果中國革命是要推翻三座大山，那麼，中國婦女不幸或榮幸地，她們還必須要再推翻N座大山，因為只有這樣才能從她們被解放的程度來反觀社會解放的實效，如此看來，後來雖說她們經過鬥爭贏得了表面上的各種權益、獲得了她們在社會上應有地位的保障，習焉不察，卻無處不在男子霸權（某種情況下就是以革命的名義）的陰影之下。甚至，「即使在非正常秩序下的戰爭年代和革命隊伍中，女人的社會身份和人生道路，仍然更多地取決於傳統社會男性中心意志，而不盡是她的自然命運。」因為說到底，以中國社會生產力水平之局限、人們理性審視自身的能力以及女性主體參與的程度不足等，都構成了「他者」對女性客體的給定和安排，這其實在延安就有影子了。

畢竟，革命到了延安是革命中心由城市而農村，馬克思主義中國化的啟蒙取代了「五四」式的啟蒙，後來是革命淹沒一切的如歌歲月，丁玲〈三八節有感〉的轉瞬即逝、陳學昭憂鬱的〈工作著是美麗的〉、韋君宜〈露莎的路〉的歲月回首、史沫特萊大倡女權組織跳舞卻引起延安女性的一致「杯葛」、組織安排婚姻（也就是後來人們熟悉的「組織觀念」了）等等，在延安聖地的陽光照耀下有著這斑駁的影子是並不奇怪的。於是，在延安，如王震等看書生們壁報的反應、毛澤東與賀子珍的仳離以及賀龍與蹇先任的離異，等等，都不是不可思議的了。

三

回到丁玲。一九三六年，丁玲到了陝北保安（即今之志丹縣），那正是「救亡」、「革命」、「婦女解放」三重奏的年代，也是它們彼此纏繞形成歷史弔詭的歲月的時候。丁玲剛脫身於國民黨的牢籠，（後來她以「魍魎世界」形容之）在「美麗新世界」裡心情煥然一新，她對毛澤東說：她要當兵，當紅軍。毛澤東說：好呀。於是，剛剛當選為「中國文藝協會」主任的丁玲上前線了。在三原，她看到了威風八面的彭將軍，將軍還送了她一件皮大衣。很快，女作家用特別的眼神注視著他，她用她所擅長的筆，記錄下這位紅軍「戰神」的風采——《南下軍中之一頁日記》、《彭德懷速寫》，這些作品和素描，是彭將軍傳神的音容、謦咳的再現，它們是女作家仔細觀察得來的感受。在她筆下，將軍並不是一個赳赳武夫，甚至，比外國人筆下的朱可夫、巴頓，這位彭將軍更讓人喜愛呢——「說話總是很幽默的彭德懷，也是一個喜歡說一兩句的，並且有時還會做出一點胡鬧的舉動，只有小孩子才會感到興趣的舉動」等等。據說這些文字「在中國現代文學發展的光輝歷程中，丁玲是描寫我黨我軍高級領導人形象的第一個作家」，以至於以《保衛延安》塑造了彭德懷形象的杜鵬程將其作品與丁玲的這些文字相比較，也不由喊了一聲「自愧弗如」，而後來曾與丁玲共同編辦大型文學刊物《中國》的牛漢先生也說：「彭德懷這個形象是丁玲文學創作歷史中出現的第一個現實的英雄。」這難道是偶然的麼。也是在一九三六年的年末，後方的毛澤東竟以拍電報的方式把一首〈臨江仙——給丁玲同志〉的新詞轉給了丁玲：「壁上紅旗飄落照，西風漫捲孤城。保安人物一時新。洞中開宴會，招待出牢人。纖筆一枝誰與似？三千毛瑟精兵。陣圖開向隴山東。昨天文小姐，今日武將軍。」這是毛澤東題贈丁玲的。此前不到一年，中央紅軍抵達陝北吳起鎮時，也是毛澤東寫下了一首讚美彭將軍的小詩：「山高路遠坑深，大軍縱橫馳奔。誰敢橫刀立馬？唯我彭大將軍！」這兩位三湘男女，顯然都是毛澤東熱忱相向的人物呵。那麼，在那塊塑造著新人和新女性的火熱的聖土上，有什麼男女情好的故事會發生呢？

四

曾寫有《續西行漫記》的尼姆・威爾斯（即海倫・福斯特）也在那時記錄了彭德懷。她說：「他兼有領導者的多種美德，似乎最適合當前歷史的需要。」甚至，「沒有人比誠實、純樸、嚴正的彭將軍更深孚眾望」，而在他身上散發著的「這種清教徒氣質，在今天的中國，是領導者所必備的品德」，但也是因此，「彭是個男子氣最重的人，他認為婦女討厭——這很自然使得婦女們很快對他發生興趣。他實際上是紅軍高級將領中唯一不肯結婚的人。因此，不少共產黨員姑娘既敬而遠之，又要追求他。我聽說他不信任婦女是因為他家的婦女都很殘忍，他當時是個孤兒。他對結婚不感興趣，一部分也是由於很久以前他曾愛過一個女郎，後來死了。」斯諾前妻海倫的這番話顯然是她採訪的所得。

確實，彭德懷鮮明的性格有許多是他少年時悲慘的身世所塑造和決定的，後來他在《自述》中回憶說：「在以後的日子裡，我常常回憶到幼年的遭遇，鞭策自己不要腐化，不要忘記貧苦人民的生活」，它成為彭德懷一生的警示，也是他受了少年從民間所獲的俠義和造反精神的滋養、十七歲當兵之後從槍林彈雨中崛起後的一個信條，於是，當豪紳們拉他去玩女人時，他會在請帖上大批兩個「無恥」的大字退回；他會與黃公略等組織軍官們的「救貧會」，其中一條紀律就是相約「不討小」；甚至他還曾為一個歌女「月月紅」贖身、在這個歌女百般感激之下情願為他服侍終身時，他也冷冷地把她打發回她自己的故鄉；也是因為他在湘軍部隊中不貪財、不賭錢、不嫖女人、不抽鴉片、不開小公館等等的鮮明形象讓潛藏在軍隊中從事革命活動的中共地下黨員段德昌（後被王明左傾路線冤殺）看在眼裡，從此將之引向了革命。然而，彭德懷「對結婚不感興趣」並不是說他就是苦行僧的命，那是因為他忘不掉悲涼的初戀和初婚的回憶：少年彭德懷心上的人是他的表妹周瑞蓮，當彭德懷在湘軍中靠了英勇作戰升為連長時，也就是他省吃儉用準備將來返鄉與表妹成婚時，突然傳來了有如來自地獄的消息——地主逼債，家徒四壁的舅舅只好任由地主把小瑞蓮作為抵債品拉走，但她寧死不從，跳崖身亡！多年後，一位湖南女子的劉細妹成為彭德懷的妻子，後來彭將軍平江起義、兵攻長沙，從此夫婦相別，所謂亂世男女，生離死別也是常事，於是劉細妹在丈夫音信全無、生死不明的情況下避難他鄉，後來又在無望之下與他人成婚。此後，一九三五年紅軍長征抵達陝北，彭將軍依然孑然一身，後來抗日戰爭爆發，劉細妹北上尋夫，相見時這對離散了近十年的夫妻都十分激動，遺憾的是他們沒有破鏡重圓，多少年後，彭將軍談起這段往事時還歎息道：「這不能怪我，也不能怪她」。

發生在彭將軍身上的悲劇故事不過是大時代下無數悲劇中的一朵浪花而已，然而，後來一些書刊提到此事，卻用傳統的封建觀念去一味責難劉細妹，那就是「宏大敘事」下的倫理學訓誡了。

有一本書提到此事，它說：彭德懷威名傳天下時，劉細妹動心了，她跑到延安，找到彭德懷要求重婚，早已傷了心且視氣節如生命的彭德懷對她不熱不冷，他沒有接受也沒有拒絕她的要求，只是說這要由組織經過調查後才能做決定。組織經過調查，證實她已經與人再婚且生有小孩後，彭德懷終於擱下幾句話：潑下的水難收了，你回到你丈夫身邊去吧！我不知道這有多少可信的成分，或許有一些屬實的成分，它也只是時代悲劇的一個寫照罷了。不過，它倒是可以幫助我們瞭解彭將軍失意於婚姻、甚至又曾一度絕意於再婚的情景的。

五

清教徒式的人物這時竟成了紅色聖地上的「鑽石王老五」，於是在丁玲出現的同時，也出現了一個洋女人的史沫特萊。美國記者史沫特萊到華北抗戰前線採訪的時候，正是世界注目於延安之時，當時八路軍的英武將領們也是投身抗日的許多知識女子崇拜的對象，據彭帥傳記寫作組編寫的《一個真正的人——彭德懷》，該書說到此處，用了十分儉約和含而不露的口吻，它說：其時，彭德懷在華北根據地也頗有對之流露愛慕的女子，這有著名的女作家，甚至有外國的女記者。「女作家」，應該就是丁玲了。

書中說：一九三七年春，紅軍前敵總指揮部移駐陝西渭河北岸的三原縣雲陽鎮，彭德懷在這裡主持紅軍整訓，準備迎接全民族抗戰，此時陝北已成為全國愛國青年男女無限嚮往的「紅色麥加」，於是也就有了一段美好的傳聞：有一知名的女作家從十里洋場的上海來到陝北，她久慕彭大將軍的大名，又從陝北趕往前線的雲陽鎮去見彭將軍，並借此體驗紅軍生活，為創作積累素材。這個並非訛傳的傳說後來被人說的有鼻子有眼，雖說個中不免有想像的情節，但大體上卻是真實的，那就是：女作家深深地被傳奇色彩包裹的彭將軍所吸引，她頗注意收集彭將軍傳奇式的戰爭生涯，尤敬重他那融匯軍人英武與農民純樸為一體的可敬的特殊氣質。有時，她望著彭將軍策馬黃土原上驅馬馳騁，用充滿敬仰的神情和眼神隨其左右，她還觀看彭將軍在練兵場上檢查部隊的射擊和刺殺，動情地關注他用激勵的語言鼓舞士兵把滿腔仇恨集中在被繪成猙獰的日本鬼子的靶子上；有時她又好奇並驚異地發現：在士兵的窯洞營房裡，這位威名赫赫的將軍卻像一位慈祥的父親一樣愛撫著士兵的肩頭，毫無拘束地士兵交談。這一切更加使得女作家對彭將軍充滿了好感和神祕感，而彭將軍對之也親切有加，老鄉對老鄉，湖南人是格外熱情的，他曾對她傾述自己的身世並像一個內行一樣與她談論文學的問題。彭德懷雖然沒有上過什麼學，卻十分喜愛文學，得閒時他常常閱讀魯迅和左翼文學的作品，很可能他也讀過這位女作家的作品。不久，周恩來也來到雲陽，顯然他聽說了這裡正在發生的「故事」，這種資訊在陝北也傳的很快，畢竟獨身的彭將軍十分顯眼，大家都期盼有好事發生嘛。周恩來故意同彭將軍開玩笑，詢問他們倆何時可以辦事？彭苦笑地回答：「唉，冒得那回事」。原來，他已經慎重地考慮過：軍人尤其還是指揮員的他與女作家在工作和生活均難以協調，何況那時他還沒有得到自己結髮的妻子劉坤模（即劉細妹）的消息，於是那個念頭很快就被他打消了，周恩來等大家熱望的「好事」遂不諧矣。

另外一個「女記者」，還是「外國的」，那就是大名鼎鼎的史沫特萊了。彭帥傳記寫作組在書中活靈活現描繪了這樣一個場面：有一金髮碧眼的外國女記者十分傾慕彭將軍，她於一九三八年初去採訪山西洪洞縣馬牧村的八路軍總部時，她以西方女性特有的坦率和熱情表達了衷忱，卻被彭將軍婉拒了，因為這似乎是絕對不可能的。後來當彭將軍與浦安修結婚時，彭將軍如實「彙報」了這段奇遇——原來，當這位女記者表示她無法理解彭的回拒時，彭嚴肅地說：「我是打仗的，隨時都要上前線，且準備犧牲，戰爭是長期的和非常殘酷的，所以我們不能相愛」。聽了這話，女記者趕緊說：「我愛你，為你，我不怕任何危險」。對這種「西方話語」，（當然彭將軍那時還看不到西方電影，但他也有可能讀過被翻譯過來的西方愛情小說吧）他也回敬以坦率和幽默的「中國話語」：「你愛我，我很感激，可我不愛你呀」。於是乎，當日軍發動進攻、文化人被安排撤回延安之際，這位女記者獨自坐在村邊的石頭上，望著村內嫋嫋的灶煙而飲泣。第二天，她隨隊快快地離開了總部。

六

於是，在延安，彭德懷將過不惑之年卻依然是單身，此外戎馬生涯也不容許他過多地去考慮個人的婚姻問題。但畢竟延安是後方，當時許多女學生千里迢迢地到了延安，長久以來困擾在許多漢子心上的老大難問題——陝北根據地男女比例嚴重失調的問題得到緩解，這也正好促成了許多老光棍的好事，比如劉伯承、羅榮桓這樣有了一把年紀的人也在旁人撮合下幸福地組成了新的家庭，彭德懷的戰友鄧小平（與卓琳）、左權（與劉志蘭）等也完成了個人大事，卻只有彭德懷一人向隅，大家不約而同替他著急，然而「皇帝不急，急煞太監」，最後在眾人的撮合下，終於解決了彭將軍的老大難問題。後來人們傳說這段佳話，也就有了不同的「版本」，這一是說促成者為陳賡——陳賡為老首長的「孤家寡人」看在眼裡，急在心上，就擅自為首長去物色人選，有一次他把彭德懷拉到球場去觀看據說是八路軍機關有史以來的第一次女子排球賽，讓彭副總司令親臨觀陣，其實是陳賡的一個「計謀」：他就近仔細觀察彭德懷會對哪個女隊員有好感而特別注意，以便針對性地做工作。果然，彭德懷注意上了一位戴眼鏡的高個子姑娘。另一個說法則說這樁好事的成全者是李富春——他是中組部副部長，「近水樓臺」，一次邀請彭將軍出席一個由大後方和華北赴延安幹部的座談會，彭將軍到場後，細心的李部長發現：將軍的眼光不時停留在一位靦腆的高個子姑娘身上。不管是陳賡還是李富春，彭將軍相中的這位清秀、溫和、文靜的姑娘正是北師大的女學生、著名上海嘉定浦氏三姐妹（潔修、熙修、安修）中的小妹浦安修，她當時在陝北公學教書，而且已經是黨員了。

丁玲呢？後來她和陳明結合了。她是不可能與彭將軍有結果的。這其實在他們雙方也都是看得很清楚的。這比如說雙方迥異的經歷和性格，甚至脾氣，如彭將軍親密戰友的黃克誠就說過：彭「性格剛強，遇事不能容忍，不大能適應人類社會的複雜性。水至清則無魚，人至察則無徒，所以不易和領導及周圍同志搞好關係。」彭將軍自己後來也在廬山會議上坦言：自己「在團結知識分子方面，看作關公投降，無禮貌」。感情細膩的女作家怎麼會容忍他呢？用後來王蒙那篇「奇文」——〈我心目中的丁玲〉中的話說：「她特別善於寫被傷害的被誤解的倔強多情多思而且孤獨的女性，這莫非是她的不幸的遭遇的一個徵兆？」這真是說得很到位。她丁玲麼，活生生就是她筆下的人物，於是又有「是歷史決定性格還是性格決定歷史呢？是命運塑造小說還是小說塑造命運呢？」的弔詭。天性既然不喜有紀律、組織、集體生活這些「緊箍咒」約束著，也就順心如願當上了「自由職業」的作家，甚至後來在作家和黨員這桿天平上，她還曾把重心放在前者一邊，這又是彭將軍能容忍的麼。至於愛情，如其以「莎菲」的口吻所曾說的：「我總願意有那麼一個人能夠瞭解得我清清楚楚的，如若不懂得我，我要那些愛，那些體貼做什嗎？」先前的那個胡也頻、後來假設的彭將軍會有這「資格」嗎？丁玲早就聲明「我是一個要自由的人」，「也不願意用戀愛或婚姻來羈絆我」。要說真愛——須是對方「懂得我」的，那只是「柏拉圖式」的愛人——馮雪峰一人而已，這是藏在丁玲心中的隱密。不過，話也不能說死，彭將軍說「他與女作家在工作和生活上均難以協調」是一個理由，但這並不是說彭德懷就絕無這種可能性，其實在他「丘八」的外表下，未必沒有柔美的一面，比如說對文學，他並不是外行，趙樹理在太行山的大名爆起，就和他的揄揚和推崇有關，而丁玲，老鄉又兼魯迅所稱道的中國的「唯一的無產階級作家」，且「茅盾都要寫不過她的」，於是，她在將軍的見聞中也許已是如雷貫耳了。當然，將軍在女作家眼中，在當時的戰爭的年代裡，更不是她剛剛離開的馮達這種人所能相比的了。那麼，是什麼根本的原因讓他們沒有牽手呢？其實，這才是我關注的重點。

七

丁玲到陝北的第五年，她寫下了〈三八節有感〉。她感到了「新世界」中婦女問題的嚴重、普遍和持久，甚至，這似乎與其他地方沒有什麼不同，只不過在這裡，婦女們「處於這樣的悲運，似乎是很自然的，但在舊社會裡，她們或許會被稱為可憐，薄命，然而在今天，卻是自作孽，活該。」顯然，丁玲是不會安然於這種「自然選擇」的。這是一個今天應該由「女權主義」者或「女性主義」者來寫的題目了。也似乎在上述那篇雜文裡，可能如同當年總書記張聞天沒有受到毛澤東和江青婚宴的邀請，丁玲閃爍其詞的文字也使她為自己埋下了讓人討厭的伏筆：「有著褓姆的女同志，每一個星期可以有一天最衛生的交際舞。雖說在背地裡會有難比的誹語悄聲的傳播著，然而只要她走到那裡，那裡就會熱鬧，不管騎馬的，穿草鞋的，總務科長，藝術家們的眼睛都會望著她。」在這裡，丁玲和彭將軍一樣，都是那麼見不得特權的作風和騷首弄姿的。

丁玲大概只合與文化人（陳明那樣的）結合的。她的身份、名氣、性格、經歷（包括黨內對她在南京「自首」的看法），都不宜於彭德懷這樣的人。其實，這是最好的結果。一九五五年，繼胡風的「欽案」之後，一水漣漪，波及到了「丁陳反黨集團」；逾兩年，在反右運動中，這個集團又擴大為「丁、馮、陳反黨集團」，而當年丁玲的奔赴陝北，竟被說成了「是敵人有計劃派回來的」；當年她在陝北寫的文字，也被「再批判」了。又逾兩年，彭德懷在廬山被打入冷宮。你想想呵，假如他們當年竟結了連理，這可怎麼說？這不讓人驚出一身冷汗嗎？

13

從「華北座談會」到「廬山會議」
——關於毛澤東和彭德懷之間的一個歷史情結

早在抗戰勝利前彭德懷就受到了嚴厲的批評

一九四五年二月至七月之間，在中共「七大」召開之前和之後，在延安同時召開了一次陸陸續續前後有四十三天的「華北座談會」，也即一九四五年二月一日至七月二十五日的「華北地方與軍隊工作同志的座談會」。參加會議的有劉少奇、彭德懷、林彪等，大會推選薄一波為主席，彭德懷也在會上做了報告。

「華北座談會」本來安排的議題是總結華北敵後抗戰的工作，據薄一波回憶：「當時所以提出召開這次會議，是因為在華北主要是在晉冀魯豫區的工作中，地方幹部及一部分軍隊幹部對彭德懷同志有某些意見，長期未得到解決」，所以利用「七大」開會前的時機來解決一下這個問題，這也是由薄一波向彭德懷建議召開的，彭德懷當時也說：「我早有這個想法。我這個人是『高山上倒馬桶，臭氣出了名的』，讓大家批評批評很好嘛。」後得到中央的批准，就由彭德懷參加並主持召開了「華北工作座談會」，他自己也在座談會上檢討了在工作中的缺點和失誤，即他在二月一日的報告中，檢討了華北抗戰幾個階段中的問題，如針對日軍對根據地不斷進行「掃蕩」的大破襲戰、即「百團大戰」第三階段的關家垴之戰等，彭德懷認為「這個仗可以打，但延長三天不對。不打可不可以呢？不能看死。今天看，用武工隊、政治攻勢也可以調動敵人出去，但問題很簡單，那時不會。這是在以後的形勢下才想出來的。」還有就是眾說紛紜的「百團大戰」本身，彭德懷認為其「弱點是暴露了力量，警惕了敵人注意自己。敵人四一年、四二年嚴重搞我們，但是否由百團大戰引起，這還不能過早結論。不管怎樣，敵人是要搞我們的。」除軍事之外，彭德懷還檢討了一九四○年黎城會議（即中共北方局召開的太行、太岳、冀南等根據地高幹會議，會議提出鞏固根據地的建黨、建軍和建政三大任務）「有正確與錯誤的兩個方面」（鄧小平後來也在一個報告中說此次會議「在部分問題上亦有其片面性的缺點和錯誤，如對根據地的群眾工作及敵佔區工作重視不夠，對游擊戰爭的分量估計不夠，過分強調了正規軍，編並地方武裝，結果更便利了敵人的前進和造成了我們的退縮」）、抗戰初期「對國民黨提『互相幫助，互相發展』，未分析具體對象」以及整軍運動中「未解決群眾路線問題」等；「百團大戰」之後「對敵人的自首政策在原則問題上的嚴肅性與具體問題上的靈活性未結合」、「對敵人的『治安強化運動』新陰謀，半年未研究，造成被動」以及「對皖南事變不冷靜」等；一九四三年彭德懷在太行高幹會講話的錯誤，等等。但是，後來這個座談會在討論他的報告時卻發展為對彭德懷的過火批評，薄一波後來回憶說：這主要是康生參加會議後所導致的，即「康生首先打了一炮，從此把座談會變成了批判會，把意見完全集中到彭德懷同志身上。討論、批評的內容也突破了華北的工作變成對彭德懷同志歷史問題的『清算』」，如「康生氣勢洶洶地對彭德懷同志說：你在抗戰開始時執行的是王明路線。你不懂根據地建設的規律，不發動群眾。你組織的百團大戰過早地暴露了我軍力量，把日軍力量大部吸引過來，幫了國民黨蔣介石的忙」，等等。（《七十年奮鬥與思考（上卷）》）

其實，除了薄一波所說的康生的個人因素，當時對彭德懷的過頭批評實際上還受了當時全黨在整風中一度出現的左傾的過火鬥爭的影響，以及由於彭德懷在黨內樹敵過多等所導致的，以致於座談會發展為對彭德懷的不公正的批評。於是，這就出現了這樣令人寒心的一幕：「在批判中，首先集中火力攻百團大戰，幾乎全場一致」，「一些同志在發言中說彭總領導的百團大戰是大錯誤，一是暴露了自己的力量，二是幫助了國民黨頑固派」。會上只有少數人主持公道為彭德懷緩頰，如蕭克的發言，「也批評了彭的錯誤，但沒有上綱，並說百團大戰在軍事上打得不錯，掃除了敵偽許多軍事設施，恢復了根據地不少面積」等等，但馬上有人說他思想落後跟不上形勢。（《蕭克回憶錄》）薄一波也回憶說：「我和楊尚昆、安子文同志都是參加了並且完全贊同百團大戰的，可是在這種氣氛下，未能起來據理反駁，內心深感不安和慚愧」。從後來（甚至到了共和國的歷史上）所發生的情況看，這次「華北座談會」對彭德懷的批評影響是深遠的，在當時，這其中即有對他實施敵後抗戰戰略方針和思想上的分歧，也有對他個人作風以及個人恩怨方面的過節，可以說：早在當年「華北座談會」前後，彭德懷在黨內、軍內已經結怨甚深，毛澤東後來也說：「華北座談會幾十人，事先沒有好好談通」，這也是後來一九五九年廬山會議上對彭德懷上綱上線、全面否定的初兆，如羅瑞卿在廬山會議上就對彭德懷說：「華北會議你不服，我看你怎麼也賴不掉。」（李銳：《廬山會議實錄》）於是，從後來的廬山會議對彭德懷的批判來看，許多「批判」的內容是早在「華北座談會」上已經提出了。這些「離譜」的「批判」內容，據薄一波的回憶：當時，「有同志說：你在大革命時期沒有入黨，直到一九二八年才帶領幾個營上井岡山。上井岡山來當然很好，但這能說你思想覺悟高？對黨有感情？也許正如你自己所說，你是有大志，原名彭得華，就是志在『得中華』。不要把自己吹得過高」；「有同志說：你上井岡山為創造和發展中央蘇區建立了功勳，『朱毛彭黃』天下人皆知，我們都讚賞。但你執行的軍事路線有偏差，也是人所共知的。造成第五次反『圍剿』失利，你也有一份吧？你偏聽偏信，殺害對建立井岡山根據地有大功的王佐、袁文才，你是大錯特錯的」；「有同志說：彭德懷同志生活一向樸素，我們贊成。但有些矯枉過正，見到人們吃得比較好些就橫加批評，說是忘記了黨勤儉節約的優良傳統。看到八路軍西安辦事處屋內黏貼了油光紙，也到處作為批評的例子，這不是太過分了一點嗎？是否有些虛偽？」「還有的同志批評彭德懷同志『鬧獨立性』，說有些問題本來應該由中央說，你卻自己說了，而且說得有錯誤。有的甚至批評彭德懷同志在講話和文章中不引用或很少引用毛澤東同志的話，也是『鬧獨立性』，等等。」

以上對彭德懷的批評甚至「批判」，比如關於「彭得華」的名字、平江起義是「入股革命」、執行「立三路線」、誅殺王佐和袁文才、虛偽的生活樸素（所謂「在生活上學馮玉祥」）、一貫站在毛澤東的對立面、執行王明左傾路線和右傾投降主義路線、背著中央發動百團大戰、鬧獨立性，等等，明顯是不公道、不公正的，而且到了後來的廬山會議上，這些問題又重新被提了出來，同時又加上了長征路上的會理會議、兩次「王明路線」〔毛澤東說：抗戰時華北局受長江局領導（？），你是聽王明的話〕、捲入「高饒事件」等等，其中重量級的還有當年「華北座談會」上所總結的彭德懷的「四大錯誤」——在抗戰戰略方針上反對毛主席、擅自發動百團大戰、執行王明的一切通過統一戰線和對群眾運動潑冷水、鬧獨立性（毛澤東說：「會理時期，華北時期，你鬧獨立性，有電報，重大問題自己幹自己的，可執行可不執行。洛川會議做了決議也不服從中央方針，到華北軍委分會另發指示」）等。儘管當年「華北座談會」這些都沒有明確的結論，但是問題的嚴重以及其潛在的危險性卻是不容置疑的了，果然後來的廬山會議它都被翻了出來，老罪行加新罪惡，彭德懷被鐵板釘釘，註定只能是歷史悲劇中的主人公了。

對此，當年彭德懷基本上表現了一名共產黨人「知錯就改，胸襟坦蕩」的姿態的，如薄一波回憶說：彭德懷「在會上也作了實事求是的檢查和認真的自我批評」（在「華北會議」即將結束時，彭德懷根據大家的批評一再做自我總結和檢查，這有：一、「對自內戰到抗戰之嚴重的政治轉變，精神上沒有準備」；二、「軍事路線方面，對游擊戰爭的瞭解是逐漸的」；三、「十二月會議同意了王明的東西，但堅持軍隊中領導權是我們的，這是對的」；四、「作風上的問題本質乃群眾觀點、群眾路線問題」。他還檢討自己在入黨以後帶來三個東西：即一、「舊軍事觀點」；二、「英雄主義」；三、「恩賜的群眾觀點」，並認為自己「十八年來未很好的清算過」），也檢討了自己剛愎自用和百團大戰中的問題，薄和彭也「經過多次推心置腹的交談，我們兩人之間的疙瘩早已渙然冰釋」了。然而，毛澤東對他的檢討卻是非常不滿的，即彭德懷對錯誤的「批判」並沒有採取大包大攬的不負責任的態度，他「沒有做違心的檢查」，並且多次表示：「承認錯誤不要嘩眾取寵」。當時毛澤東的翻譯師哲問毛澤東彭德懷的檢討怎麼樣，毛澤東馬上回答：「很勉強」。（師哲：《共產國際派我參加七大》）這一回答當時竟讓師哲也「心中不能同意」了，因為他認為彭的檢討是「誠懇，深刻」的，而且「一位高級領導人在全黨面前做這樣的檢討，實為難能可貴，相比之下，康生的搶救運動所造成那麼大的危害，卻不做一個字的檢討，你毛澤東一人承擔了事，這公道嗎？」（同上）至於彭德懷，當後來他在廬山會議受到批判時還曾表示：他之所以採取給毛澤東寫信的方式，是此前的「華北會議我得到一條重要的教訓：我這個人是舊軍官出身，有小資產階級和農民的無政府主義思想，容易犯上。有了那次教育，對此有所警惕，所以有一些想法就寫信給主席」，他還以為這是他所得到的教訓，即他曾在「華北會議作過檢討」，但「洗腦筋不容易，還要發作的」，不過，「華北會議鬥了我，以後對守紀律比較注意。」（見李銳：《廬山會議實錄》）當然，人非聖人，當年過火打擊的「華北座談會」已經讓脾氣暴躁的彭德懷耿耿於懷，或者說按照他的性格（毛澤東給他的綽號是「張飛」），他對那些不公正的批評毋寧說是有著抵觸的情緒的（也如廬山會議上李井泉的話說：「華北會議四十多天沒解決問題，原因也在這裡」），最後他又把這些耿耿於懷的情緒帶到了多年後的廬山會議上，終於又在忍無可忍的情緒和心態下說出幾句過頭的話（毛澤東曾當眾說：「華北座談會說他是個人英雄主義，他罵娘，不服。說操了他四十天，他現在要操二十天。好，予以滿足」），以至毛澤東「龍顏大怒」、也使與會者基本上站在了受辱的毛澤東一邊，造成彭德懷本人無法挽回的悲劇、其實也鑄成了共和國歷史的悲劇！對此，多年後薄一波在寫回憶錄時總結當年的教訓，懇切地認為：「一定要實事求是」、「不能搞所謂『新帳老帳一起算』」、「不要『颳風』」和「不能憑感情和意氣用事」，他還以彭德懷在廬山會議上說「華北會議罵了我四十天娘，難道廬山會議罵你二十天娘還不行？」為例，認為「黨內鬥爭是原則鬥爭，必須理智地冷靜地進行，決不能憑感情和意氣用事。我感到，廬山會議所以鬥到不可收拾的程度，跟沒有做到這一點有關。彭德懷同志大膽地講出自己的意見和看法是正確之舉，但當他受到毛主席的錯誤批判後，態度也有不冷靜的地方。」薄一波還聯繫當年「華北會議」對彭德懷的過火批評，說：「一九四五年華北工作會議我是參加了的，那次會議對彭德懷同志的批評確有缺點和過火的地方，但作為一個老黨員對於上級和同志的批評稱作『罵娘』，並以此來類比自己在廬山會議上的做法，是不應該的。毛主席對彭德懷同志這種說法很生氣，很反感，也動了感情，一再提起這話，說『我們欠了二十天的帳，我看要補足二十天，還是要四十天』，還說『再加五天』，『滿足罵娘的慾望』，等等。由於複雜的原因，彭德懷同志和毛主席在歷史上有過分歧和誤解，如果雙方都不計較個人恩怨，不動感情，冷靜處理，情況就會好得多。」（《若干重大決策與事件的回顧》下卷）薄一波是中央上層的領導人之一，他對毛澤東和彭德懷兩位當事人也非常瞭解，他的這番話應該是深思熟慮的。

這樣看來，一九五九年的批判彭德懷就要與一九四五年的對彭德懷的批評相聯繫看了，毛澤東和黨內一些人對彭德懷的惡感是其來有自、並非一日之寒，而當年延安整風背景下的「華北會議」多少是「教訓」了一下彭德懷。當然，發生在這一事件背後的，還有更深廣的背景和更深刻的內容。

所謂黨內「路線鬥爭」中的「經驗主義」和王明的「教條主義」

「華北座談會」上對彭德懷的批評，還須從此前的延安整風這一背景下來考察。當時作為整風的主要對象，除主觀主義的教條主義外，還有就是所謂經驗主義。它涉及到周恩來和彭德懷等，以至當時蘇聯駐延安的代表、也即共產國際聯絡員的「孫平」即弗拉基米洛夫在電報中稱：「毛澤東把劉伯承、彭德懷、葉劍英、周恩來、聶榮臻都看成是經驗主義者」，一九四三年十二月，季米特洛夫後來為此還特意致信給毛澤東，指責在延安正在開展的整風運動是「反對周恩來和王明的運動」，對此，毛澤東迅即做出否認的解釋，他還與劉少奇、周恩來對孫平等說明中共開展整風的意圖以及中共一貫的方針和政策等。

當時批評所謂經驗主義，就是指責它與王明等的教條主義雖然有區別，即它不是從書本出發，但是卻從狹隘的經驗出發，滿足於局部的經驗，且將之視為放之四海而皆準的教條，其實與教條主義無異，又醉心於事務主義等等，尤其是它對全局性的重大問題缺乏獨立的、明確的、完整的意見，因此往往與教條主義合夥，成為其助手和附庸。這就是指抗戰初期的中共長江局（周）和華北軍分會（彭）等，它們在某種程度上都是受王明路線的影響的。於是，這自然讓人想起王明等從蘇聯回國後召開的「十二月會議」，這次會議由於王明宣稱其「一切經過抗日民族統一戰線，一切服從抗日」的路線是共產國際的指示（共產國際執委會書記處書記季米特洛夫提出要中共在與國民黨合作時運用法共組織「人民陣線」的經驗，遵循「兩個一切」的原則；史達林也在王明行前囑咐他中共應全力以赴地堅定國民黨蔣介石長期抗戰的決心），而中國共產黨從來都是共產國際的一個支部，於是也就通過了王明的報告和宣言，這卻無形中標誌著王明右傾（此後也曾稱為「右傾投降主義」）路線的實際形成。彭德懷後來回憶說：「十二月會議」上，「我認真聽了毛主席和王明的講話，相同點是抗日，不同點是如何抗法。王明講話是以國際口吻出現的，其基本精神是抗日高於一切，一切經過統一戰線，一切服從統一戰線，」「在當時，我沒有真正地認識到毛澤東同志路線的正確性，而是受了王明路線的影響，在這些原則問題上模糊不清」，也就是說「在會上並沒有支持毛澤東同志的正確路線，也沒有擁護或反對王明的錯誤路線，是採取了一種模棱兩可的態度。」（《彭德懷自述》）會後，彭德懷向當時的中共中央總書記張聞天詢問如何傳達會議精神，張交給他一個由書記處撰寫的《中央政治局十二月會議的總結與精神》，彭遂以此在華北傳達，彭後來回憶說他在這個大綱中加了一段保持八路軍光榮傳統的文字，這說明：「當時我雖然對某些問題認識模糊，但保持共產黨對八路軍的絕對領導是明確的」，這也就是他在「華北會議」提到華北抗戰第一階段中的教訓時所說的：「華北黨是否受了王明路線的影響？受了，但未執行。」在實際工作中受王明路線的影響，彭德懷後來回憶中也說：「十二月會議」後的半年多時間中，在華北，「共產黨對八路軍的絕對領導作用有些降低，黨的政治工作也有些削弱，從而發生了個別軍官逃跑和國民黨勾引八路軍中的官兵叛變的現象」，此後「直到一九三八年秋六屆六中全會時，我才明確表示反對王明路線」。

其實，這也不獨彭德懷一人。毛澤東後來在提到「十二月會議」時也說到：「十二月會議我是孤立的，我只對持久戰、游擊戰為主、統一戰線中獨立自主原則是堅持到底的」，「洛川會議我提出抗戰後主要危險是右傾，大家都沒有瞭解」（一九四三年十一月中央政治局會議上的講話）。同樣的情況也發生在南方，那就是「十二月會議」後成立的中共中央長江局（王明書記，博古組織部長，何克全宣傳部長，周恩來統戰部長，葉劍英軍事部長，鄧穎超婦女部長，李克農祕書長），它儼然是「第二政治局」（政治局委員居多數），王明也以「太上皇」的身份發號施令，企圖以武漢為中心指揮全黨，推行其系統的右傾錯誤。於是，當後來延安整風清除王明「教條主義」時，連帶地也就把受其影響的「經驗主義」捎帶進去、成為整風的對象之一了。

毛、彭在抗日民族統一戰線問題上的分歧

「教條主義」和「經驗主義」如何發生了聯繫？它們都有什麼危害？這說來話長，簡而言之，它主要是在抗日民族統一戰線的問題上與毛澤東所代表的黨內正確思想產生了分歧。比如王明在延安整風之前中共中央一九四一年九月召開的政治局擴大全會上仍然堅持其錯誤觀點，認為中央自抗戰以來的方針政策太「左」，並建議中央發表聲明不實行新民主主義而與國民黨實行妥協，因為「國民黨除了十年內戰外，是民族聯盟的性質，帶著民主革命的方向，更有民粹派的特點」，他還對照中國革命與蘇聯革命，認為十月革命能在短期內獲得革命勝利是因為「佔有中心城市及工業故能勝利」，所以又認為「農民的游擊戰爭不能最後的解決問題，國際常告訴我們要注意城市工作、工人運動與軍事工業。即此，現恐怕國共兩黨合作的形式還要進一步。」（見《李富春傳》）不過，王明也並非一無是處，正如《中國共產黨歷史（上卷）》（中共中央黨史研究室著）一書中所

說的：「當然，不能認為王明在抗戰初期的表現都是錯誤的，在建立抗日民族統一戰線方面，王明最先從共產國際得到新的精神，提出不少正確的意見，在促進國共合作和開展抗日宣傳方面也做了一些有益的工作」等，此後王明的右傾錯誤在整風中得到清算，周恩來等也在整風中作了檢討，比如說「在戰爭上強調運動戰，輕視游擊戰」等，同樣的問題也出現在彭德懷身上。

一九三七年八月，紅軍改編為國民革命軍第八路軍後開赴抗日前線，為保證共產黨對其的絕對領導，中央軍委決定成立前方分會，這就是後來被稱為的「華北軍分會」，它由朱德任書記，彭德懷任副書記。後來彭德懷在「文革」中為回答「專案組」的審查而撰寫的《自述》中說：一九三七年十月八日「華北軍分會」於平型關大捷後下發了「目前華北戰爭形勢與我軍任務的指示」，其實中說：如果國民黨改善在山西的軍事領導，動員群眾，加上八路軍的積極影響和配合，「取得晉北戰役的勝利」，爭取「戰略上的反攻」，就可以「改變華北戰局」，並提出八路軍「必須依據獨立自主的運動游擊戰機動果敢的作戰原則，以高度的積極動作，爭取新的勝利」，為此必須反對「一切民族失敗主義」和「華北局勢無法挽救的宿命論」。彭德懷當時不在總部，但對這一「指示」，他後來回憶說：「我看後並沒有反對」，即「雖然這個指示的全部精神不是我的，但其中有些看法，我是同意的。這個指示有輕敵速勝觀點」，還有「把山西太原說成是華北抗日戰爭的堡壘」等，「顯然，軍分會的指示是盲目的，沒有充分估計到日本侵華各方面的準備（政治上、經濟上，尤其是軍事力量上），同時也過高估計了國民黨軍隊的力量及其進步性。這樣就容易放鬆以我為主，自力更生，發動群眾組織游擊戰爭和做長期艱苦鬥爭的精神準備工作。」彭德懷還說：「當時軍分會的同志，都沒有把敵後游擊戰爭提到戰略上來認識，對於毛澤東同志在洛川提出的『以游擊戰為主，不放鬆有利條件下的運動戰』這個方針，認識也是模糊的」，「我當時對於『運動戰』和『游擊戰』這兩個概念主次是模糊的」。對於「華北軍分會」的這一指示，十月十七日毛澤東和張聞天迅即發電給朱德、彭德懷、任弼時並告周恩來：「軍分會十月八日指示文件，有原則錯誤，望停止傳達」。但毛澤東對此事仍久久不能予以釋懷，後來他在廬山會議上記憶猶新，當他在把彭的信件公布後，又談到了當年洛川會議後「華北軍分會」下發的小冊子（似即一九三七年十月八日的指示），說它「不同意中央在洛川會議定的游擊戰為主的戰略方針」，並說「這個小冊子曾為王明所利用」。

「華北軍分會」成立時也正是洛川會議確立了紅軍在抗戰中的基本任務和戰略方針不久，當彭德懷隨軍開赴山西抗戰前線之後，毛澤東還多次有電報向他進一步闡述八路軍應實施的「獨立自主的山地游擊戰爭的基本原則」，如「依照情況使用兵力的自由」、「紅軍有發動群眾、創造根據地、組織義勇軍之自由」、「堅持依傍山地與不打硬仗的原則」等，但彭德懷抗戰初期急於正面與日軍交戰、甚至還反感於保存實力的從長計議（後來廬山會議時林彪說平型關戰役是任弼時頭腦發熱所作的決定；毛澤東也認為當時「一些同志認為日本占地越少越好，後來才統一認識：讓日本多占地，才愛國。否則變成愛蔣介石的國了」等），這無形中又讓人將之與王明路線在一定程度上產生了聯想，於是，這也是彭德懷在「華北座談會」檢討的主要內容之一了。

彭德懷的其他「錯誤」

上述的背景和分歧之外，在「華北會議」上彭德懷予人以口實的還有：

一、在抗日民族統一戰線的策略問題上，彭德懷曾在「華北軍分會」傳達了「十二月會議」的精神，當然，當時這是傳達中央精神，後來如果認為不妥，也是應該歸咎於王明的右傾錯誤的，至於因彭德懷的客觀傳達而造成的影響，如一九三八年一月三日陳賡日記中所述：「讀德懷同志傳達中央政治局會議之一部，深感過去對統一戰線的認識確有模糊之處，以致在運用上發生缺點，而且引起了友黨政府發生不必要磨擦，特別是與晉省當局。我們一定要認識，只有把握統戰的武器，才能團結全國力量。抗戰是每個中國人的共同要求，目前是抗日高於一切，統戰是抗日的基本要素（特別是以國共合作為基礎的統戰），因此一切服從統戰的利益，過去對國民黨的轉變確是估計不足，我就是如此，過去強調片面抗戰與全民抗戰，把民主與民生提得太高，對黨提出的十大政綱，想以一下之功夫全部實現」等，由此可見一斑，然而這也並不能都歸咎於傳達者的彭德懷一人。換句話說：正如《中國共產黨歷史（上卷）》在提到王明回國後關於抗日民族統一戰線的言行並不都是錯誤一樣，彭德懷在這一問題上的看法也不是都是錯誤的，因為那曾是作為黨的決議貫徹和傳達到全黨的，與彭德懷有同樣看法的不只是他一人，甚至還有毛澤東、朱德等。當後來「文革」時，一些不知歷史底細的造反派以「懷疑一切」、「打倒一切」的「造反精神」批判朱德等（當然他們不可能去「批判」毛澤東，他們甚至沒有想到去翻檢一下當年毛澤東的文章、講話等等，因為如果他們去翻檢後，就會大驚失色了），就以「王明投降主義路線的積極推行者」的帽子推給了朱德，因為他們看到了朱德當年這樣的文字：「全國一切抗日軍隊，就應當更加鞏固自己的團結，只有全國軍隊堅強地團結在蔣委員長的領導之下，團結在抗戰的大纛之下，我們才能克服空前的投降危險，克服空前的嚴重困難，取得最後勝利」（《鞏固全國抗日軍的團結，爭取最後勝利》），等等。

二、在《新華日報》（華北版）發表「關於民主、自由、平等、博愛」的談話。這是彭德懷一九四三年四月七日在太行分局高幹會議上的關於民主教育的一次談話內容，其主要內容是：「民主教育在今天中國來說，就是反對封建的教育。由於敵人正在用一切力量維持中國殘餘的封建勢力，作它的統治工具，我們進行民主教育也就是為了抗日，為了反對日本帝國主義的奴化教育。民主革命的共同口號是自由、平等、博愛。所謂自由，包括思想上的自由，言論出版的自由，集會結社的自由，居住、遷徙、通信以及處理自己生活的自由。我國許多地方農民處在半農奴狀態，工人和學徒還受到封建習慣的束縛，青年的抗日自由受阻礙，婦女的婚姻不自由。所謂平等，在目前主要是不分階級、民族、職業，在政治上其地位是平等的，在人格上、法律地位上也是平等的。所謂博愛，是使人與人之間鞏固團結，加強抗戰力量，在人與人之間發揚互愛、互敬、互助，『己所不欲，勿施於人』。真正的自由、平等、博愛只有在社會主義制度下才能實現。我們今天所要求的自由、平等、博愛還是有限度的，是要使青年有抗日自由，婦女有婚姻自由，一般人民能夠逐漸削弱封建剝削，實行減租減息，增加工資，減輕人民負擔，提倡博愛精神，反對人打人的現象，這些就是民主實質。根據上述精神，建立起一個完整的制度，以保障自由、平等、博愛成為合法的東西，這就是我們所說的民主制度。」彭德懷的這一番講話，其內容並無什麼不妥，中國共產黨所領導的中國人民的解放事業也就是世界人民所共同追求的「民主、自由、平等、博愛」偉大事業的一部分，甚至還可以說它是應該超越於西方資產階級革命的目標的，正如彭德懷所說：「真正的自由、平等、博愛只有在社會主義制度下才能實現」，但毛澤東一九四三年六月六日為此致信彭德懷，他說：「你在兩月前發表的關於民主教育談話，我們覺得不妥」，即「例如談話從民主、自由、平等、博愛等的定義出發，而不從當前抗日鬥爭的政治需要出發。又如不強調民主是為著抗日的，而強調為著反封建。又如不說言論出版自由是為著發動人民的抗日積極性與爭取並保障人民的權利，而說是從思想自由的原則出發。又如不說集會、結社自由是為著爭取抗日勝利與人民政治經濟權利，而說是為著增進人類互助團結與有利於文化、科學發展。又如沒有說漢奸與破壞抗日團結分子應剝奪其居住、遷徙、通信及其他任何政治自由，而只籠統說人民自由不應受任何干涉。其實現在各根據地的民主、自由對於某部分人是太大、太多、太無限制，而不是太小、太少與過於限制，」「又如在政治上提出『己所不欲，勿施於人』的口號是不適當的，現在的任務是用戰爭及其他政治手段打倒敵人，現在的社會基礎是商品經濟，這二者都是所謂己所不欲要施於人，只有在階級消滅後，才能實現『己所不欲，勿施於人』的原則，消滅戰爭、政治壓迫與經濟剝削」。毛澤東還認為：「目前國內各階級有一種為著打倒共同敵人的互助，但是經濟上沒廢止剝削，政治上沒放棄壓迫，我們應該提出限制剝削與限制壓迫的要求，並強調團結抗日，但不應提出一般的絕對的階級互助（『己所不欲，勿施於人』）的口號」。

顯然，對「民主、自由、平等、博愛」的理解，彭德懷和毛澤東的理解不是在一個層面上。或者可以這樣認為：彭德懷的理解和看法是針對廣大人民包括中共的，毛澤東卻是將之與「當前抗日鬥爭的政治需要」相聯繫並在與國民黨鬥爭的具體語境裡來理解和認識它的，因而兩人就出現了認識上的分歧。其實彭德懷的有些話，此前和此後的毛澤東也曾自己講過，不過那卻是有著具體的含義的，如他一九四一年十一月在陝甘寧邊區參議會上發表演說，開門見山就說：「全國人民都要有人身自由的權利、參與政治的權利和保護財產的權利。全國人民都要有說話的機會，都要有衣穿，有飯吃，有事做，有書讀，總之是要各得其所。」此後的一九四四年夏天，他在接受中外記者參觀團時也說過：「中國是有缺點，而且是很大的缺點，這種缺點一言以蔽之，就是缺乏民主。」他還以為「政治需要統一，但是只有建立在言論、出版、結社的自由與民主選舉政府的基礎上面，才是有力的政治。」在同美國友人的談話中，他還表示中國共產黨是堅持孫中山包含有「民主、自由、平等、博愛」等內容的國民黨「一大」宣言等「真正偉大而又民主的文獻」的，甚至「即使國民黨崩潰，我們也會堅持這個宣言」，因為「我們的經驗證明，中國人民是瞭解民主和需要民主的，並不需要什麼長期體驗、教育或『訓政』」。那麼，此時他又為什麼要批評彭德懷講話的「不妥」呢？那就是因為他們各自講話的對象不同而已，一是予己，一是予人。受了毛澤東的批評之後，彭德懷在「華北會議」上也檢討說：「我在太行高幹會講話基本是錯誤的」。彭德懷的這一「談話」後來在廬山會議又被重新提了出來，陳伯達為此撰寫和發表了長篇論文《資產階級的世界觀還是無產階級的世界觀》，批判和清算彭德懷當年就是所謂「同路人」的這個「談話」。當時毛澤東更將彭德懷與當年彭的祕書韓進一道批判了一通，認為這個用彭德懷的名義發表的談話「是封建主義思想」，如「講統一戰線，『王子犯法，與庶民同罪』；『己所不欲，勿施於人』；還講『自由、平等、博愛，教育宗旨』等，都是「封建主義騙人的，從古以來未有過的事」，「這是不懂歷史唯物主義，階級鬥爭學說也不懂」。毛澤東還說，「原則恰恰相反：己所不欲，要施於人；求生存，擴大，這是己之所欲，難道要資產階級也擴大？恰恰相反，己之不欲，自己不生存，不擴大，自己消滅，當然不是，要擴大，而且施之於人，不願國民黨擴大，準備條件消滅之。」明乎此，也就明白了當年毛澤東致電彭德懷批評他的「談話」的用心了。後來毛澤東據此認為彭德懷代表了黨內的一些「馬克思主義的同路人」，即「據我看，他們從來不是一個馬克思主義者，一直到現在」，而且「要把這一點加以論證，材料是很充分的」——這有「抗日時期的材料，長征時期的材料」等等，在前者中，「比如什麼『自由、平等、博愛』，『抗日陣線不能分左中右』，『分左中右就是錯誤的呀』，『己所不欲，勿施於人』。在階級關係中無產階級與資產階級、壓迫者與被壓迫者，提出這樣的原則出來，什麼『王子犯法，庶民同罪』，這樣的一些觀點，就是不能說是馬克思主義者的觀點，完全不能說是馬克思主義的觀點。就是違反馬克思主義的，是欺騙人民的，是資產階級的觀點」；「他們從來就不是馬克思主義者，他們只是我們的同路人，他們只是資產階級分子、投機分子混在我們的黨內來。要證明這一點，要把這一點加以論證，材料是充分的」；他甚至還提到「彭德懷在太行山的許多文件」，建議將之與孫中山實行「聯共」時的文件比較一下，即「請同志們拿孫中山國民黨第一次代表會議宣言和彭德懷在太行山抗日時期發表的那些觀點比較一下」，他們——「一個是國民黨人，一個共產黨人」，而「共產黨員比一個國民黨員要退步」，因為孫中山有「階級分析這樣的思想」，因此毛澤東認為：「我說彭德懷不如孫中山，至於張聞天也不如孫中山，孫中山那個時候是革命的，而這些同志是倒退的，是要把結成了的團體破壞」，進而他更斷言：「資產階級革命家進了共產黨，資產階級世界觀，他們的立場，沒有改變，是完全可以理解的，就不能不犯錯誤，這樣的同路人，在各種緊要關頭，不可能不犯錯誤。」（一九五九年九月十一日在中共中央軍委擴大會議上的外事會議上的講話）據此，我們或許可以看出：什麼是毛澤東眼裡的「同路人」或者後來的「走資派」。

三、對同志們提出的關於敵後根據地建設的規律問題表現出了粗暴的態度。這又見於薄一波的回憶錄中所提到的一事：即一九四二年太岳區整風時薄一波提出「抗戰初期缺少對根據地建設規律的認識的看法，不料觸怒了彭德懷同志。他聲色俱厲地批評說：『這是小資產階級狂熱性』，我們各區黨委都感到不能接受他這個指責。」（《七十年奮鬥與思考（上卷）》）如人們所熟知：彭德懷是一個性格有些粗暴和簡單的人，甚至他在毛澤東面前也常常是率性而為，口無遮攔，因此也頗得許多人的詫異甚至是冷眼，也就格外容易得罪人，這也是他後來悲劇的一個原因。

薄一波在其回憶錄中認為彭德懷當時的主要錯誤是：「一是在認識和掌握敵後根據地建設的規律問題上，對發動群眾這一中心環節注意不夠，使根據地建設工作受到一些不利的影響」（彭在廬山會議上檢討時也說到：「抗戰時華北的群眾運動三次都是從反右開始，反左結束，冷冷清清」）；「二是在《新華日報》（華北版）上發表的關於民主、自由、平等、博愛的談話觀點，是不妥當的」；「三是他有問題也很願意和同志們商量，但工作方式比較生硬簡單，往往影響團結」；此外，「在處理軍隊幹部和地方幹部、工農幹部和知識分子幹部之間矛盾的問題上，有時也表現了一定程度的偏見」。這其中確實不少是屬於彭德懷工作方法和個人性格上的缺點，當然，從後來發生的情況來看，彭德懷的「鬧獨立性」，要具體分析，比如毛澤東後來在廬山會議劉少奇講話時插話說彭德懷是「交不親的朋友」，「華北會議應開，人家這麼多意見，同中央關係如此惡劣，而你名之曰操四十天娘」，顯然就是惱怒於彭對自己的不恭，而「華北會議」彭德懷的報告中，曾著重談到毛澤東對中國革命的功績，並檢查了他對毛澤東認識的三個階段，即從「大哥」到「老師」再到「領袖」，認為毛澤東是中國人民的領袖，他發展了列寧主義，今後自己要向毛澤東學習等；在隨後的「七大」上，他在發言中也稱根據地的成績與毛澤東的正確路線、與朱德的名字、與劉少奇對北方局的正確領導等分不開，而後來毛澤東顯然認為這都是彭德懷言不由衷的講話。此外，彭德懷當時的所謂「鬧獨立性」，還有一些薄一波等沒有提到的事情。這如一九四三年七月七日，在八路軍總部，彭德懷與民主人士張東蓀的代表葉篤義達成一個「七・七抗日協定」，當時彭德懷此前於六月十八日向中央書記處報告張東蓀派葉篤義以「民主政團同盟」的名義來八路軍總部聯繫一事，此後又於二十九日請示中央彼要求與中共訂立共同綱領一事，即《抗日建國同盟互相協定》，七月四日中央書記處複電指示：可與之訂立口頭約定，但不立書面條約。但似乎後來還是訂立了一個書面協定，其內容大致是：八路軍努力與日軍作戰；對方則致力於瓦解偽軍和偽組織；戰後雙方合作爭取和平民主建國。（見葉篤義：《雖九死其猶未悔》）這似乎也是僅見的一份抗戰期間中共軍隊首長與民間抗日勢力達成的合作文件。將之對照此前一九四一年十二月中共中央對張東蓀「國社黨」的策略的指示，就可以看出：這是兩個性質完全不同的文件，也就是說：中共中央根據毛澤東對「國社黨」的估計而發出的指示與彭德懷和對方達成的「七・七抗日協定」，根本是不合拍的。中共中央的指示說：「最近國社黨張東蓀、湯薌銘等在北平向中共提出所謂兩黨合作抗戰綱領，主張經濟上以社會主義為原則，採取計劃經濟，實現農業集體化。這完全是托派的主張，是挑撥中共與地主資產階級的關係，以孤立我黨的陰謀。國社黨是一個極端投機取巧的集團，它有時以右的面貌出現，從國民黨方面挑撥國共關係；有時從『左』的面貌出現，企圖從共產黨方面離間國共關係。因此，我們對於國社黨應嚴加警惕，不應與他們簽訂任何政治文件。」（見《毛澤東年譜》中卷）張東蓀、張君勱等一九三二年成立的中國國家社會黨曾是中國民族資產階級的一個政黨，它主張「修正的民主政治」，主張調和資本主義與國家社會主義而實行「混合經濟」，主張思想自由等，而在中國的現實政治層面則致力於反對國民黨的一黨專制、力主對日抗戰，張東蓀還最早響應中共《八一宣言》而發表了《評共產黨宣言並論全國大合作》（當時剛剛到任的中共北方局書記的劉少奇化名「陶尚行」回信給張東蓀，對中共的抗日政策做了進一步的闡述，張隨即在其主持的《自由評論》上公開發表了劉的文章），此後張東蓀積極尋找渠道與中共合作抗日，他還發起組織「北方救國會」，向中共提供情報、向根據地遣送愛國學生、幫助購買抗日物資和藥品等，以至最終被日本憲兵所逮捕。顯然，中共中央一九四一年「指示」中對其的估計是錯誤的，把「國社黨」與「托派」並稱更是錯上加錯。

在以上涉及彭德懷的「錯誤」中，「兩次『王明路線』」的指責顯然是最嚴重的。不過，鑒於王明抗戰初期的問題的複雜性（即其在某種程度上代表著共產國際和史達林、抗日民族統一戰線的建立和鞏固又是大勢所趨、黨內對王明等尚存有敬畏的心情且一時難以分辨是非、國共兩黨的矛盾當時尚未公開化和嚴重化等），其錯誤的性質和程度還有待時間的進一步「證偽」和「試錯」的過程、黨內同志對它的認識也需要有一定時間的觀察和體會，等等，這也就是彭德懷後來回憶所說的：「對王明路線，我只是在具體實踐時行不通，才被迫抵制的，認識是不深刻的」，「從這裡也認識到自己見事遲，在黨內兩條路線鬥爭中，開始總是模糊的，一定要問題發展到明顯的時候才能看得清楚。」（《彭德懷自述》）應該說這是謙詞，所以，當彭德懷將自己在中共北方局黨校整風學習會上的發言《關於史達林論黨的布爾什維克化十二條》交給毛澤東過目，毛澤東在彭德懷檢討華北六年的工作是「基本上是執行了中央路線，但還存在著嚴重的缺點」一句中圈去了「基本上」三個字，並且特意寫了一段眉批：「就華北全黨來說，就整個六年來說，應該說，執行了中央路線。」（見當代中國出版社《彭德懷傳》）後來，延安整風後召開「七大」，當時毛澤東也明確表示華北抗戰「是執行了正確路線，而不是什麼基本執行了中央的正確路線」。當然，從後來發生的問題看，毛澤東這個評語並不是他後來一貫的看法，事實上他對彭德懷是始終持有保留意見的。

後來發生的事實說明：一九五九年的「廬山會議」正是此前「華北座談會」對彭德懷「批評」的升級，至於毛、彭分歧的所在，是即有歷史上的恩怨和他們之間個性上的衝突，當然更是基於當時國內外形勢的變化給毛澤東帶來的一個警覺：在中國共產黨黨內，仍有大量思想停頓在民主革命中的所謂「黨內民主人士」，其表現就是仍然認同「新民主主義革命」時期的許多觀念，以及反感於「無產階級專政下繼續革命」所需的「個人崇拜」等等，「對上級不自覺其為下級，對下級不自覺其為上級。如此沒上沒下，無以名之，只好叫做自由主義。人們用以說明這種自由主義之可惡的名詞，就叫做『黨內民主人士』，它意味著某個時候就會要被推下懸崖絕壁，跌個粉身碎骨。」（《黎澍集外集》）或者換個說法，那就是所謂「同路人」以及後來眾所周知的「走資派」了。

14

張聞天參加了毛澤東的婚宴？

《紅牆童話——我家住在中南海》（王凡、東平著，作家出版社二〇〇三年出版），這本書敘述了中南海內的一些「高幹子弟」對他們中南海孩童生活時代的回憶，而中南海對許多人來說，自然是有著神祕色彩的，如著者所云：「世人有世人的中南海揣測，中南海裡的成人們有自己的中南海觀，而孩子們眼裡的中南海則又是一番天地。透過生活在中南海裡孩子們的眼睛看到的這一切，有助於人們認知一個更全面的中南海；有助於人們從一般人難得窺視的角度，認知領袖及其親屬和各層中共幹部們的另一個側面。」此外，值得一說的，是這本書還配有大量圖片。閱讀書中的文字和照片，讓人得以「從一般人難得窺視的角度」來「認知一個更全面的中南海」以及「認知領袖及其親屬和各層中共幹部們的另一個側面」，這當然對讀者而言是極具閱讀的心理期待的，另外，書中的那些「中南海孩童」如今也大多已是活躍在改革開放時代中國政壇上的風雲人物，觀瞻和捕捉這些已經告別了「童話」時代的「接班人」的少年英姿和其故事，也是有著閱讀的亮點的。不過，或許是事後的採訪，其所記述的有些史實就難免失真，比如書中說到毛澤東的祕書葉子龍，說他曾任紅一方面軍的機要股股長，從此跟隨毛澤東幾乎如影隨形，「毛澤東和江青結婚，華東局有些知道江青底細的人認為不妥，致電反對，是他把這封電報拿給毛澤東的。得知毛澤東和江青結婚，賀龍到延安開會時要毛澤東請客。毛澤東說：葉子龍，你給辦兩桌酒。葉子龍操辦了兩次，請了朱德、周恩來、劉少奇、張聞天、賀龍、李富春、王若飛、滕代遠等幾十人。毛澤東和江青的結婚日，就按葉子龍操辦第一桌酒那天算了。」

據《賀龍年譜》，賀龍是一九三八年九月與關向應由晉西赴延安去參加中共六屆六中全會的，十一月十九日他與關向應、蕭克等離開延安，那麼，毛、江的酒席，就應該是十九日之前的日子裡。當時毛澤東和江青結婚，辦了兩桌酒宴，客人中果真還有時為中共中央總書記的張聞天？查權威的張聞天選集傳記組編寫的《張聞天在一九三五—一九三八》，毛澤東與江青是在一九三八年十一月結婚的，也是在此之前，張聞天「寫信給毛澤東，反映黨內一些同志對他個人生活的意見，規勸他不要和江青結婚，毛澤東見信後不悅。」書中附注云：「當時在延安的一些老同志，聽說毛澤東要和江青結婚，議論紛紛，主要意見為江青過去在上海時生活作風不好，歷史複雜，傳聞很多，作為黨的領袖與之結合將造成不好影響，有的寫信給中央。這些意見都匯集到張聞天處，張便綜合大家意見寫信給毛澤東。據劉英回憶說：『信是讓警衛員送去的。毛讀後大怒，當場把信扯了。』」那麼，在這樣的情況下，按照毛澤東的性格，他是不會邀請張聞天去喝喜酒的了。又據程中原《張聞天傳》（當代中國出版社二〇〇〇年版）：「當初毛澤東、江青結合，黨內頗有議論，口頭、書信、電報反映的意見都匯集到張聞天那裡，張不便把這些函電轉給毛澤東看，遂致函毛澤東，大意說：你與賀子珍合不來另外結婚，誰都沒有意見；不過，按江青在上海的表現，似不合適。這封信毛讀完後當場扯了，第三天就在合作社擺酒兩桌，宣布結婚。張聞天當然不在賓客之列。」

關於江青和毛澤東結婚的舊事一直是許多書中追述的「故事」，因為「干卿底事」的它後來竟「漣漪」到了一場駭人聽聞的政治大迫害，如張聞天、劉曉、楊帆、王世英等，都為此付出了慘痛的代價。如果再要「回到現場」，在一本《張聞天》（馬文奇等著，北京出版社一九九三年版）的傳記中是這樣描述的：江青到延安後，經常去聽毛澤東講課，又借機接近之，所謂「百般獻媚，暗送秋波」，隨後就傳出了毛、江將要結婚的消息，這在延安高幹中引起了極大的震動，知道江青底細的中央委員紛紛致信張聞天，除表示強烈反對之外，要求中央責成上海地下黨調查江青的歷史，後來劉曉據實向中央報告（即藍蘋的種種糗事，如唐納自殺、被捕後自首、參加蔣介石五十壽慶的演出，等等），張聞天則出於對毛澤東的尊重和禮貌，從反對的呼聲中擇納了幾條加以勸阻，也是因為這些說「不」的聲音，傳說中央對毛、江的結合做出了三條「約定」，而宴席中「在延安的中央領導人都去了，只有張聞天、劉英夫婦未接到邀請」，為此劉英還頗為鬱悶等。其實，以上說法也有失真之處。且不說當時關於「藍蘋」的流言是否都是事實，如江青一九三三年秋由山東抵上海後「開始與托派接觸」等（在歷史上曾經有用「托派」的罪名構陷政敵或知識分子的「政治瘋癲病」），毛、江結婚時張聞天夫人的劉英就不在延安，此前她已與賀子珍等赴蘇聯治療疾病，等到她回國到了新疆時才知道毛、江的結婚（當時賀子珍被留在蘇聯「學習」），所以，根據劉英《我和張聞天命運與共的歷程》等撰寫的《張聞天與劉英》（王林育著，中央文獻出版社二〇〇〇年版）一書中，稱劉英回到延安，第二天就去向毛澤東夫婦祝賀（但書中因此又稱「劉英是第一個，也是唯一一個祝賀毛澤東的人」，恐怕也是由臆測而得），而「劉英這樣做，並不是因為她認同江青的為人，而在於她覺得婚姻純屬個人私事，別人不便干涉。」也正因此，毛澤東視劉英為知音，「他興奮極了，一拍大腿，說：『劉英同志，你才是真正理解我的人哪！這事不少老同志反對哩，你要給我解釋，做宣傳！』對張聞天，他就不同了。毛澤東對反對他與江青結合的人格外生氣，以致他看了張聞天的信後，勃然大怒，不僅撕碎了信，還說『老子明天就結婚，誰能管得了我！』（同上）也是因此，「第二天在供銷社擺了兩桌酒席，自然沒有邀請張聞天」，後來，「張聞天對劉英說：『請了我也不去』。」（同上）

毛、江的結婚還有一個背景，即當時他們的結合恰好發生在中共擴大的六屆六中全會召開之後，這次會議最主要的成果是確認了毛澤東在黨內的領袖地位（會議上由王稼祥傳達了共產國際的指示）、克服了王明的右傾錯誤。會議期間張聞天提出辭去總書記一職，並推舉毛澤東為總書記，雖然會議沒有就此做出決定，但會後張聞天就把自己的職責逐漸向宣傳教育部門轉移了，中央政治局開會，也在楊家嶺毛澤東的住處去召開了。

15

續范亭沉痾不起不敢請中醫

一

一九四一年，中國民主革命元老續范亭以積勞成疾、病情惡化，被晉西北行政公署派人護送去延安治療。

續范亭沉痾難支。早年中山陵自剖命雖不死卻身心大損，暗疾從生，此後戎馬生涯，在艱苦環境下領導山西抗日新軍，宵旰憂勞，廢寢忘食，致身體羸弱，肺病頻發，進入抗戰艱難階段後，根據地接連遭受敵人大掃蕩，續范亭終於挺不住，時時陷於昏迷，延安得知續范亭病情危急，電令送其來延安醫治。四月，續范亭抵延安。延安盡其所能挽救這位新舊民主革命的戰士，延安的名醫王斌、史書翰、魯之俊、黃樹則以及幾位外國醫生給他精心治療，毛澤東、周恩來等親為之尋覓藥品，並命令中共在重慶、香港等地的機構為續范亭採買特效藥品。這樣，續范亭病情好轉。迨病情穩定，遂從白求恩國際和平醫院轉到延安交際處靜養，後來他又相繼在棗園、南泥灣、杜甫川等地休養。續范亭在延安的時候，正是「整風」轟轟烈烈開展之際，他也熱情投入，積極學習文件，後來他還在養病閒暇參加「懷安詩社」，與延安眾詩家相酬唱，他是著名的「延安十老」詩人之一。續范亭不甘以病廢之軀被閒置，他以其名望配合延安做統一戰線工作，致意鄧寶珊、楚溪春等，與棄暗投明的高樹勳、劉善本、胡景鐸等歡談，對在抗戰中執意挑起事端的國民黨頑固派，續范亭強拖病軀撰文抨擊，〈警告中國抗戰營壘內的奸細分子〉、〈寄山西土皇帝閻錫山的一封五千言書〉、〈三年不言之言〉等，毛澤東許為「奇文」，所謂「廉頑立懦，振奮人心」，范亭先生是與中國共產黨同呼吸共命運的。

二

以上是人們熟悉的歷史，其實這中間還有一些不大為人所知的故事。同在延安，同是「十老」又是中共「五老」之一的謝覺哉，留有一部《日記》，今天讀來，恐怕是可以與韋君宜《思痛錄》對照來讀的。

胡宗南進攻延安，續范亭轉移到晉西臨縣，終於不治。謝老以親睹範亭逝世過程，感其病痛之苦，也哀痛不已。續肺病晚期，疼痛至全身抽搐，為求速了，竟至潛服鴉片，因鴉片量小，反而增痛，時王明有探慰詩：「病中情景我深知，苦到難言不自持。心應成鋼超百煉，事關革命倍三思。待將科學銷仇菌，誓抵狂飆壯怒獅。回首延安初聚日，秋風瑟瑟雨絲絲」，謝老步其韻慰勉範亭：「敝屣形骸久自知，為群生故強支持。（續學佛有得：自言如早知馬列，不會切腹中山陵。昔想以死救世，今則想以生救世）艱難百歷皈真理，愛智雙修見睿思。高瞻雲端清如鶴，留言榻左吼如獅。凌晨一握纏綿甚，兩眼炯炯氣屬絲。」王、謝慰問續范亭，是知道病人將不起了。謝老《日記》記續之死，那是一九四七年九月十二日十一時十五分，「昨午看他，神狀極不寧，說七年之病求三年之艾，舌音已僵」。之前為搶救他，想盡辦法，「肺病到這田步，西醫早就束手了，中醫則仍以為可治」，李鼎銘來開了兩方，難得速效，「聞此地某中醫因土改被鬥，不好去請」，於是病人病情突變，遂不起，「諸老往看，莫不隕涕」。

三

中醫被鬥，不便去請，這是土改時的「語境」。九月二十六日，續范亭追悼會，謝老報告其事功行誼，會後接到「十老」之一的錢來蘇來信，錢詩人說：彼與范亭十餘年之交，與范亭族兄續西峰也頗相稔熟，但錢到延安後卻因種種防嫌與續范亭竟無過往，間有邂逅，也不便深談，一次續向他索要詩，錢也沒有給，及聞續已病故，錢詩人痛呼「真負老友」。謝老讀信，「為之一驚」，他不能相信：「錢不敢訪續，續也不敢訪錢嗎？」他不禁寫道：「應該檢查我們的方式，有權的黨，處處要小心，防人家怕我」。謝老是有心人，他驚覺續、錢關係的不自然，連帶警惕執政黨（在抗戰時的「特區」內）的「方式」，這與他不尋常的經歷和他當時的職務都有關係的。

謝老是延安老資格的革命家，早在湖南一師代課時即與毛澤東相識，後來他參加革命，深悉黨內左傾的危害和頑固。他在《日記》中回顧蘇區的肅反，痛惜毛簡青、柳直荀、段德昌等的被殺，又回憶湘南、湘鄂西、柳州等地的暴動，燒城市，大道兩旁五里都燒盡，強迫群眾當兵，「對黨外一切打倒，對黨內也誰都不信」。左傾幼稚病患者是「孩子氣不懂事，敢於冒險，稱裡手，十多年來不知給了革命多大損失，我們不能原諒這些孩子們，因為他們闖禍太大又太多」。當然也不儘然都是「孩子們」，像夏曦等，是「左得可愛」的一些人，這些人「有人愛護自己的錯誤比愛護自己的頭還要緊」。到陝北後，整風清算，也不能除惡殆盡，「左」又用其他方式表現出來。謝老《日記》中述「反奸」中的逼供信和冤案、「反特」中的濫用群眾運動方式、「反教條」中的戴大帽子和大家從此不敢講書本、「土改」中的政策偏差，如「地主不分地，富農分壞地」、「對敵人不講手段」等，這有一些例子，謝老後來渡河北上，道經山西，如興縣開明紳士牛友蘭、孫良臣之遭遇；五臺三井鎮百餘家人戶定為地富的則達七十餘戶，有一康姓人家，父子六人被打死二人，家產沒收一空，繼服毒、投井三人，有一子在八路軍任政委，得信回家，見狀亦憤而自殺，工作團這才把他家的富農改為中農，延安「十老」之一的李木庵紀其事：「一家五命喪泉臺，三井鎮傳鬥老財。成分縱更門祚斬，伯仁由我亦心衰。」謝老是慟心於襲染革命隊伍積而久之的「越忍心越革命」、「愛之欲其生，惡之欲其死」的積習的，他還認為有的「左」，是「表面上左，實際常是過去右的反動，也潛伏著將來右的根子」，這比如「無形的封建思想殘餘」作祟而討厭民主，強迫命令等，續范亭之死中一些不正常的現象，也正是在這同一「語境」中。

謝老在延安是職任邊區政府祕書長和副參議長，他關心民主、法制、統一戰線等長治久安的問題，把他的《日記》和薄一波、師哲等人的回憶和正在走紅的韋君宜《思痛錄》以及她那本貌似小說實堪為實錄的《露沙的路》同讀，反思歷史的深刻性是其他書本難以帶來的。《露沙的路》有句驚人之句：「我們以全力掙扎搏鬥換來的天下越看越像明朝」。謝老在學習《歷史決議》時也感「其始也微，其畢也巨」，對「左」的東西稍掉以輕心，禍害至矣。

16 晉綏土改談虎色變

一

一九四七年是一個讓許多當年的過來人談虎色變的年代。內戰已經嚴酷了，在一些解放區又不同程度出現了舉措失當的土改中的「左」傾風潮。

原來一九四六年中共中央發出《五四指示》亦即《關於清算減租及土地問題的指示》，根據中國革命戰爭形勢的變化和解放區廣大農民的要求，把黨在抗戰時期實行的削弱封建的減租減息政策改變為消滅封建的「耕者有其田」的政策，使農民在反奸、清算、減租、減息、退租、退息的鬥爭轉為直接從地主手中奪取土地的鬥爭，這是中國民主革命深入開展、保證革命戰爭勝利、充分調動廣大農民的革命和生產積極性以支持解放戰爭的至關重要的一舉，而在具體執行中，制定和掌握相應的正確政策也至關重要，指示規定解決土地問題的方式一般不是無償沒收而是通過清算和購買實現有償轉移，同時規定不可侵犯中農土地以及保護工商業，對富農和地主（分大、中、小和惡霸和非惡霸等）要有所區別，對開明紳士則應予適當照顧等。此後土地制度改革運動迅即展開。一九四七年七月中共中央工委又在西阪坡召開黨的全國土地會議，由劉少奇主持下通過了《中國土地法大綱》，規定了沒收地主土地、按人口平均分配的消滅封建剝削制度的綱領，同時決定結合土改進行普遍的整黨運動。這個會議和綱領的缺點是對此前已經在一些地區土改中暴露和出現的「左」傾做法注意不夠，對一些地區土改的不夠徹底和黨內思想不純、組織不純的情況卻估計得過於嚴重，土改中劃分階級也沒有制定相應的文件，這樣勢必在一定程度上使「左」傾錯誤繼續得以發展。而一九四七年土改中的「左」傾風潮最嚴重的就是晉綏解放區了，它的始作俑者康生的「經驗」甚至在全國土地會議上得到推廣，甚至當時還印有一本《康生語錄》。於是，土改運動得康生等的「晉綏經驗」而走入歧途，左傾逆流從此猖行，雖然運動後期在毛澤東、任弼時等努力下有所糾正，卻遠遠沒有得到徹底的肅清，從後來的歷史發展證明，它的遺毒之為害是不可小覷的。

這年一月，康生、陳伯達等帶領中央土改考察團來到晉綏，考察並開展土改試點，隨行還有康生的老婆曹軼歐以及李伯釗、毛岸英、谷羽、楊之華等，晉綏各地的幹部張稼夫等也陪同參加。康生等率領的土改工作團在臨縣郝家坡、靜樂縣潘家莊等處試點，迅即否定了先前中共晉綏分局制定的《怎樣劃分農村階級成份》等文件，不顧老解放區土地問題已經基本得到解決的前提條件，從主觀、教條出發，採取放任主義，指責黨的基層組織對群眾潑冷水，「只有地富立場沒有貧雇農感情」，是壓制群眾運動的「大石頭」，主張「搬石頭」，「貧農團取代黨支部」，「貧雇農從坐天下，說啥就是啥。」即由群眾自己來劃分成份，放棄對群眾運動的領導。

康生等還執意將土改中關鍵的劃分階級成份加以主觀主義的理解，即不根據革命導師關於以生產資料佔有狀況和剝削程度為依據的劃分標準，卻以為晉綏是老區，如果按過去的標準劃分地主、富農就會找不到對象，而且他們早已在革命政權下隱匿起來「化形」了，他們鑽了空子：解放區政策規定地主、富農經營的工商業不予沒收，只沒收他們的土地（富農則是其多餘的土地）和浮財，並對他們在政治以工商業者對待，所以，他們都把財產轉移到工商業上去了。於是，康生等研究出劃分「化形」地、富的標準，簡單地以查三代、看「鋪攤」的大小、看政治態度來作為依據，即以其土地和財產的規模以及其歷史根源、過去現在的經營方式、群眾的態度為標準，這樣一來，如邊區首府的興縣蔡家崖，五五二戶人家應有一二四戶是富農了，占到了近三成，大大超過了一般估計的百分之八；而解決無地、少地農民的土地則不惜來侵犯中農土地，不惜重新打亂平分；對已被分地的地主則要揪「化形地主」，以為農民從地主手中獲得的土地是地主賣了地而把銀元藏了起來，所以又要「挖底財」，「挖浮財」，就是侵犯他們正當的工商業；接著又大搞逼供信，對地主、富農甚至對他們這種做法稍有不滿的幹部、黨員等捆綁吊打、亂打亂殺，並且又開展「整理黨政民運動」，主張所謂「踢開幹部絆腳石」、「拋開支部鬧革命」、「搬石頭」、「貧雇農要怎麼辦就怎麼辦」，而黨政機關開會，凡是地、富家庭成份的幹部就只好坐在「王八蛋席」上，如此等等。

晉綏根據地於是鬧得是雞飛狗跳，土改把許多本來不是地主、富農的人錯劃成地主、富農，擴大了打擊面，攪亂了階級陣線，即使一些有功於中國革命的地主和富農也遭到了不公平的對待，比如晉綏著名的三位開明紳士——孫良臣（曾作為晉西北士紳參觀團成員赴延安，後來是邊區的高等法院院長）被打死了，另一個聞名的開明士紳、紅色士紳牛友蘭（邊區參議員。他在興縣蔡家崖的住宅就是賀龍的司令部，毛澤東與《晉綏日報》人員的談話就在這棟房子裡。他興學辦教、創辦農民銀行支持抗戰、組織民眾產銷合作社和開辦紡織廠為抗戰做物資供應、捐獻錢糧衣物給根據地政權以及山西新軍，還曾以士紳參觀團團長的身份訪問延安，得毛澤東等熱情款待），結果呢？康生說：他姓牛麼，就應該像牛一樣對待這個地主。於是命令把他鼻子上開洞，穿上環，環上綁上繩子，他的兒子是參加過「一二九」運動和山西「犧盟會」重要中共幹部的牛蔭冠，「土改時牛是土改組的組長，坐在（鬥爭會會臺）上邊，他父親跪在下邊，遊街時用鐵絲像穿牛鼻一樣穿了他父親的鼻子，由牛蔭冠牽著」，不多時也就鬥死了；另一位「紅色紳士」劉少白也受到無端打擊。這樣的記載包括一些駭人聽聞的慘劇在《謝覺哉日記》等上也能多少看到。

此時謝老和中央法律委員會的幾位老人與中央土改工作團的康生、陳伯達等很有意見。當時國民黨統治區的民主力量正在發起憲政運動，延安也在加緊起草憲法和民法、刑法等法律條文，土改中出現的左傾罡風無疑破壞了根據地法制建設的努力，謝老等赴晉綏附近一些村子裡參加土改，發現康生等「蹲點」的經驗正廣為傳播，心中自然不是滋味，於是他們彼此的關係也緊張起來。比如謝老，他是黨內較早注意到「左」傾危害的，因為他是過來人，先前「十年內戰」時「左」傾出頭，如「柳州暴動宣布燒城市，大道兩旁五里，大會上被（有人）反對，（就）殺死縣委全體」；「湘鄂西八一暴動，每縣成立教導軍，群眾大會用武裝包圍住強迫當兵，（結果）群眾暴動殺死工作人員」；黨內則「湘鄂西肅反只剩下夏曦，連最會打仗的段德昌也肅掉了」。這還有柳直荀、毛簡青等。那時謝老還是湘鄂西根據地著名的「四大文豪」之一，沒有想到：四個人只剩下他自己了，其他三位「文豪」的周逸群、萬濤、孫子濤均在「肅反」時被誣殺，不是謝老「不該殺」，只是他命大而已。那麼，那些「左」得可怕的「孩子們」後來還是「孩子們」嗎？真是「左」得可怕又「可愛」，從「反仁政」走到「越忍心越革命」，這個邏輯一旦被認可，後來種種也就瓜熟蒂落：一九四七年土改中的過「左」行為，到了一九六六年後重現，不過更是「水平」見長而已。謝老由而痛感政策的正確與否事關重大，他說：「每個黨員要研究政策，土改政策是基本一環。全國人民把生命寄託於共產黨，黨員的責任很大，不可馬虎。土改很複雜也很簡單，很偉大也很平常。翻轉幾千年的社會——很偉大；普及到不同的每個農村角落——很複雜；然而又簡單到每個平常的農民都能瞭解，平常到每個平常的農民都能執行；複雜含在簡單裡，偉大含在平常裡。一些『聰明』的同志故意把它弄得高深莫測，農民不瞭解，以至脫離我們。平分土地人人懂，都贊成，他們說不合階級路線，要『地主不分地，富農分壞地』；要鬥爭，又沒有標準。『對敵人不要講手段』，農民不懂了，懷疑、懼怕，因而運動就展不開；罪大惡極的惡霸鬥死他，農民懂得，次要的或只人們對之不滿的，也把他吊打以至於死，農民就不懂了，不懂又不敢說，躲著。不是從群眾實際出發，找出規律來領導群眾，而是從主觀出發，表面似是群眾願意的瞭解的，實則全不是一回事，熱昏了，眼睛起團子花」。再譬如曾參加過晉綏土改的力群在其回憶錄《我的藝術生涯》一書中，也述及其參加晉綏土改時的見聞，如地主不分地、富農分壞地之外還有「對敵人不要講手段」的「階級路線」，邏輯也是「越忍心越革命」，其中就有肉刑的「磨刑」，他還創作了一幅壁畫反映之。「磨」，是用繩子拴在人雙腳上，如拉死豬，在鋪上爐渣碎塊的長徑上磨其脊背。當年毛澤東為山西崞縣土改經驗的總結《山西崞縣是怎樣進行土改的》加按語，樹為典型，作這報告的中共晉綏分局社會部長譚政文就是「左」得出奇的人物，「為了逼底財，就用磨脊背的肉刑磨地主富農，至後又搞查三代找地主等等作法」，有個地主溫德恭不過是小學教員，只因為說不出底財藏在哪裡，「磨脊背後又吊起來，最後又用香火燒肉體，把整個脊背燙爛後第二天就死了」；一個老紅軍劉生凱（後來是太原警備副司令員）看不下去，表示不滿，就被譚召開鬥爭大會批判說他「右」了。草菅人命，更有被刀割去耳朵，繼被刺刀捅死，死後又被挖去內臟，連生殖器也被人割去吃了，最後狗又把屍體啃了。晉綏臨時農會的《告農民書》說：「群眾要怎麼辦就怎辦」，於是「一場鬥爭大會就打死八條人命」。

晉綏土改中出現的「左」傾風潮（康生在臨縣，陳伯達在靜樂）後來又被以經驗交流會的形式得到肯定和推廣，未能清醒認識其錯誤並給予抵制和糾正的中共晉綏分局則又召開土改和整黨的地委書記會議加以貫徹執行，卻又來批判所謂「右傾錯誤」，使「左」禍進一步升級和氾濫：擴大成份、侵犯工商業、土地絕對平均、加大打殺等，在這個時候，《晉綏日報》開展反右傾運動中就又有了中國新聞史上的一頁——反「客里空」運動。

二

《晉綏日報》是由《抗戰日報》而來的一張報紙，從一九四〇年至一九四九年出版發行，從三日刊、間日刊再到日報，是解放區重要報紙之一，也是中共晉綏分局的機關報，自然戰爭年代的悲歡與正反兩方面的經驗教訓都記載在其上。《晉綏日報》最風光的是它得到了毛澤東的多次稱讚，一九四八年四月二日，毛澤東繼在晉綏幹部會議上講話後又與《晉綏日報》的編輯人員談話，這兩篇文獻都收集在《毛選》第四卷上，後者胡喬木評價說：「這篇談話，對黨報的任務和作用，黨報工作的原則、立場和辦報路線，以及黨報應該具有的戰鬥風格，黨報隊伍的革命化建設等一系列無產階級黨報工作的基本問題，都作了較系統的論述。這篇講話是黨的新聞工作的重要文獻，是毛澤東新聞思想的集中表述。」可見份量之重。毛澤東是一貫注重報紙工作的，對黨報的作用和力量他有許多闡述，並主張「中央同志要善於利用報紙，要有一半時間用在報紙上」，由此還提出「全黨辦報」等，然而他認可的黨報並不多，唯獨對《晉綏日報》多有褒獎，稱之為「內容豐富，尖銳潑辣，有朝氣，反映了偉大的群眾鬥爭，為群眾講了話。我很願意看它。」這大概只有改版後的《解放日報》曾與它一併有過這榮譽。毛澤東這個時候表彰《晉綏日報》，是在各解放區紛紛開展學習《晉綏日報》實行自我批評的反對「客里空」運動、繼全國土地會議和楊家溝會議後中央確定土改總路線並著手糾「左」的背景下，原先晉綏土改的傾向必然反映在報紙上來，而在毛澤東看來，「《晉綏日報》在去年六月以後進行的反對右傾的鬥爭，是完全正確的」，但是「你們的缺點主要是把弓弦拉得太緊了」，「主要是『左』的偏向」。不過，毛澤東以他歷來的態度出發，認為「對於我們的工作，對於群眾的事業，應當採取分析的態度，不應當否定一切」，他在之前的一次講話中就號召「要學習晉西北的方法，搞貧農團，堅決克服一些幹部中偏向地主富農的情緒」，而「我們黨所辦的報紙，我們黨所進行的一切宣傳工作，都應當是生動的，鮮明的，尖銳的，毫不吞吞吐吐。」如是，《晉綏日報》先前極其錯誤的社論《為純潔黨的組織而鬥爭》、針對工商業者和地下黨的「過河必須拆橋」的言論、報導批鬥開明士紳劉少白的長篇通訊等都不過是「弓弦拉得太緊」而已。對「左」總是可以原諒，對「右」則高度警覺，不自覺中已經根深蒂固成為集體無意識，後來的林林總總也就水到渠成有意思的是，反對「客里空」的運動，多少就是以比「客里空」還要「客里空」的思想方式下開展進行的。在康、陳土改考察團到晉綏後，晉綏分局賀龍、李井泉、張稼夫等被質疑土改和黨的基層組織中存在有問題，《晉綏日報》亦被認為有右傾，在這樣的背景下遂開展了反「客里空」運動。「客里空」，是蘇聯作家科爾內楚克的劇本《前線》中的一個名詞，意思是假新聞，彷彿也就是人們說「文革」中的新聞片子是「新聞騙子」一樣，《前線》此劇還有一個名詞叫「戈爾洛夫」，也是當年人們熟識的概念，那是指脫離實際又不學習而好擺老資格的人物，不用說也是整風中一個常見的代名詞了。報紙編輯中過分注重情節而忽視真實性原則、隨意刪節人為拔高或貶低等新聞工作中習見的毛病在這裡有了不同的含義，在自我批評中《晉綏日報》反省「我們這裡有許多客里空式的新聞通訊，我們將不但發現不少的客里空，而且有比客里空更壞的人」，它要「肅清人民報紙中的『客里空』以及比『客里空』更壞的報導，並使我們的報紙真正成為群眾的喉舌，為群眾服務」，這是運動的出發點，也是當時中宣部陸定一指示新華社將此運動推廣到各解放區的宗旨，不過背景如上所述，運動中其扭曲變形則難免，果然「客里空」從一般新聞工作的作風問題上升為立場問題，運動開始向「搶救」發展：審查新聞工作者與通訊員的歷史問題、翻舊帳以劃分所謂真假英雄和勞模等、「客里空」與「戈爾洛夫」也有了指標要求，如此之下真的「客里空」反而杜而不絕，如此這般「左」更猖獗無恐，新聞工作也以新標準（貧雇農出身）整頓和建立通訊員隊伍等。只是後來胡喬木受毛澤東派遣來晉西北調查（臨縣），批評了晉綏工作「左」傾，楊家溝會議也開始糾「左」，《晉綏日報》這才又開始檢查糾正反「客里空」運動中的問題。

後來作為中國新聞史上的一段晉綏反「客里空」運動，向來是重視新聞真實性原則的範例，其實如果認真審視之，箇中情由卻是複雜得多，「真實性」遠遠比想像的要繁難。

三

在中國這樣廣大國土（新、老解放區等）和戰爭緊張形勢下開展徹底的土地改革顯然是十分困難和艱巨的，發生一些問題也不奇怪，值得注意的卻是其中的教訓，後來長期未能得到應有的重視，以致它又在不同的條件和情況下死灰復燃，造成難以估量的損失和民族的悲劇。關於土改，原先的《五四指示》從爭取更多人參加反內戰的考慮出發，還未把整個地主階級視為敵人，也就沒有提出無償沒收其土地分配給貧苦農民的辦法，只是想通過有償轉移的方式使農民獲得土地，這也是孫中山原來設想的贖買方案，中共實行民主改革也設想通過發行公債的辦法進行土地徵購，並曾在陝甘寧邊區少數地方進行過試點，後以實際執行有困難中止。

不久，人民解放戰爭的迅速發展使原有思路調整為相應的消滅封建剝削的激進舉措，農民的土地要求得到滿足，全國土地會議和它制定的大綱充分體現了依靠農民自己解放自己的民主精神，頒佈了中國歷史上最徹底的土地分配辦法和政策，但它又不免一種傾向掩蓋另一種傾向使「左」傾抬頭。當然，除了政策不盡完善外，長期存在並一定條件下氾濫的「左」傾傾向其產生的根本原因是中國悠久歷史中小農經濟基礎上形成的農民平均主義思潮，中國革命又是以農村為主要基地、以農民為主要力量的，於是這種平均主義的要求就特別頑強和持久，當它形成某種風潮時也就必然衝擊、影響黨的土改政策了。加之戰爭環境下不斷開展的反右傾和缺乏大規模土改的經驗，黨員、幹部隨潮流而走也就勢在必行。這中間，某些品質惡劣、見風行事、推波助瀾的懷有野心和居心叵測的人起了極壞的作用，如康生之類，他們是欲以「左」獲取頂戴花翎的。而農民中因貧窮和苦難導致的文化知識的匱乏以及近代中國社會暴力傾向的加劇（義和團的非理性反抗模式、戰爭的殘酷等）等等，都是土改中「左」傾偏向成為風潮且潛在不絕的因素。

所幸黨中央密切關注運動的發展，逐漸發現它「左」的傾向而致力於糾正之，毛澤東對康生的做派也有所覺察。從一九四七年十二月會議始，遂著手制定相關政策和策略進一步完善之。毛澤東特別提出新的問題是中農問題，它在晉綏已經發生了嚴重的問題，使左傾成為潮流，而共產黨要反對這個潮流，如同在抗日時期反對投降傾向的潮流一樣。他提出土地會議後「主流向東流時，卷起了三個浪花，即侵犯中農利益、破壞工商業、把黨外人士一腳踢開。不把這三個浪花反掉，它會成為一股逆流。維護主流，反對浪花，堅決保證革命成功，一定要反『左』」。這之後，毛澤東又提出、闡述了中國新民主主義革命的總路線和總政策，以及土改的總路線和總政策，批評土改運動的領導錯誤是「只講戰略，不講策略」，任弼時也進一步說明了劃分農村階級的正確標準、闡述了對中農和知識分子團結的政策以及保護工商業和開明紳士、反對亂打亂殺和採用肉刑等，而關於後者，此前他在對八路軍南下支隊的講話中就以蘇區時的歷史教訓引以為戒，說：「過去在湖南老蘇區給了老百姓的一個印象，他們覺得共產黨好倒是好，就是殺人殺得厲害。如在湖南暴動時燒了很多房子，殺了很多人；在蘇區內也殺了很多人。老百姓對於我們有恐懼心理」，「我們不要亂殺人，我們應該檢討過去在蘇維埃時代殺人殺得太多」，於是他大聲疾呼：「堅決反對亂打人亂殺人和對犯罪者採用肉刑」，後來他還在西北野戰軍前委擴大會議上的講話中又提出「保障人權、廢除肉刑」，要求「應該區別對待地主富農」，即「對地主原則上只應該是在經濟上消滅作為階級的地主階級，而不是在肉體上加以消滅，掃地出門，以致引起中農的恐懼與動搖」，「對人數達到三千萬的地主、富農及其家屬子女，不僅不應該亂打亂殺，而且在封建剝削制度廢除以後，還應該分給一份與農民同樣的土地和財產，使其依靠自己的勞動來生活，使他們改造成為社會創造財富的、對社會有益的力量」。隨後，中共中央在此基礎上於一九四八年初也制定了一系列指示，使中共的農村、城市、新區、工商業、統戰等各方面政策趨於完善和系統化，比較有力地糾正了「左」傾錯誤，使解放戰爭更加順利地向前推進了。當然，徹底肅清「左」傾迷誤並不是一朝一夕的事，通過後來的歷史證明，由於黨的歷史上「左」傾錯誤的根深蒂固、加之政治體制上存在的弊端以及深入人們頭腦中傳統文化糟粕的不時作用，在上述晉綏土改時期發生的所有「左」傾問題甚至那些駭人聽聞的做法，此後仍然存在著，而且在某種條件下還以最集中的形態裸露在人們面前，因此，當我們說要「徹底否定文化大革命」等等時，也不妨回溯一下整個歷史，認真總結和清理一切可以、可能導致給後人帶來創傷的那些頑疾。

17

聞一多最後的演講

我的孩子剛剛讀完了初中，因為收拾不再用的課本，偶然拿起她的《語文》課本，發現有一篇聞一多的〈最後一次講演〉，不用說，講演的內容我是熟悉的。

課文是選自《聞一多全集》，文章之前有導讀：「同學們都知道，聞一多先生是一個『威武不能屈』的有骨氣的人。請看他在被害前幾分鐘，面對兇惡的敵人，臨危不懼，大義凜然，滿懷愛國熱忱所作的〈最後一次講演〉，那真是氣壯山河，鏗鏘有聲。讀後，你定會被聞一多先生的錚錚鐵骨和一身正氣所感染，恨不能挺身而出，為正義而戰。」用聞一多先生的臨終講演培養學生愛國主義情操和為正義獻身的精神，這本來是一件好事，但不知教師對聞一多其人、他的烈死、以及這篇講演的背景和全部意蘊，是如何講解的。不過，我想只要通過對這篇講演有意識的「刪節」，可能就反映出了授教者明顯的「政治正確性」的全部用意了。查王康先生寫的《聞一多傳》，可能這篇課文的「刪節」就是出於這本傳記的提示，而這本傳記是出版於剛剛開放改革的一九七九年，因而它的刪節也就可以理解了。

聞一多最後演講的出處是一九四六年七月二十一日的昆明《學生報》和八月二日的昆明《民主週刊》，現在都收入了《聞一多年譜長編》之中，應該說並不難尋找和比對。如果是用我們慣常的思維定勢，將之對比後來學生們用的課文，你就可能會驚訝地發現：原來聞一多還講了一些「親美」的話——不同於當時那個不久之後就要對之宣告「別了」的司徒雷登，聞一多說：「他是一位和藹可親的學者，是真正知道中國人民的要求的，這不是說司徒雷登有三頭六臂，能替中國人民解決一切，而是說美國人民的輿論抬頭，美國才有這轉變」，而「我們的新聞被封鎖著，不知道美蘇的開明輿論如何抬頭，我們也看不見廣大美國人民的那種新的力量，在日漸增漲……」。聞一多此前是一個不問政治的粹然學人——且慢，不對了，他曾經同樣是出於愛國的情懷，在清華讀書時就是一個關懷政治且積極參加政治的知識分子，他和余上沅等曾組織有「大江會」和「大神州社」等，當時他們主張反對「階級鬥爭」手段和親俄的「國家主義」，即主張「內除國賊，外抗強權；內不妥協，外不親善；全民革命，全民政治」，此後在大革命的風暴中又曾發生過一場「國家主義派」與「共產派」的械鬥，後來中國青年黨的李璜在《學鈍室回憶錄》中回憶說：當年「反俄援僑」大會後，又發生了「三一八」事件，「我立命同志學生前往通知（聞）一多、（邱）大年、（常）燕生及彭昭賢，日內有左派發動大示威遊行，我等日前開大會在主席臺上的人不要前往」，以防再被打。這就是當年的聞一多。其實，他和當年「同志」的羅隆基等相似，都持「國家主義」的觀念，即對蘇俄「輸出革命」的戰略和「為我所用」的外交策略深懷戒心，也是一批嚮往民主、自由的在野知識分子，而歷史註定他們是要大受挫折的。果然，此後隨著國民黨南京政府成立後極權主義政治體制的建立，這一知識分子群體的活動空間益加狹小，面對國民黨的「黨治」，他們陷入極度的孤立和難堪中：他們反對共產黨也不滿於國民黨，憂患於共產黨的武裝割據又痛心於國民黨的一黨專制，於是，歷史終於到了一個分界點，即原來的那場「五四」運動和「五四」新文化運動，參加者本來在大目標上是一致的，儘管又是各有著其相對的獨立性的，這期間中國成為了眾多思潮的實驗場和「海德公園」式的佈道場，但勿庸置疑，其中的思想主潮是舶來品的自由主義，仁人志士如陳獨秀、蔡元培、胡適、李大釗、魯迅、周作人、聞一多等都是其中的代表人物，但到了蘇俄革命發生、並且給中國「送來了馬克思主義」之後，基於國內外形勢的變化，特別是世界政治和中國民族危機的加劇，原來的那個自由主義陣營開始逐漸分化，直至後來分道揚鑣而走上不同的道路：陳獨秀、李大釗等一批知識分子接受了馬克思主義並開始運用其探索改造中國的一系列問題，提出了「根本改造」的社會理想和運行方案；胡適、蔡元培、丁文江、傅斯年等則仍堅持自由主義的旗幟，進行著不懈而痛苦的努力和掙扎，聞一多呢，面對中國那一潭死水和爛泥的現實政治，他走進書齋了，甚至如今許多回憶的篇什中還有那一段佳話：人們把聞一多所居住的樓稱為「何妨一下樓」，在那「空中的」閣樓裡，聞一多完成了許多精湛的古典文學的研究和詩歌創作。只是到了抗日戰爭，他目睹了大眾的流離失所，身受了極度的貧困，出於對國民黨腐敗的痛恨、對戰後中國前途的熱望，他又一次步入中國政治的前沿，說到底，他仍然是一個愛國的自由的知識分子，也就是吳晗稱之為的「青年時代是新月派新詩人，中年時代是舊經典的研究學者，晚年成為青年所愛戴、昂頭作獅子吼的民主戰士」。

一個這樣的知識分子在思想上是多元的，他對戰後世界局勢的看法是合乎理性的，基於此，他對當時的美國寄予若干希望也是不奇怪的，這不僅僅是美國的政府或者僅僅是司徒雷登幾個人，讓他感到希望的是一種「最不壞的」制度下的「輿論」，也就是當年聞一多的「同志」吳晗所說的：「沒有民主也就沒有美，只有民主才是至美的顯現。」如果捨棄這樣本來作為一體的內容，用一元論的觀點解釋課文，固然它可以非常明白無誤的宣揚愛國和正義，但也在同時失掉了歷史的複雜性和原生態，可能還會培養學生一種狹隘的「意蒂牢結」的「愛國」情結，其實，這些事例我們還看得少麼。

18

韜奮的遺言

我自愧能力薄弱，貢獻微少，二十餘年來追隨諸先進，努力於民族解放、民主政治和進步文化事業，竭盡愚鈍，全力以赴，雖顛沛流離，艱苦危艱，甘之如飴。此次在敵後根據地視察研究，目擊人民的偉大鬥爭，使我更看到新中國光明的未來。我正增加百倍的勇氣和信心，奮勉自勵，為我偉大祖國與偉大人民繼續奮鬥。但四五年來，由於環境的壓迫，我的行動不能自由，最近更不幸臥病經年，呻吟床褥，竟至不起。但我心懷祖國，懷念同胞，願以最沉痛迫切的心情，最後一次呼籲全國堅持團結抗戰，早日實行真正的民主政治，建立獨立自由幸福的新中國。我死後，希望能將遺體先行解剖，或可對醫學上有所貢獻，然後舉行火葬，骨灰盡可能帶往延安。請中國共產黨中央嚴格審查我一生奮鬥歷史，如其合格，請追認入黨，遺囑亦望能妥送延安。

這是著名出版家鄒韜奮的臨終遺言，這段遺言曾經廣為人知，也就是通過它，人們得以認知這位優秀出版人一生的奮鬥目標和他晚年的追求，因為是出自他臨終的遺言，於是不言而喻，它更有了莊嚴的意義。

又據報載：一份當年曾由生活書店的徐伯昕記錄的原始的鄒韜奮臨終遺言被發現了，那是一九四四年六月二日，沉痾中的鄒韜奮自知將不起，召來徐伯昕等進行口述遺囑。不久，七月二十四日，鄒韜奮病逝。此後徐伯昕到蘇中根據地的華中局彙報，請求將鄒的遺囑送往延安。十月七日，延安《解放日報》報導了鄒韜奮去世的消息，並首次發表了〈鄒韜奮遺囑〉。這份〈鄒韜奮遺囑〉其實是鄒的口述遺囑的刪節和改寫本，它「隱去（鄒臨終口述）人事上的設想和安排，變口語為書面語，部分語句也做相應調整」，整個遺言顯得「有精神，有原則，講究策略，文字簡練，有條理」了。據悉：鄒的〈遺言記要〉分為「關於臨終處理」、「關於著作整理」、「關於家屬布置」、「關於政治及事業意見」、「關於其他方面」等幾個方面，在〈遺言記要〉開頭，鄒韜奮說：「倘能重獲健康，決先完成《患難餘生記》，再寫《蘇北觀感錄》、《各國民主政治史》，並去陝甘寧邊區及晉察冀邊區等抗日民主根據地，視察民主政治情況，從事著述，決不做官。如時局好轉，首先恢復書店，繼辦圖書館與日報，願始終為進步文化事業努力，再與諸同志繼續奮鬥二三十年！」對申請入黨問題，鄒韜奮在「關於臨終處理」中說：「火葬骨灰，盡可能設法帶往延安，請組織審查追認，以示我堅決奮鬥之決心。」在「關於政治及事業意見」部分，鄒韜奮說：

「一、對政治主張，始終不變，完全以一純粹愛國者之立場，擁護政府，堅持團結，抗戰到底，能真正實行民主政治。二、對事業希望能腳踏實地從小做起，一本以往服務社會與艱苦奮鬥之精神，首先恢復書店，繼則圖書館與日報。……」在「關於臨終處理」中，鄒囑咐待其死後「即派人通知雪（即徐雪寒）、漢（即潘漢年），轉告周公（即周恩來），如須對外發表遺言，可由周、漢全決定內容，電告各地」。

如此說來，在延安《解放日報》上發表的〈鄒韜奮遺囑〉應該就是依照鄒的〈遺言記要〉修改寫成的。還在鄒的遺言公布之前，九月二日，周恩來得悉韜奮逝世後，立即建議中共中央發出挽電、在延安召開追悼會、由《解放日報》刊登追悼文章等，毛澤東當即表示了同意，後來《解放日報》以很大的篇幅記載了上述的活動。

比照上述兩份遺言，變化最大的是鄒韜奮對自己「政治主張」表述的差異，原來其所說的「始終不變，完全以一純粹愛國者之立場，擁護政府」看不到了，所以如此，顯然與當時同國民黨鬥爭的現實形勢有關。其實，一如「遺言」的主人平素的一貫主張，「民族解放、民主政治和進步文化事業」是他始終不渝的追求，而欲達此目標，少不了要有堅韌的鬥爭，也須有一定的政治博弈，不能想像的祖國尚未「光復」之前，如鄒韜奮這樣的文化人居然會以反對和顛覆政府為其職志，因為那不符合他的身份和心願，更不符合歷史的事實，此前雖然他已與國民黨的文化專制主義有了絕大的分歧和對抗，但為民族的前途計、為祖國的前途計，他還是這樣認為的：「我們當然竭誠擁護領導抗戰建國的國民政府和最高領袖，但是君子愛人以德，小人愛人以姑息，我們對於政治改革的要求，為著抗戰必勝建國必成的目的，也一點不能放鬆。」（《愛我們的祖國》）這才是一個活生生的鄒韜奮。所以，即使是在《生活》週刊屢被國民黨封禁之時，他還申辯說：「《生活》自問對於政府只有在政策上批評的態度，並沒有反政府的態度。」（《患難餘生記》）只不過是國民黨的頑固分子居然認為「批評政府就是反對政府，所以絕對沒有商量之餘地」而逼迫《生活》死難、鄒先生也只好上了「梁山」。這些我們熟悉的情節其實就是中國現代史上民主運動的走向和規律，去掉它過程中的那些環節，比如動了鄒先生的「遺言」，歷史就不好解釋了，或者它還會產生一些意想不到的「漣漪」——比如吧，一九五五年出版的《韜奮文集》，編委會在序言〈韜奮的思想的發展〉中有這樣一段話：「韜奮在二十年前所解決的問題，現在還有不少人沒有解決，或沒有完全解決，這也正是這些人在政治上停滯不前、經常犯嚴重錯誤的基本原因。」哪些人呢？說白了，就是後來被稱為「資產階級」屬性的廣大知識分子，再後來更是不堪，他們是「老九」了（所謂「臭老九」，居「地、富、反、壞、右、叛、特、走資、臭」之末），在當時，正有一場針對他們的「洗澡」運動（可參看楊絳的同名小說）；韜奮呢，成了一具對他們而言的燈塔、模範，他已經早就「解決的問題」，即「對工農群眾的態度問題和對黨的領導的態度問題」，正是「當然至今也仍然是許多知識分子在思想改造中要解決的關鍵問題」，更有「胡適等人則走著相反的道路」，如果不「解決」這些問題而發展下去，會如何呢？還用說麼，那不就是再過兩年幾乎被一網打盡的那些

「右派」嗎？和此前發表的〈鄒韜奮遺囑〉相比，他們正好是「韜奮精神」的另類，而韜奮也不再是胡愈之等所回憶的那個「也有一般知識分子所不可避免的缺點，例如優柔寡斷和傷感主義」等等的活生生的韜奮了，他成了被框定的某種「範式」，如果說他曾經是一個「有獨立人格和獨立思想的人」，那麼，在〈韜奮的思想的發展〉一文中則有了新的解釋，即在他「解決」了那些「問題」之後，「不但不減弱他的獨立思想和獨立人格，相反地，是更加發揚了他的獨立思想和獨立人格」。

這真把人搞糊塗了：你要大家學韜奮、走韜奮的道路，解決「兩大問題」，又說可以如韜奮那樣保全所謂的兩個「獨立」，那麼，這種「獨立」會不會成為他們「在政治上停滯不前、經常犯嚴重錯誤的基本原因」呢？揆諸稍後的歷史，果不其然。鄒韜奮兩份「遺言」，「動」與「不動」，就是這樣大有關聯。

19 一九四九年滄桑鼎革之際的竺可楨

在眾多的民國教育家和科學家之中，竺可楨是其中的一位傑出代表之一，作為具有良好品行和突出業績的大學校長和學者，他和那一時代的眾多同道一樣，有著他們似乎相同的歷史印痕，不過，他也有著自己獨特的人生道路，其中，他那與生俱來及複雜經歷所形成的觀念和思想，也在時代風雲中悄然發生著變化，於是這樣一個具體的歷史人物是不能予以簡單歸類的，即他是「這一個」的鮮活的個體，而非「彼一群」中的一個簡單符號，因此，要走近他，需要認真通過「這一個」的真實的「文本」去細細體會，庶幾我們才能對他獲得一個接近全面的「同情之瞭解」認識，進而對歷史也才能有一個較全面的認知。

從周恩來的一封電報說起

一九四九年是中國歷史上的關鍵一年，所謂滄桑鼎革、大風大雨，如同許多竺可楨的同道，這一年對他來說也是天地蒼黃，在歷史的轉折關頭，他做了自己的抉擇。一九四九年五月二十七日，他在滯居上海的日記中寫道：「吳正之（即吳有訓。筆者注）來談，謂上海科學學術各團體定於六月一日下午在科學社集會，討論如何參加其他團體之活動云。正之詢余意見，余謂民十六年國民黨北伐，人民歡騰一如今日。但國民〔黨〕不自振作，包庇貪污，賞罰不明，卒致有今日之顛覆。解放軍之來，人民如大旱之望雲霓。希望能苦幹到底，不要如國民黨之腐化。科學對於建設極為重要，希望共產黨能重視之。」

失望於國民黨，希望於共產黨，仍然致力於中國的科學事業，這就是彼時竺可楨的心聲。然而恰恰又是在這時，在他此前已悄然離開的杭州，浙江大學的學生壁報中，出現了指責並批評竺可楨的文字，即認為竺可楨「受英美教育之毒，做事不徹底，不能對惡勢力爭鬥，只剩了些科學救國空談」，這是對此前竺可楨行事的一個勾勒，壁報進而批判竺可楨「對於舊的固然厭惡，對於新的心存懷疑。但民主與反民主不容有中間道路的，而竺某偏偏走了中間毀滅之路」。應該說，壁報中的文字對竺可楨的描摩接近於歷史事實，當然這一判斷是在歷史重新書寫的條件下的，也正是在這一歷史背景下，竺可楨遇到了自己的人生轉折。

不久之前，竺可楨拒絕了臺灣方面的一再敦請，他滯留上海，默默地觀察時局的進一步發展。此時，解放軍已開入杭州，隨即新的人民政權接收了浙江大學。又不久，即一九四九年七月九日，周恩來忽然發給華東局一封電報——〈關於浙大學生拒絕竺可楨返校事給華東局的電報〉，電報全文如下：

華東局並轉譚[1]、王[2]：

聞最近浙大學生提出拒絕竺可楨返校，據我們所知，竺過去在于子三事件中，同情學運，今春當蔣黨用飛機迫其離滬時，亦設法逃避。此次拒竺事件，詳情如何？竺在政治上表現究如何？學運方面有否偏向，盼查明詳告。

（《建國以來周恩來文稿》第一冊，中央文獻出版社二〇〇八年版第一〇四頁）

「浙大學生提出拒絕竺可楨返校」？有這樣的事嗎？那麼，如何曾被浙大廣大師生視為「浙大保姆」的竺校長此時卻遭到部分學生的「拒絕」？抑或它是否就是當時浙大學生壁報所反映的問題？此外，當時中共高層方面顯然對竺可楨有所認識和期待，不過既然有了這樣一個「拒竺」的「事件」，正在率領大軍挺進全國以及著手建立新政權等的中共領導人，也就需要更多的瞭解情況，同時也要進一步瞭解竺可楨的政治面貌和政治態度，或者當時就已估計到學生運動方面發生了「偏向」也即左傾的「偏向」了呢？

[1] 譚震林，中共浙江省委書記、浙江軍區政委。
[2] 王建安，浙江軍區司令員。

由周恩來的一封電報，提出上述的問題，其實就是走近「這一個」的竺可楨，在他身上，反映出歷史的複雜性和豐富性，顯然，這是不同於以往人們對他那種粗略而又近似於公式的認知的。

竺可楨浙大辦學的歷史背景和宗旨

事出浙大，那麼就從當年竺可楨接辦浙大時說起了。

從抗日戰爭爆發前的一九三六年至戰後乃至內戰即將結束時的一九四九年，竺可楨為浙江大學的生存和發展可謂竭盡全力、廢寢忘食，而浙江大學也是在竺可楨擔任校長的十三年之中，崛起於「文軍長征」的西南，進而挺身為國內最著名的大學之一，那麼，何以在新中國即將誕生之際，在浙江大學卻有一樁匪夷所思的「拒竺事件」？甚至曾負責領導國統區地下鬥爭的周恩來也為此特別地關注竺可楨「在政治上表現究如何」？並懷疑當時由中共地下黨領導的杭州學生運動「有否偏向」？顯然，重新解讀這一段歷史，有十分的必要。

竺可楨不僅僅是浙江大學的校長，他也是現代中國最著名的科學家和教育之一，在他的身上，可以體現優秀中國知識分子從近代以來的百年歲月中致力於以科學和民主救亡圖存、報效祖國的最大努力和最高成就，而竺可楨當年擔任浙江大學校長，可謂宜人。

當年竺可楨就任校長時，鑒於前任校長郭任遠（心理學家）的失敗，伊始就對辦學方針有所規劃，這就是他在《日記》中所說的「辦大學不能不有哲學中心思想」，也就是力求貫徹既吸收傳統精華又汲取西方教育思想精髓並符合世界潮流的辦學宗旨——所謂「通才教育」。用這樣的標竿來要求，那麼，大學就不應只是知識傳授的場所，它須讓大學生在德、智、體、美等綜合素質的培養上做盡文章，務必「使每個畢業生孕育著一種潛力，可令其於離開校門以後，在他的學問、技術、品行、事業各方面發揚光大，既日新、日日新、又日新」。於是，竺可楨到任不久，就特意質詢教育部長王世杰：「關於辦學方針是否采英美之學術自由或法西斯蒂獨斷行為？」在不可能得到明確答覆的情況下，他堅決摒棄不合「現時世界形勢之正確潮流」又不符「中國古代四海之內皆兄弟之精神」的前任校長的辦學方針，確定了為社會樹立「中流砥柱」的辦學理念和民主辦學的方法，因為在他看來，一所大學不是單純的技藝傳授，「大學所施的教育，本來不是供給傳授現成的知識，而重在開闢基本的途徑，揭示獲得知識的方法，並且培養學生研究批判和反省的精神，以期學者有自動求智和不斷研究的能力」，而大學最終應該達到的是造成這樣的人材：「我們受高等教育的人，必須有明辨是非、靜觀得失、縝密思慮、不肯盲從的習慣；然後在學時方不致害己累人，出而立身處世方能不負所學。」顯然，這是一般學校學院式的教學所難能啟及的，竺可楨一向反對它「若側重應用的科學，而置純粹科學、人文科學於不顧，這是謀食而不謀道的辦法」，而他心目中的大學，其目標不僅在「造就多少專家如工程師、醫生之類」，而是還要推出「公忠堅毅，能擔當大任，主持風氣，轉移國運的領導人才」。這樣的氣度，不謂不宏闊，亦是之堪謂所謂大學。

「但知是非不計利害」、「求是精神」，以之辦學，竺可楨反覆強調教授的重要性，因為「教授是大學的靈魂，一個大學學風的優劣，全視教人選為轉移。」他除了想方設法延請有真才實學的教授來校任教、並在艱難困苦的環境中致力於穩定教授群體（如戰時欠薪成為家常便飯時，他總是想盡種種辦法籌款，雖然有時未果，但廣大教職員工卻為他的誠心所動），更主張「有容乃大」即「容納各派人才」，這在某種程度上甚至影響到了民國時期的學術發展，如當時北大等已是新潮的「胡適派」獨領風騷，許多「文化保守主義」（如「學衡派」）的學者紛紛南下，並且相繼從東南大學遷移到了浙江大學，這有邵祖平、梅光迪、張蔭麟、胡剛復等，以及與竺可楨是校友的前「東大」教師和學生的錢基博、郭斌龢（他與吳宓、梅光迪等都是哈佛大學「新人文主義」大師的白壁德的弟子）、張其昀、王煥鑣、陳訓慈等，當然也有新派的豐子愷等。由這些學者組成的團隊，顯然是維護中國傳統的一支重要力量，也影響到了浙江大學辦學方針的指向。

其次，所謂大學辦學第一宗旨的「思想自由，相容並蓄」，從「五四」新文化運動中斷之後，伴隨著政治時局的激烈動盪，中國的各個高等學校已勢不可免地成為了各種政治力量攘奪的一個重要戰場，它們深深地捲入進政治鬥爭的漩渦之中，而一向主張學術和教育獨立的竺可楨則力圖排除政治的干擾，維護學術和教育的尊嚴，早在他被授命為浙大校長之時，他就向教育部提出三條要求——財政須源源接濟；校長用人有全權；學校不受政黨之干涉。後來這三條基本上得到了保障，由此浙大也進入了它的黃金時代，而在那些戰爭和政治紛擾的急風驟雨之中，竺可楨又以他的人格、理想和才幹，為浙大營造了相對安定的學術和教育氛圍，也由此吸引了許多一流的學者和教授。但是，在一個大時代風氣驟然遷變的情況下，這顯然已是不合時宜的了。很多年之後，人們又重新認識到了這一點。當年竺可楨認為：學術獨立、教育獨立，至關重要，而學者或學生，更要有獨立的思想，於是他經常提醒大學生要知道「運用自己思想的重要」。他說：「我們受高等教育的人，必須有明辨是非、靜觀得失，縝密思慮，不肯盲從的習慣，然後在學時方不致害己累人，出而立身處世方能不負所學。大學所施的教育，本來不是給傳授現成的智識，而重在開闢基本的途徑，提示獲得知識的方法，並且培養學生研究批判和反省的精神，以期學者有自動求智和不斷研究的能力。」（《大學教育之主要方針》）今天，浙江大學的校訓仍然是竺可楨當年確定的兩個字——「求是」，雖然現在對它的解詮有了不同的理解，不過，最準確和最到位的，仍然是當年竺可楨的理念——浙大是從一八九七年杭州的一所新式學校「求是書院」發展而來的，於是，「求是」是它的出生證明和符號，此後竺可楨不時提醒浙大師生：「求是」精神是浙大的靈魂，而所謂「求是」就是一種精神指向，它熱誠地尊重和探求真理，並擁有只認真理、只問是非，不問利害和不為名利所動的精神象徵，特別是它擁有一種不屈服於任何外力，包括外在的政治壓力的可貴精神。竺可楨當年所以能夠如此，一是他早年深受浙東學派的影響；二是出國留學又受母校哈佛大學辦學的影響，後來他寫有《美國哈佛大學三百週年紀念感言》一文，他說：哈佛大學辦學的方針，「第一，主張學校思想之自由，即所謂Academic Freedom。反對政黨和教會的干涉學校行政與教授個人的主張。第二，學校所研究的課目，不能全注重於實用，理論科學應給予以充分發展之機會。這兩點主張英國大學的方策一樣，而與義大利、德意志、蘇聯各國之政策，則大相徑庭。世界各國辦大學教育之分野，在這兩種主張上，是很清楚的。有一點哈佛大學亦可以昭示我們的，即為哈佛大學的校訓（Veritas），拉丁文Veritas就是真理。我們對於教育應該採取由主義或干涉主義，對於科學注重純粹亦注重應用，尚有爭論的餘地，而我們大家應該一致研究真理，擁護真理，則是無疑義的。」然而，時代風向已逐漸轉移，竺可楨遇到了「新問題」。

竺可楨的歷史背景

新中國成立在即，周恩來問起竺可楨「在政治上表現究如何」？這不是沒有來由的。這一是他的社會關係。竺可楨與國民黨許多高官都是往來甚密的好友，與其中一些人還有親戚關係。後來在「洗澡」運動時，他的外甥、北大化學系蔣碩健教授（竺可楨的連襟、國民黨外交家蔣作賓的兒子）給他提意見，以為竺可楨過去「對於敵友尚不能分清」，「對於蔣、邵（即其連襟的蔣作賓和邵元沖）二家只說其腐化，而並沒有仇恨之意。」蔣作賓，國民黨高官，還曾保釋過中共的廖承志、何天華；邵元沖呢，也是國民黨的元老之一，素有清名，曾任國民黨中宣部部長，在「西安事件」中死於流彈；竺可楨妻子的姐夫是陳西瀅，即魯迅筆下曾極盡諷刺謾罵的那個陳源，當時陳源是職任臺灣駐聯合國科教文組織的官員，此前竺可楨聽說他從歐洲赴美國，迭歎「我們爭取他回國，至此已絕望，他大概投奔胡適去了」，陳源究竟沒有回來，多年後，他的遺孀、也是著名作家的凌叔華於垂暮之年才回到了祖國。

浙江人士，又是名重一時的科學家，當年蔣介石也對竺可楨頗為看重，竺可楨出任浙大校長就是蔣的「欽點」（蔣的幕僚長陳布雷的提議，蔡元培、翁文灝、鄭曉滄、邵元沖等也一體贊同）。不過，當時竺可楨清楚地知道自己是一個書呆子，一個「不善侍候部長、委員長等，且亦不屑為之」的書生，然而，大家都看重自己，竺可楨也知道在當時的情況下，「余若不為浙大謀明哲保身主義，則浙大又必陷於黨部之手，而黨之被人操縱已無疑義」，而且「浙省文化近來退化殊甚，需一大學為中流砥柱」，加之當時他的許多同事和學生也極力勸他接任校長一職，夫人張俠魂（竺的妻姊張默君則是中國著名的政治家）也放出話來：「如今辦大學者風氣不好，須有正義感者出來，才有改進之期望。」如此，竺可楨經過慎重的思考和多方的諮詢，遂提出自己「出山」的幾個條件：「財政須源源接濟；用人校長有全權，不受政黨之干涉；而時間以半年為限。」這其中除了「半年為限」被打破之外，這才有了竺可楨執掌浙大十三年的光輝篇章。

十三年，辦學提倡「求是」，而當政治風潮洶湧進入校園之後，校長竺可楨所憑藉的治校宗旨和思想資源，一仍是他的自由主義，甚至這也影響到他對「學運」的立場和態度。

當年和後來很多人認為：竺可楨是一個進步人士。這不錯，比如他愛護學生，特別是在「學運」中積極參與營救被捕學生，甚至有人稱他是「東南民主營壘」浙江大學的「保姆」，等等。其實，這也是竺可楨一貫的做法，即他雖然反對政黨干擾學校，但決不反對學生參與政治，就在抗戰勝利後，當時許多人已在深為中國的前途和命運擔憂，而一直關心國家、社會和民族命運的竺可楨則認為：抗戰勝利，國難已靖，大學的辦學方針自「應以理智為重，本校『求是』校訓，亦即此意」，但「近年官吏貪污，學風不良，非道德之咎，實社會有不合理之處，今後大學應行教授治校制，以符合民主之潮流。」既然「社會有不合理之處」，師生自不能袖手旁觀，為了「符合民主之潮流」，學校當亦不能成為社會之外的孤島。於是，從抗戰到內戰，浙江大學的學潮始終沒有停息過——遵義的「倒孔」（孔祥熙）風潮，竺可楨走在遊行隊伍的前面；杭州的「學運」高潮，一浪高過一浪，竺可楨更是焦頭爛額，他奔波於學校和軍警當局之間。今天，這一切，包括其中的很多細節，都可以從已經陸續得以出版的《竺可楨日記》中得以看到，而彼時竺可楨校長的內心世界，更是分明展現在人們的面前——那是一個局促於育人大業和政治風潮之間的「尷尬人」的自白，也是一個謹守職責卻又動輒得咎的校長的哀哀哭號。

竺可楨和「第二條戰線」中的「東南民主堡壘」浙江大學

陳寅恪詩云：「最是文人不自由」，何況校長。無法想像：此前弦歌不輟的一所大學，戰後，在不斷的政治風潮的衝擊下，它的校長會爛漫熱情於其間，儘管「學潮」擁有充足的合理性和正當性。於是，人們看到了這樣一位的竺校長，他千方百計地保護學生，又對不斷升級的「學潮」頭疼不已，他艱難地在當局和「學運」之間充當調停、博弈的角色：

還在他就任不久，當時正值「淞滬停戰協定」簽訂四週年，浙大「時事研究會」的紀念壁報尖銳批評政府，為此杭州公安局長致函校方提請注意所謂「反動言論」，竺可楨不得不出面要求停止張貼壁報，但並未追究其責任。此後，浙大學生組織擬參加全國學聯救國會，而學校的軍訓官則認定其是一「反動組織」，而竺校長也不附和這種意見，只是會同屬下鄭曉滄、李壽恒等各院長與學生會主席梁濤談話，並勸導學生回教室上課而已，當杭州公安局試圖逮捕梁濤時，竺校長則立即通知其立即離校避風，對其只做「停學一年」的處理。不久，就在抗戰爆發的前夜，正值浙大畢業考試剛結束，國民黨浙江省黨部的便衣特務誘捕了土木系四年級學生侯煥昭，並從其宿舍中搜出他與外文系學生陳懷白（此前胡喬木在浙大時發展的對象）的來往信函，其中有批評政府的言論。竺可楨審讀了這些信函，認為「無甚大逆不道之處」，拒絕了省黨部審查陳懷白的要求，並派人將侯煥昭保釋出來。後來浙大遷至貴州，竺可楨曾對國民黨遵義警備司令高文白明言：浙大辦學在此，決不准國民黨軍警借任何理由來浙大搜捕。高文白竟同意了。當時竺校長為了保障學生的言論自由，還曾親手書寫了「民主堡壘」的大字，貼在學生會的「生活壁報」上。一九四二年，大後方學生掀起「倒孔」運動（當時傳說孔祥熙派「飛機去港接洋狗，而吳稚暉全家、胡宗南、王儒堂、王寵惠、郭復初均不得出」，見《竺可楨日記》），浙大學生也在遵義開會，決定上街遊行，要求國民黨政府撤換貪污腐敗的行政院長孔祥熙，教育部聞訊則電令必須阻止，竺可楨先勸說學生只在校內活動，不要出外，但是這回學生沒有聽他的話，他們情緒高昂，衝出了學校，在遵義街頭遊行示威，而軍警已密集等待，準備彈壓，竺校長聞訊立即派人到專員公署打招呼，又親自走訪國民黨步兵學校校長兼警備司令張卓，請他設法阻止軍警。最後，竺可楨還是不放心，他索性趕到學生遊行隊伍前面，會同學生一齊參加遊行，得以使這次學生遊行安全無虞。一邊與當局周旋，一邊要求學生「守法」和克制，這就是當時竺可楨的作為，作為校長，他是恪守了自己的職責的。此後，竺可楨一方面致電教育部引咎辭職，一方面也不得不開列一批名單給前來調查的官員，並處分了部分學生（其中，有兩名學生按章被開除，但考慮到開除之後他們不再是學生，遂有被捕的危險，竺可楨於是推遲公布開除公告，等到地方當局向學校要人時，這兩名學生已遠走高飛了）。到了一九四五年四月，遵義的浙大學生再次掀起學潮，竺可楨周旋其間，不甚其苦，他在精疲力竭之餘，在日記中這樣寫道：「下次如有罷課行為，不惜全體開除。以此等要脅手段不可為法。」因為他認為：「凡民主必先注意兩點，即法治精神與少數服從多數，但多數亦須尊重少數人之意見。」

遵義期間，原來竺校長和當局經過「博弈」達成的口頭承諾「浙大辦學在此，決不准國民黨軍警借任何理由來浙大搜捕」，事實上根本不可能維持。一九四二年一月，助教潘家蘇和學生滕維藻（後為著名經濟學家、南開大學校長，不久前逝世）的住處受到國民黨湄潭黨部的搜查，隨後二人被拘押。竺可楨聞訊後，立即趕赴湄潭，將二人帶回遵義，名為交給遵義專員公署看管，實際是避免讓特務直接插手。隨後，竺校長又親自布置收集證據，調查事實，並特地去重慶會見國民黨「中統局」局長徐恩曾，最後花費巨大的努力，將二人保釋出來。然而，不久後，史地系學生王蕙和曾任「黑白文藝社」社長的何友諒亦在遵義被捕，後被押至貴陽，直到五月，竺校長才在貴陽見到二人。不曾想，正在竺校長尋找營救的辦法之間，二人又被轉押至重慶「戰士青年訓導團」的集中營，到了一九四三年五月，竺校長隻身前往探視，他在日記中言及「……車至青木關，在站見一穿制服者押一學生模樣加手銬者，余為之淚下……」。不久，王蕙得以保釋，何友諒卻被殺害了。這一期間，竺可楨的心靈歷程是怎樣的慘澹，是無法用語言來形容的了。也是因此，遭此兇險的政治迫害，到了一九四五年三月三十一日，浙大全體學生發表了「對時局宣言」，宣言提出：

一、確切保障人民言論、出版、通訊等之自由，廢除軍事祕密以外的一切檢查制度。二、確切保障人民身體、集會、結社之自由，停止一切除了對敵人和漢奸以外的特務活動。三、取消一切黨化教育之措施，切實保障人民思想與學術之自由。四、無條件承認各黨各派之合法地位，並保障其公開活動。五、釋放一切愛國政治犯及愛國青年。六、軍隊國家化，改善士兵生活，使全國各部隊獲得平等之待遇，以增強反攻力量。七、廢除二十六年前所選之國大代表，並從速公布國大代表之選舉法，在新選舉法中不得有『指定』、『圈定』、『當然』

之類的規定。八、裁撤並嚴懲一切腐化官吏，以刷新吏治。九、取締一切囤積操縱，嚴懲奸商，開發資源，以挽救財政經濟之危機。十、黨務費不得在國庫中支取。

這十條要求，很快獲得了各界有識之士的高度認同和支持，當然也包括了竺校長，當時宋雲彬先生也在日記中評論其為「頗為扼要」。（見《紅塵冷眼——一個文化名人筆下的中國三十年》）不久，回到杭州的浙大再次掀起「學潮」。一九四六年六月十三日，杭州五千餘學生舉行「反內戰」遊行示威，國民黨浙江省警備副司令竺鳴濤要求竺校長開除為首的浙大七名學生，竺校長表示「尚需調查」，敷衍和搪塞了過去。然而不久，浙大的「學潮」終於到了高潮——一九四七年，「于子三案」發生，浙大學生會主席于子三竟在被捕後死於獄中，而圍繞所謂「于子三係自殺」的定讞，校長竺可楨與國民黨當局幾乎形成決裂之勢，反之，圍繞安葬和紀念于子三，校長竺可楨亦與「學運」方面發生摩擦，幾乎受到「葛杯」，這是竺可楨執掌浙大十三年之中最艱難的日子，也是他一生中噩夢般的日子。

十月二十九日晚上，竺可楨在監獄親眼看到躺在板床上的冰冷的于子三。他不顧脅迫，拒絕代表校方簽字承認于子三是自殺。隨即，他在南京對《大公報》、《申報》的記者表示：「于子三是好學生，于之死是千古奇冤。」他還說：此案的最後結局，將「判明政府法治精神充分與否及保障人權志願之有無」。消息見報後，全國為之震驚，官方則要求竺可楨馬上在報紙上予以更正，竺可楨則回答道：「報導是事實，無法更正。」隨即，金陵大學以罷課予以回應，隨之，中央大學、乃至全國各地的高校紛紛罷課為浙大聲援，是之為「于子三運動」，這是內戰期間國民黨統治區的一把乾柴烈火，它迅速燃起火焰，成為「第二條戰線」的一個重要組成部分，而當時浙大的「學潮」更是一浪高過一浪，圍繞悼念和安葬于子三，國民黨當局與浙大「學運」針尖對麥芒，夾在中間的竺可楨可謂焦頭爛額。當時國民黨青年部長陳學屏認為這次「學潮」的根子「仍在浙大本身」，至於竺可楨，本是「國內第一流校長」，卻在「學潮」中「屬於第三者之態度」云云。

竺可楨漸漸與國民黨當局拉開了距離，反之，他與日益熾烈的「學運」也越來越不順了。在浙大的校務會議上，竺校長表示：「余同情于子三之慘死，但並不同情其政治活動。學生在校，盡可自由信仰，但不得有政治活動。」於是，圍繞如何處理于子三的屍體，試圖儘早平息事件的當局與浙大無法達成共識，看出「學運」是借勢發難的竺校長也與「學運」形成牴牾，此時此刻，校長，是越來越難當了。

彼時，浙江省主席沈鴻烈要求校方立即埋掉于子三的屍體，這被竺可楨所拒絕。此後他親自在鳳凰山為于子三查勘墳地，又經過一番口舌，當局也同意選定一九四八年一月四日浙大學生集體為于子三出殯。然而，又圍繞送葬隊伍的路線、是否允許有儀仗和輓聯等，當局與學生糾纏不休，學生則必欲出殯時要經過杭州的熱鬧街道，且遊行並沿途唱輓歌等。竺可楨與雙方「博弈」，最後只得發出佈告，「告誡學生不得任意出外遊行，並說明自治會不聽學校勸告，若有意外，學校決不負責」等。這樣，「學運」領袖自然不肯聽從，隨即大張寫有「報仇」等字樣的旗幟，集合學生於校內「陽明館」前，高唱「抬著你屍首往前走，走在這中國的土地上，仇恨的人呀，記著記著，今天將將士來埋葬。兇手兇手，你不要高興，你的死期將到臨」的輓歌，浩浩蕩蕩，準備發起抬棺遊行。竺可楨聽到這輓歌，本能地預感到「此類輓歌比任何標語更為惡毒，故軍警若知道勢非衝突不可」。此時當局突然變卦，禁止為于子三出殯，並派出流氓隊伍開入學校，騷擾和毆打學生，一些學生躲避不及，受到傷害，如後來是浙大校長的韓楨祥院士的頭部就遭到毆打而負傷。為了抗議這次暴行，浙大學生又罷課三天。此時教育部甚為緊張，杭立武、朱家驊先後打來電話詢問，又派特派員前來「安撫」，當這位特派員提到學校應開除學生時，竺可楨說：「校中開除學生，需憑個人行為，不能任意開革，否則莫須有之事如何服人？」當時還有人主張為防止學生暴動，可「召軍警入校」，竺可楨則堅決反對，「因此與余素來主張極端相反」，他還認為：「余始終認大多數學生乃善良的也。」不過，竺可楨的主張畢竟是動輒得咎，為雙方所不喜，隨即浙大的校務「處於內外均不諒解之狀態中」，學生執意不安葬于子三則不得取消于子三在校內的衣冠塚，而當局以為只需開除若干「左派活動學生」，「則學校即可安靜」，隨即開出要捉拿的三十八位學生的名單，竺可楨以為此種辦法，之江大學或暨南大學或許「曾行之而有效於一時，但實際此種方法只能收效於一時」。於是，他一方面艱苦地向學生進行解釋，一方面又竭力保護學生，對當局的喝令不予理睬，並稱「浙大向來事事公開，開除學生必須有理由」，而「校中不知誰是蓄意搗亂的共產黨」，且

「吾人總須愛惜青年，不能以其喜批評政府而開除之」。最後，他絞盡腦汁，提出一個折衷方案：在鳳凰山浙大公墓為于子三安葬，送殯的近三百名學生取消集體步行遊行的方式，改為浙大派五輛汽車載送前往。三月十四日，于子三終於得以下葬至鳳凰山。

經過此次周折，竺可楨可謂身心交瘁，他在日記中寫道：「在校十二載，已屬憂患餘生。抗戰時期，日在游離顛沛之中，抗戰勝利以後物質條件更壞，同事所得不敷衣食住，再加學生政治興趣濃厚，如此環境，實非書傻子如余者所可勝任，故擬早避賢路。」聽說校長有了去意，浙大教授會的同人如蘇步青、談家楨、張其昀等大驚，急忙前來勸慰，學生自治會代表谷超豪等也前來致意。對此，竺可楨表示自己並非輕率辭職，「即臨走亦必有交代，使繼任者可以順利工作，決不拂袖掛冠而去。」此後浙大千餘學生在《上校長書》上簽名，挽留竺可楨，但他去意已定矣，因為他知道他已無法繼續在浙大工作下去了，所謂「天下之大，已經安不下一張平靜的書桌」，時局如此，加之學生運動波瀾四起，帶頭者更是「政治興趣太濃、輿論太偏、手段太玩弄」，此前所以憑藉的「求是」校訓等等，根本無濟於事，而原先的「思想自由，相容並包」的辦學宗旨，以及由此形成的豐富的校園文化，如今已是一邊倒的態勢，如學生自治會的刊物《浙大週刊》、《求是週刊》以及學報等，「對於學術文字完全不載，滿篇均是罵政府之文字，無怪乎外人以浙大為共產黨之集中地也。」竺可楨又觀看了學生遊藝會，其中有「譏諷政府」的《逃》、《皇帝與太陽》等話劇，竺可楨只有搖頭；不久，他帶著自己的孩子去參加浙大合唱團的春季音樂會，然而合唱中有沈思岩先生創作的《貴州謠》及《八月葵花》等歌曲，他也「均嫌政治氣味太重」。對浙大著名的「民主牆」——「生活壁報」，此時竺可楨也認為有不妥之處，即政治氣味過於濃厚，尤其是浙大學生自治會出版的《每日新聞》，竟「全載共產黨廣播，為（浙江）保安司令部所不滿；（其）且對外銷售」，處事認真的竺可楨隨即「囑自治會將《每日新聞》出版負責人或機關印出（原只登有出版地址）。若欲向外發售，必須向市府登記」。所有這些，雖然校長沒有強行干預，卻行同「書傻子」，竺可楨竟不懂那已是政治鬥爭的需要了。至於「學運」的核心組織——學生自治會，早在一九四八年六月，竺可楨在致同人的信中就曾表示：「弟十數年來素主張教授治校，大學應以校務會議為最高權威，而歷屆學生自治會，不瞭解此種精神，擅自主張學生有遵守自治會章則之義務，而無奉守校規及校務會議議決案之義務。此點不明白糾正，浙大將永無寧日。」於是，校長竺可楨無可挽回，他已經成為時代的落伍者了。

燈火闌珊

竺可楨與左翼學生運動的某種抵觸，除了思想和理念上的差異之外，考其用心和初衷，其實也是為學生所著想，當然，這是當年的學生根本不可能體會到的了。

一九四八年四月八日，竺可楨聽說學生在演講會上報告的主題竟是「共產黨渡江」，馬上告誡學生：「此種瓜田李下之論題，必有一日警局將入校捕人也。」然而不久之後，學生運動借著時局的愈加紛亂，學生自治會的壁報索性以「總理叛徒」為標題，畫上蔣介石的畫像，又「背插一『斬』字」，全國各大報紙亦紛紛報導「浙大為共產黨所策動中心」，國民黨浙江省當局遂擬採取行動彈壓，竺可楨十分著急，連呼「學生之壁報及自治會之言論隨處可以造禍」，「遲早軍警必來校捕人，而學生尚不自檢點，到處張貼反政府、罵人以及侮辱元首之壁報。」十四日，學生自治會發表宣言，宣告此日是「反迫害、反污衊」的罷課日，竺可楨則表示：「若反動漫畫繼續不絕，則人人自將目浙大為反動之大本營，甚至軍警入內捕人，自招禍端。」未幾，浙江大學果然成為真正的「東南民主堡壘」，全國各地的高校均派遣代表赴浙大給予支持和回應，竺可楨從教育部得知「南開、北大等學生均派代表來浙大開會，因此特務隨之以來，欲乘機加以逮捕」，他本能地警覺起來，卻又向當局表示：「浙大學生不能來校逮捕。」

從蔣介石，進而具體到浙大的某些有國民黨為背景的師長，如張其昀、佘坤珊等，一一成為學生壁報攻擊的對象（不可否認的是，其中有一些，是「成績極壞的學生所為」），這不免觸及到了高校傳統的「師道尊嚴」和「教授治校」的理念和規則，因而浙大許多教師紛紛表示不能接受這種有辱師門的做法，蘇步青、貝時璋、錢寶琮、王葆仁等代表教師面見竺校長，表示「學生如此囂張，學校要有一處置辦法」，史地系全體教師更表示如張其昀被迫辭去，或學生沒有受到「譴責」，「則全體將辭職」，且「文學院教員全體與曉峰（張其昀字。筆者注）同進退」，隨之，一些教師（徐震堮、任銘善、酈承銓、王煥鑣等）表示將罷課以示抗議，進而「理、工、農教授聯名表示憤慨，不日將罷教。」對此，竺可楨表示：「壁報上言論係少數學生所為，絕非公論，但有侮辱師生與攻擊個人之處，學校可以查明負責人加以處罰。」他除了嚴厲要求學生撕去對教師人身攻擊的漫畫和文字之外，又循循善誘，與學生進行對話，解釋浙大的辦學理念和方法，一一分述校務會議、行政會議、各委員會以及教授會、學生自治會的職權，「標榜教授治校精神」，亟力主張維護「浙大校風」——「萬事公開」、「實事求是」、「師生合作」。不過，此時此地，此景此風，已非竺可楨可以從容應對的時機了，他難免「尷尬人辦尷尬事」，所謂「豬八戒照鏡子——裡外不是人」，國民黨惱怒於他的縱容包庇學生，左派則恨其站錯立場，幫助當局阻礙學生運動。

不久，「中央社」傳來一條帶有兇險意味的新聞：

北平電：本市農、工、商、學、自由職業各團體，以中央大學、浙江大學中潛伏匪職業學生，鼓勵風潮，應共匪軍事暴動，非徹底肅清依法懲辦不能安定秩序，鞏固後方，請教部、青年部解散中大、浙大，重新登記云云。

果然浙江大學到了一個生死關頭。六月七日，竺可楨在日記中寫道：「學生壁報張貼罵青年軍之文字，指青年軍為職業學生，因此引起公憤，迫令自治會交出作者姓名。」先前學生壁報發表攻擊師長的漫畫和文字，教師手無寸鐵，不過以罷課為抗議爾，這回壁報攻擊的對象竟是手執長槍的國民黨青年軍，竺校長擔心：「如有罵青年軍者即口辯，必致發生爭執。如有毆打情事，則外面之青年軍即行加入，不分皂白逢人便打。如此則金華中學與英士大學之慘案又將發生於浙大」矣，於是，竺校長只好勉為其難，極力阻止浙大內部的七十餘名青年軍學生召開大會，生風作浪，以為對抗。好在竺校長制止有效，兼有統領青年軍的蔣經國來函，告誡「不能打浙大」，「此事遂告平息」。

蔣氏父子當年鑒於浙江大學是故鄉的一所高等學府，陳布雷、陳立夫、朱家驊等也分別以校友或鄉人為念，特別是因為竺可楨主校，在教育經費、用人等各個方面給予照顧，遇有學潮等，亦往往對浙大網開一面，心存不忍，加之臺灣「二二八」事件之後，陳儀由臺灣調回內地，轉任浙江省主席，陳儀是浙江大學的前身——杭州「求是書院」的學生，竺可楨以為「故可說浙大為其母校」，果然陳儀對母校多方垂顧，省卻竺校長多少麻煩。（此後陳儀因勸說湯恩伯起義失敗被解除職務、押送臺灣處決。此前中共「第二條戰線」在後方的開闢，還有一情節，即陳儀的外甥、後為歷史學家的丁名楠當時肄業於昆明的西南聯大歷史系，已是清華大學歷史研究所的研究生，因而被派至杭州，名義為撰寫畢業論文，在浙大史地研究室擔任編輯，公餘利用該室資料寫作，其實是協助舅父陳儀策動駐守淞滬杭一線的蔣軍湯恩伯部起義，丁曾赴上海送信給湯恩伯，勸其棄暗投明，後丁受到國民黨當局的通緝）竺可楨與陳儀相晤，「談及大學思想事」，竺「告以辦大學之方針以開導為主，渠亦贊同。對於過（去）于子三事件之處（理），渠表示不贊同省方辦法。」在這種背景下，浙大處火山端口而沒有粉身碎骨，真是萬幸矣。

不過，到了此時，竺可楨的內外壓力也就格外沉重了。八月，教育部來員傳達總統府密令逮捕各校職業學生，其中包括「國際學聯活動分子」、「歷次主動罷課人員」、「反動刊物之主編人」等，對此，陳儀的態度是贊同竺校長的方法，即「主張疏導，不主張操切從事」，竺校長懸著的心才放下來，即「當不致有派憲兵捕學生之事」，或「如有行動，必以見告」。其時，國民黨當局以及其所控制的輿論早已對浙大心存不滿，所謂虎視眈眈，省府一些人也力主須「大批開除學生」不可，只不過竺校長一直堅持「此種政策與浙大作風大不相侔，不能施行」。如其在六月二十二日的一次演說中所說：「學校為社會之縮影，（現）因政治不安定，所以學生喜作政治活動。」政治腐敗，因而「學生青年多不滿現狀」，但他希望「學生對於政治可以有主見，不能有活動」。他還強調「教育者之基本信仰與警察廳長不同」，而浙大辦學方針從來就是「教授治校」、「求是」以及「法治」。然而，形勢的趨於惡化，這就等同於與虎謀皮了，當局是一定要到浙大捕人的，八月十九日，竺可楨在日記中寫道：「此次要浙大與省府合作逮捕，完全由於國府之命令，已見滬杭報端。」省府最後拿出十九人的名單（包括四名教員），竺可楨繼續開展「博弈」，表示「如欲逮捕，必須有確切之證據」，後來陳儀表示「不要牽連太多，至多三人」，這已是最小的代價了。竺可楨依然積極尋求各種保護學生的辦法，他對陳儀說：八月二十二日，特種法庭的便衣軍警捕去浙大學生三人，浙大方面除提出抗議、開展營救等，還堅決拒絕軍警進入校內，因為此舉已「引起全校之不安」，他要求當局「嗣後非有特殊重大罪犯，弗至學校捕人，否則學校中學生人人自危」。陳儀當即表示贊同，但又為難地說：「京中重視杭州捕人事」，此番浙大捕人，先後已有吳鐵城等打來電話詢問，蔣介石也親自打來電話，詢問浙大捕去多少人，並問「何以只捕三人，頗怪浙省過寬」，而當局掌握的名單竟達四十餘人。此後圍繞這一事件，竺可楨可謂焦頭爛額，他費盡力氣轉圜，結果卻是左右不討好，學生因判決被捕學生而罷課，當局又必欲彈壓學生，竺校長「博弈」的最後結果是：「省政府方面接洽結果已使浙大被傳學生減至最少限度」，而學生還要開展罷課，他估計當局「將來難免不再來捕人」，這怎生是好？

正在這個關口，胡適跑到了浙大。十月二十日，先前於十三日離開南京的胡適在浙江大學進行了一次演講，這也是他最後一次在大陸的高校演講了。這天下午，胡適在浙大演講，題目是「自由主義」（或謂「自由的來源」、「自由主義與中國」等）。這一時期胡適在各地還有許多關於「自由」以及「自由主義」的講演和文章，如他來杭州之前，已發表有《自由主義是什麼》（《周論》第二卷第四期，一九四八年八月）、《自由主義》（在北平廣播電臺的講演，一九四八年九月四日）、《自由與進步》（在南京的講演，一九四八年九月二十七日）、《自由主義與中國》（在武漢大學的講演，一九四八年十月五日），此後胡適去了臺灣，「下車伊始」，又做了《中國文化裡的自由傳統》的講演（一九四九年三月二十七日）。當然了，所以都以「自由」以及「自由主義」

為題，是針對當時的形勢，胡適感到去日無多，不得不說了。是日，竺校長在日記中寫道：「請適之在校演講。適之『自由主義』講演中引用王安石《擬寒山拾得二十首》第四云：風吹瓦墮屋，正打破我頭。瓦亦自破碎，豈但我血流。我終不嗔渠，此瓦不自由。」又記曰：「一點半，（胡）適之偕（鄭）曉滄、（張）曉峰至文學院。二點約（胡）適之在體育館演講，題為『自由主義』，聽者八九百人。聽者大部均駐足而立，但終一小時二十分，鮮有退者，亦可知（胡）適之演講之魔也。（胡）適之小余一歲，近來人甚肥碩，但演講時已汗流浹背矣，因下午相當熱也。述自由主義為中國之固有產物，以《呂氏春秋》為證，並引王安石白話詩。述浙江余姚明代三位大師（王）陽明、（黃）梨洲、（朱）舜水均為提倡自由主義。述東漢王充（仲任）之自由主義。但以為中國之自由主義缺乏了政治之自由，且少容忍之精神，故自由終不達到，而人民亦無由解放云云。」

胡適宣講自由主義，竺可楨卻是「最是校長不自由」。胡適的晚年，他有一個回憶：「勝利之後（即抗日戰爭勝利之後。筆者注），我到浙江大學去演講，竺可楨是浙大的校長，他和他的太太住在禮堂樓上。你想，校長住在禮堂的樓上，他的一切都被學生監視住，我就曉得他們是出不來了。」（胡頌平：《胡適之先生晚年談話錄》）。這個回憶，除了時間不吻合之外，竺可楨之所以沒有跟隨國民黨赴臺，與其當時「他的一切都被學生監視住」是否相合，也容有辯說的空間，卻說十二月十二日，竺可楨獲知教育部轉來的一個情報，內云：自從八月浙大捕人事件之後，「竺校長之態度即或形轉變，甚至包容奸偽匪諜學生之一切非法活動於不問不聞，而對於特刑庭之傳訊則加以拒絕。無怪社會人士認浙大為共匪之租界。」同時，竺可楨也深知：「余辦浙大頗為宵小所不諒解，橫逆之來有自。」一面對即將到來的兇險，他是不怕的，但又不是大意的。此時浙大學生的罷課風潮愈演愈烈，教室亦被學生佔領，教師無法上課。這時又傳來陳儀去職的消息，竺可楨忽然感到「事先毫無所知」，也與其此前在「福建及臺灣兩次去職時事先先通知者又不同」。有人以為陳儀的去職可能與浙大風潮不無關係，即此前浙大被捕學生吳大信「釋放時浙大學生大貼標語，省府置之不問不聞，與此次之更調有關，因特務方面必擴大其辭以報告蔣也」。竺可楨吃了一驚，忽然也感到：「余以此知余地位之危險。」但他仍然去為陳儀送行，告別時，竺可楨由衷地感謝陳儀：過去「對於浙大同人給與無價米每月七斗，同人極為感激，而對於學生之越軌行為，保安司令部與特務機構均欲嚴辦，總由渠個人加以寬容之辦法，尤為難得。」同時，竺可楨又因陳儀的去職與此有關甚感不安，「因公洽（陳儀字。筆者注）去浙是一極大損失，因其人確有理想，且具膽量也。」而代之就任的周岩「就職伊始，其部下已大有暴雨欲來風滿樓之概」，竺可楨不免感慨：從來就被人們標榜的「文化城」杭州，恐不久之後，「將成『武化城』矣」。

一九四九年一月二十五日，李宗仁出任南京政府的代總統後，「報載政府將釋政治犯，停止特務，並各大城市解嚴，恢復各種停刊之報紙」，竺校長即以校方名義向國民黨特種刑庭要求保釋浙大被捕的吳大信、李雅卿、酈伯瑾、陳建新、黃世民等五個學生，他還親自到監獄探望了五人。翌日，浙大自治會的學生擬集體前往迎接被捕同學出獄，竺校長擔心學生的安全，遂請蘇步青等前往特種法庭，並用電話通知監獄長。這樣，浙大學生排隊前往監獄，一路浩浩蕩蕩，他們在所過道路的牆上大書「還我于子三來」、「嚴懲戰犯」等標語，竺可楨聞之卻很擔憂，他在日記中寫道：「前方退回中央軍已雲集杭州，一旦治安不穩，則此輩軍隊隨時可以浙大為目標而進攻，則浙大之際安全不可保。學生集全力以築圍牆，輪流守夜，為的是安全，而到處標語，適足以召禍而已。」不過，總算「幸告無事」，竺校長終於鬆了一口氣，但他不能不痛苦地感到：自己做校長的日子，應該有個了結了。多少年了，慘澹經營一所學校，卻不斷與惡化的時局以及尖銳和剛性的政治打交道和博弈，他幾乎崩潰了。

竺可楨，作為留學美國的一個獨立的自由主義知識分子，他對國民黨的所作所為大有不滿，但對共產黨的主張也不甚贊同，如其所云：「關於政治黨派，余均不感興趣。」（一九四八年十一月十二日日記）更由於自己校長的身份，他對左派學生組織的「學潮」也不無反感，並多次公開表示予以反對，他認為學生的首要任務就是讀書。然而，在幾次「學潮」中，他以明確的態度表示了有限的支持，這是出於保護學生，害怕手無寸鐵的學生會「吃虧」，他更堅決反對國民黨抓捕學生，並保護了不少他並不贊同其政治觀點的學生，往往浙大的學生有被捕情事，他總是極力予以營救，並且不時去獄中看望；如果他們受審，他也一定要到庭旁聽，在他的日記中，記錄了大量有關的文字，也是因此，大多數的浙大師生對他充滿了真誠的感激，他的那一句話：「吾人總須愛惜青年，不能以其喜批評政府而開除之」，也常常溫暖著人們，讓人們得以瞻仰到這位大氣磅礴的校長。不過，可能人們會忽視了他的另一面——真正愛護學生的，並不是把學生放到火上去烤。一個優秀的教育家，一個傑出的校長，他有他清明的理性，他的長遠的眼光，雖然這些可能會在一個紛擾的時代下被遮蔽、被湮沒。同時，今天重新回去考量當年如火如荼的「學運」，應該說除了政黨政潮的因素之外，也不能說完全排除了其他的因素，比如說當時的教育體制、以及浙大的學風，等等。

竺可楨有嚴厲的一面，更有溫和的一面。前者，可以讓人「誤讀」，甚至反感，以至激發出「學潮」；後者，更加可以顯示出他的思想和人格魅力。其實，從本質上說，竺可楨實在是一位「性善論」者，而「愛生如子」幾乎是所有浙大學生對他的一種評價，而熱愛學生不過是他出於「大愛」的一種具體表現而已。就在一九四八年四月一日（此日是歷史上浙江大學的成立紀念日），竺校長有一個講話，他依據孟子的「性善說」和杜威的「人生能受益於經驗說」，發覆「推及兩種力量愛與恨之偉大，可超於原子彈」，並認為「民主國家應有基本信條，即認人民是大多數能向為善」，而「共產主義的力量在於恨」，等等。所謂「宇宙間，有兩種很偉大的力量，一種是『愛』，一種是『恨』」，人類的命運就繫托於「愛」能否戰勝「恨」，「世界現在還充滿了仇恨、殘暴和妒嫉，霸道橫行。這還是因為仁愛的教育沒有普及之故」，因此，「辦教育者，該有『人皆可以得善』的信心。」（《大學教育與民主》）因而竺可楨的辦學和熱愛、保護學生，都是基於一種「大愛」。當然了，這樣一種的哲學和觀念，在一個充斥了愛恨交加的戰爭年月，是怎樣的不可思議和不被理解，甚至幾乎是發自時代邊緣之處微弱的聲音罷了。也是在當年竺校長講話後的七月，浙大的左派經濟學家嚴仁賡在演說中大講馬克思如何如何，竺可楨聽後很反感，他在日記中寫道：「馬克思之學說誠有其優點，但其主張階級戰爭流弊滋多。余頗不以嚴君之言為然。」不久，他在另一次演說中，認為德國的黑格爾學說和馬克思學說，「均以恨為出發點，不如釋伽、耶穌、孔孟之以仁愛為出發點之優越。」後來在「洗澡」運動中，竺可楨反省，認為「性善論」是他身上的四種錯誤的思想之一。當然，這是後話了。

滄桑鼎革，人在燈火闌珊中。過去浙大發生「學潮」，蔣介石往往責其「過寬」，學生則熱情地呼之為「民主褓姆」，現在呢，卻又斥其「不能對惡勢力鬥爭」，竺可楨到底是夾縫中勉為其難的尷尬角色，後來他的離杭赴滬，也就是這樣一種無奈的抉擇了。

去留之際

一九四九年，是滄海桑田的歲月。這年三月七日，是竺可楨的六十華誕。這天，竺可楨在《浙大日刊》刊登啟事：「禮品一概不收，開會一概不到。」此前的六日，學生自治會舉行盛大的祝壽晚會，竺校長辭而不往。這天，學生又提出要建「竺可楨圖書室」，竺校長說：「人尚健在，何必有此舉」。翌日，學生又為他的生日大做廣告，他將賀禮一律退還，而學生又向他獻上一面旗幟，上書「浙大褓姆」四字。這，不過是大時代之中的一個小插曲了。

四月，「紅旗漫捲西風」，紅旗插到了南京的城頭。不久，竺可楨接到杭州市政府轉來的教育部長杭立武的電報：「俞市長煩速轉浙大竺校長，望早蒞滬。教授願離校者到滬後可設法。曉峰已到。」國民黨潰敗，開始搶運人才，浙大訓導長、史地系主任張其昀（曉峰）已經奔在蔣介石腳下，從此替代了自殺的浙大校友陳布雷，充任蔣氏的「文膽」，並建議把潰退的路線指向一海之隔的臺灣，後來他成為了臺灣的「教育之父」和「文化之父」。行前，張其昀在報紙上發表了一篇致周恩來的公開信，內中鼓吹的也是所謂「中間路線」，此後，他和一些浙大的臺灣校友創辦了臺灣「中國文化大學」，據說該校目前是臺灣最大的一所大學，在校人數達五萬以上，至於其辦學宗旨，仍本過去浙大的科學與人文有機結合的精神追求，致力於貢獻社會和維護傳統中華文化，因而也體現了浙大一貫的「求是」精神，被譽為「臺灣浙大」。此外，浙大原工學院院長李熙謀則幫助恢復了「臺灣交通大學」，另一所臺灣工科性質的成功大學則是原浙大工學院的部分人員和原臺灣省立「工專」合併升級而成的。當時浙大哲學系主任謝幼偉、教授牟宗三，客座教授熊十力（另一位已在它外的錢穆）等，也先期離開杭州，輾轉前往廣州，他們中有的後來又去了香港，乃至臺灣。

竺可楨依然不動。二十六日，竺可楨聽說國民黨軍警闖進上海「交大」並逮捕了八十多名學生，他為浙大師生的安全感到擔憂，遂於翌日接連走訪浙江省教育廳長、省政府祕書長、省保安司令，詢問軍隊是否會開入浙大捕人，但是並未得到確切的答覆。他當即給杭立武覆電：「滬校疏散，浙大師生震驚，此時暫難離杭。」不久，他得到了省主席和保安司令「決不入浙大捕人」的保證，而杭立武又再次來電催促。何去何從呢？竺可楨捨不得丟開浙大，但是他清楚地知道：自己應該離開了，當局既然表態無捉人之意，「余已無留浙大之理由」，「兼之杭州謠傳日多，謂余將出任維持會副主席，故余若再留浙大，極難剖白對於政治上有何關係，因之決計暫時避開。」此時教育部又要竺可楨去巴黎聯合國教科文組織去工作，竺可楨決定認真考慮一下，究竟應該去哪裡呢？

把自己同國民黨綁縛在一起，早已不看好國民黨的竺可楨決定不走這條道路；共產黨麼，自己又陌生得可以。這時，國民黨浙江警備司令部轉來一個資訊，仍要他奉命離去，竺可楨預感到危險，「再四思維，不得不出之一走」，於是，他決定單獨潛往上海，在上海的中央研究院做進一步的觀察，再做決斷。不久，他代信給夫人：「決不去臺灣或廣州」。隨之，他再次回拒了杭立武「要事相商」要他去臺灣或廈門的命令，並提出辭職。竺可楨又寫信給浙大的同人，說自己「於狂風驟雨中倉皇出走，拋十餘年共患難之友朋、生徒、妻子於不顧」是出於無奈，希其見諒，至於上海各報發表的竺可楨已飛抵臺灣的謠言，他說：「兄等置之一笑可耳。」沒想到，在上海潛居，偏偏碰上了身懷使命抵達上海的「小蔣」。

五月六日，竺可楨「途遇蔣經國」。據有人回憶：是日，竺可楨正從研究院的樓梯上走下來，恰好碰見了蔣經國，蔣問：「你怎麼還沒有走？」隨後馬上說：「我叫人去為你買機票」。竺可楨回答說：「歷史興替，大勢已去，臺灣能維持多久？您與令尊經歷不同，依我看，您也不必去臺灣了。」聽了這話，蔣經國生氣地說：「人各有志」，於是兩人不歡而散。據當年浙大學生的謝覺民的回憶：多年後他去臺灣，蔣經國曾單獨邀請他午餐，並親口對他說：「當年我奉父命，邀請令師竺可楨先生前來臺灣，可惜他未能前來。」另據中科院院士吳徵鎰先生的回憶：竺可楨與蔣經國會面後，為了擺脫可能的糾纏，竺可楨立即和中央研究院院士、化學家吳學周商議，吳建議竺立即遷到比較封閉的一間化學實驗室（這個實驗室的安全門是鋼製的，窗子也是如此，並有簾子和百葉窗，窗門關閉後，外邊什麼也看不見），此後竺可楨整日閉門，只在屋中看書消遣，當時上海有的小報報導竺可楨「失蹤」了，這樣才沒有引起外人的注意。此後，竺可楨又謝絕了「臺大」校長傅斯年的來電邀請，至五月二十七日上海已解放，《大公報》終於公開了「竺可楨未去臺灣」的消息。

竺可楨的選擇並不出人意外，他早已絕望於國民黨「不自振作，包庇貪污，賞罰不明，卒致有今日災害顛覆」，他還親睹了人民解放軍進入上海而秋毫無犯，（在中央研究院，他見到解放軍「站崗者倦則臥地，亦絕不擾人，紀律之極佳誠難得也。」）同時他確信：自己前半生無法遂願的科學、民主、自由、仁愛，在新社會中應該是大有希望的。於是，在滄桑鼎革之日，他在日記中寫下了這樣一段話：「解放軍之來，人民如大旱之望雲霓，希望能苦幹到底，不要如國民黨之腐敗；科學對於建設極為重要；希望共產黨能重視之。」

也幾乎是同時，早在抗戰尾聲時參加並成為由周恩來指示而成立的中共週邊的「中國科學工作者協會」理事長的竺可楨，卻聽到了浙大居然發生了「拒竺」運動的消息。

五月三日，杭州解放。對於自己當年的抉擇，竺可楨在後來「洗澡」運動中的《思想自傳》中說：「首先由於國民黨特務視浙大為眼中釘，而且從他們看來我是站在學生方面，是他們的對立面，在他們撤走以前，有可能做些對我不利的事情。其次，我對共產黨辦學方針毫不瞭解，不如回中央研究院重理舊業為適當。」正是這「兩頭不到岸」的局促情景，觸發了當年浙大「拒竺」的風波。

一九四八年九月，中共浙大支部升格為總支，由周志成任總支書記；一九四九年三月初，中共上海局杭州市委成立，林楓為書記。五月七日，中國人民解放軍華東軍區杭州軍事管制委員會宣告成立，譚震林為主任。當時在上海的竺可楨從陳毅處獲知：共產黨決定實行寬大政策，胡適、傅斯年、翁文灝等「均無避去之需要」，陳毅還表示要讓新任杭州市長譚震林去浙大拜訪竺可楨云云。可是不久，竺可楨就聽說了浙大「倒竺」的消息。無疑，此前和當時竺可楨的一些言行並不符合新的浙江大學校長的人選。

在一九四〇年十月二十日竺可楨的日記中，記錄了竺可楨與馬寅初的一次談話，當時馬寅初因大膽抨擊國民黨豪富聲名大振，竺可楨在日記中寫道：「馬寅初近來對於孔、蔣大肆抨擊，——渠頗信共產黨為較有辦法，認其領袖能刻苦為可佩。」不過，竺可楨對此卻有不同的看法：「余告以共產黨以蘇聯為背景，惟Stalin之命是從，不能與中華民族之利益相吻合。蔣縱容孔令儀、令侃、宋靄齡輩貪贓受賄，固屬不符輿情，但國家欲養成全國愛戴之領袖亦不易。故以忠言勸告為善策，莫為共產黨所利用也。」一九四一年四月二十四日，竺可楨在向學生演講時提及外交情形，「批評蘇聯各國均只知利害，不管是非，將來自食其果。我校求是精神，即只知是非，不顧利害。」如此等等，顯然他與新社會不無隔膜。也就在他離杭赴滬時，竺可楨得知「杭州一切安好，並無轟炸城站及浙大之事；並知五月三日杭州之解放極為平安。學校尚未接收，但照常上課。每人曾由文教處發三千元之人民幣，教授與校工一律待遇。校務會議常務委員為蔡邦華、王勁夫及譚天錫三人云云。……振公函則謂杭州市長譚震林已按中共當局令余回浙大主持。如此信確，乃其不幸之事，因余對浙大校長一職實已厭惡萬分也……」看來就是竺可楨自己也不願意繼續當校長了。六月二日，他寫信給蔡邦華、王國松、譚天錫及所有同事、學生，懇切地表示自己不回浙大了：「十四年來，弟在浙大雖竭盡綿力而仍不免左支右絀，爛額焦頭」，現在年達耳順，精力日衰，更應「退讓賢路」。長期的校長生涯已使他心力交瘁，他想回到科學研究的本行中去，這也是他長久以來的心願。

問題不是他主觀上的願意不願意，而是客觀使然的不可能了。四月二十九日竺可楨校長祕密出走之後，原來的校務委員會已停止工作，為了維持學校，農學院院長蔡邦華等十四人發起成立了臨時校務委員會，由原校應變委員會主席嚴仁賡教授為臨時主席，選舉蔡邦華、王國松（工學院院長）、譚天錫（講師助教會負責人，土木系講師）為臨時校務委員會常務委員。六月六日，杭州市軍管會決定對浙大實行軍事接管，並派出軍代表林乎加、副軍代表劉亦夫到校進行接管，接管小組成員由嚴仁賡（法律學系教授）、孟憲承（教育學系教授）、陳立（教育學系教授）、范緒箕（教育學系教授）、張君川（教育學系教授）、黃煥焜（教育學系教授）以及中共地下黨員劉瀟然、許良英和學生自治會主席包洪樞等九人組成，隨即該小組宣布：「指出嗣後浙江大學是人民的學校，擔負著培養人材的重大任務。目前工作仍由臨時校務會議執行，但一切措施，應有軍事代表簽署始能生效力。」又宣布停止中國國民黨、三民主義青年團等一切反動組織的活動，違者嚴懲不貸；查封原文學院院長張其昀教授的全部文稿、書籍及全部財產；將師範學院撤銷，將教育學系併入文學院；又決定將歷史系停辦一年（至一九五〇年，宣布停辦法學院、歷史系、哲學系），師生予以遣散，僅留下十二人組成學習班，學習馬列主義經典著作和毛澤東著作。

九月一日，竺可楨在日記中記曰：「上海發表馬寅初浙大校長，江華杭州市長。」竺可楨終於鬆下一口氣。然而不久，他又聽到這樣的消息：浙大被接管之後，軍管會聽任左派學生和助教「取報復主義，停聘教授六十餘人之多，儲潤科、朱正元、胡剛復等均在其內，職員如趙鳳濤亦在其列，全以過去有恩怨關係為主，而不問教授法、學問之如何也。可知浙大接管情形與北大、清華、南開可謂全不相同也。」在被停聘的人員中，除了國民黨背景的諸葛振公等以及「訓導處」全部人員，還有過去因反對學生罷課而罷教的酈承銓、王煥鑣以及謝家玉、趙松喬、竺士楷等。然而，就在竺可楨逗留上海的日子裡，一些浙大師生和上海浙大校友會還多次請求他返回浙大繼續主事，不過，已在浙大服務了十三年的竺可楨心意已絕，何況此時竺可楨夫人也從杭州來信，她向竺可楨明確表示：他「若回浙大，她就要分居。」那麼，以下的場景就是這最後一幕了：

七月三日，上海浙大校友會舉行年會，內容之一是熱烈歡迎竺可楨校長。兩周之後，北平中山公園又有浙大校友兩百餘人集會，懇切請求竺可楨回浙大繼續長校，外語系學生裘克安甚至還提議發起請竺可楨回校的簽名運動，此情此景，可謂情真意切，竺可楨為之動容，言不能答。但竺可楨仍在日記中說：「余表示決絕不幹，謂余在浙大十三四年，自四十六以至六十歲，實為余之壯年時期。現已達衰老，應讓余退休。因大學校長職務繁重，非老朽如余所能勝任也。」

陳西瀅的妹夫竺可楨。胡適晚年曾對其祕書胡頌平說起過這回事，即竺可楨的第二個太太是陳西瀅的妹妹（竺可楨的第一位太太是張俠魂，其連襟則有邵元沖、蔣作賓二位，而邵、蔣都曾是國民黨黨內和政府中的重要人物，即邵元沖曾任國民黨中央宣傳委員會主任、立法院代院長、國民黨中央執行委員會委員、中央政治委員會委員、中央黨部黨史史料編纂委員會主任等，邵元沖夫人張默君也即竺可楨的妻姐則是國民黨立法委員、中央監察委員；竺可楨另一連襟蔣作賓則是民國元老級的外交家，曾任內政部長、中央監察委員等。筆者注），「這位陳小姐，面孔圓圓的，長得很甜。我的太太對我說，如果她死了，她勸我娶這位陳小姐，可以看出我太太對她的喜歡。勝利之後，我到浙江大學去演講，可楨是浙大的校長，他和他的太太住在禮堂樓上。」（胡頌平《胡適之先生晚年談話錄》）然而就是這樣一對親戚兼好友，在滄桑鼎革之際，作出了不同的選擇。竺可楨不僅對陳西瀅時在念中，他還配合開展過說服陳西瀅、凌叔華夫婦歸國的工作。一九四九年六月，國內擬出新成立的中國科學院院長的人選，華東局報送的名單是李四光、竺可楨、陶孟和（後來這三人都是副院長，郭沫若為院長），與此同時，李四光還被任命為新政協全國委員會代表、全國首屆自然科學工作者代表大會常務委員會副主委等。也是與此同時，臺灣方面卻極力阻撓李四光返回大陸。

十月十六日，竺可楨出任中國科學院副院長。此前的九月十六日，他與陶孟和、吳有訓等聯名寫信給趙元任等旅居海外的學者，告訴他們：上海解放四個月以來，「於人民政府領導下，各方面奮力建設均獲相當進展」，因而熱誠動員他們回國參加「新中國建設」。接著，竺可楨北上履新，開始了他人生的又一嶄新的篇章。

後記

臺灣的文友蔡登山先生建議我把自己最近若干年在大陸撰寫的一些文史文章彙輯起來在臺灣出版，這是很好的一個提議。

其實，隨著兩岸「三通」的實現，資訊交流已經不是難事，不過，在某些方面，如對晚近歷史的研究結論和感想等等，還不可能如物質的瓜果等可以方便地傳輸，甚至即使在此岸，如臺灣詩人余光中所曾描摹的那種「鄉愁」，也依然橫隔在人們的心頭久久不去，特別是對處於朦朧狀的晚近歷史，由於顯然的原因（意識形態的頑強滯存、資訊的不完全過濾、史實與現實利益的掛鈎，等等，也是因此，傳統上是以為當代人不能書寫當代史的），當事人如瞿秋白就曾以為是「隔著窗紗看曉霧」，而事後的人也很難做到「事後諸葛亮」的完全清醒和明白，於是，對於晚近的歷史，我們兩岸的同胞，或者是抱著所謂「且信且疑」的眼光，或者徑取所謂「隔岸觀火」的心態，好在歷史在頑強地前行，一切人為的掩飾和阻隔都不可能長久地蒙蔽人們的心智，當然，這也需要有一個過程。

這本集子中的文字，是以「大時代下的歷史謎案」為契入點，而一個「謎」字，是對人的心智的一個挑戰，對於以從事歷史學習和研究的人來說，更是鍛煉手段（所謂老吏斷獄）的機會，那麼，不妨借助自己「霧裡看花」的眼光，對過去不久的晚近的歷史「舊案」（大多不曾追蹤或揭露過）重新予以審視，通過複述那些大時代風雲下的種種故事，進而揭示一些有意思的命題，如思潮的更迭、人物命運的變幻，等等，同時還可以來驗證歷史的「陰翳」——那種慣常的循環、停滯，乃至倒退，所謂「太陽底下沒有新鮮事物」的低水平輪迴，就彷彿我們共同膜拜的周氏兄弟稔熟於窺破歷史的奧祕，如周作人所曾說的「天下最殘酷的學問是歷史」，應該說，這就是我們曾經經歷過的二十世紀的非凡歲月。

《民國時期中國共產黨政治謎案19件》是一個系列，這本是「民國時代篇」，所述從上世紀二〇年代的「大革命」，以迄七〇年代的「文化大革命」，是半個世紀「大革命」名義下的若干「典型謎案」（如中共黨史上的「托派」積案、一些「風起於青萍之末」的謎案端由、形形色色各種詭異的冤案），它會告訴我們：革命是怎樣走錯了房間的？其中所涉及的「宏大問題」，如革命目的與手段的背離、革命悖論的產生，至於罕為人知的歷史情景和情節，也穿插其間，足可使人讀史以明智，慨然而長歎。

散木

二〇一二年暑日校於杭州

BOD Books on Demand

讀歷史26 PC0315

民國時期中國共產黨政治謎案19件

作　　者／散　木
主　　編／蔡登山
責任編輯／陳佳怡
圖文排版／邱瀞誼
封面設計／秦禎翊

發 行 人／宋政坤
法律顧問／毛國樑　律師
出版發行／秀威資訊科技股份有限公司
114台北市內湖區瑞光路76巷65號1樓
電話：+886-2-2796-3638　傳真：+886-2-2796-1377
http://www.showwe.com.tw
劃撥帳號／19563868　戶名：秀威資訊科技股份有限公司
讀者服務信箱：service@showwe.com.tw
展售門市／國家書店（松江門市）
104台北市中山區松江路209號1樓
電話：+886-2-2518-0207　傳真：+886-2-2518-0778
網路訂購／秀威網路書店：http://www.bodbooks.com.tw
國家網路書店：http://www.govbooks.com.tw

2013年5月BOD一版
定價：360元
版權所有　翻印必究
本書如有缺頁、破損或裝訂錯誤，請寄回更換

Copyright©2013 by Showwe Information Co., Ltd.
Printed in Taiwan
All Rights Reserved

國家圖書館出版品預行編目

民國時期中國共產黨政治謎案19件 / 散木著. -- 一版. -- 臺北市 : 秀威資訊科技, 2013.05
面； 公分. -- (讀歷史26 ; PC0315)
BOD版
ISBN 978-986-326-108-7 (平裝)

1. 傳記 2. 中國

782.187 102007821

讀者回函卡

感謝您購買本書，為提升服務品質，請填妥以下資料，將讀者回函卡直接寄回或傳真本公司，收到您的寶貴意見後，我們會收藏記錄及檢討，謝謝！如您需要了解本公司最新出版書目、購書優惠或企劃活動，歡迎您上網查詢或下載相關資料：http:// www.showwe.com.tw

您購買的書名：＿＿＿＿＿＿＿＿＿＿＿＿＿＿＿＿＿＿＿＿

出生日期：＿＿＿＿年＿＿＿＿月＿＿＿＿日

學歷：□高中（含）以下　□大專　□研究所（含）以上

職業：□製造業　□金融業　□資訊業　□軍警　□傳播業　□自由業
□服務業　□公務員　□教職　□學生　□家管　□其它＿＿＿

購書地點：□網路書店　□實體書店　□書展　□郵購　□贈閱　□其他

您從何得知本書的消息？

□網路書店　□實體書店　□網路搜尋　□電子報　□書訊　□雜誌
□傳播媒體　□親友推薦　□網站推薦　□部落格　□其他＿＿＿＿

您對本書的評價：（請填代號　1.非常滿意　2.滿意　3.尚可　4.再改進）

封面設計＿＿　版面編排＿＿　內容＿＿　文／譯筆＿＿　價格＿＿

讀完書後您覺得：

□很有收穫　□有收穫　□收穫不多　□沒收穫

對我們的建議：＿＿＿＿＿＿＿＿＿＿＿＿＿＿＿＿＿＿＿＿

＿＿＿＿＿＿＿＿＿＿＿＿＿＿＿＿＿＿＿＿＿＿＿＿＿＿

＿＿＿＿＿＿＿＿＿＿＿＿＿＿＿＿＿＿＿＿＿＿＿＿＿＿

＿＿＿＿＿＿＿＿＿＿＿＿＿＿＿＿＿＿＿＿＿＿＿＿＿＿

請貼
郵票

11466
台北市內湖區瑞光路 76 巷 65 號 1 樓
秀威資訊科技股份有限公司 收
BOD 數位出版事業部

(請沿線對折寄回，謝謝！)

姓　　名：____________　年齡：______　性別：□女　□男

郵遞區號：□□□□□

地　　址：____________________

聯絡電話：(日) ____________ (夜) ____________

E-mail：____________________